몽골제국과 세계사의 탄생

석학人文강좌 **12**
몽골제국과 세계사의 탄생

2010년 8월 20일 초판 1쇄 발행
2024년 6월 24일 초판 11쇄 발행

지은이	김호동
펴낸이	한철희
펴낸곳	주식회사 돌베개
책임편집	박수민 · 이경아
편집	조성웅 · 소은주 · 좌세훈 · 권영민 · 김태권 · 김진구 · 김혜영
디자인	이은정 · 박정영
디자인기획	민진기디자인

등록	1979년 8월 25일 제406-2003-000018호
주소	(10881) 경기도 파주시 회동길 77-20 (문발동)
전화	(031) 955-5020
팩스	(031) 955-5050
홈페이지	www.dolbegae.co.kr
전자우편	book@dolbegae.co.kr

ⓒ 김호동, 2010

ISBN 978-89-7199-404-7 94910
ISBN 978-89-7199-331-6 (세트)

이 책에 실린 글의 무단 전재와 복제를 금합니다.
책값은 뒤표지에 있습니다.
이 도서의 국립중앙도서관 출판시도서목록(CIP)은
e-CIP 홈페이지(http://www.nl.go.kr/ecip)에서
이용하실 수 있습니다. (CIP제어번호: CIP2010002922)

이 저서는 '한국연구재단 석학과 함께하는 인문강좌'의 지원을 받아 출판된 책입니다.

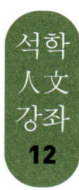

석학
人文
강좌
12

몽골제국과 세계사의 탄생

김호동 지음

돌베개

책머리에

　이 책은 필자가 한국연구재단(당시 한국학술진흥재단)이 주최한 '석학과 함께하는 인문강좌'에 강사로 초빙되어, 2009년 3월 14일부터 4월 4일까지 4회에 걸쳐 '실크로드, 몽골제국, 세계사의 탄생'이라는 제목으로 강연한 원고를 수정·보완한 것이다. 필자의 학술 역량이나 학자로서의 위상이 '석학 강좌'라는 타이틀에 걸맞지 않는다고 생각했지만, 그동안 전공 분야와 관련해서 좀 더 큰 주제로 이러저러한 생각들을 하고 있던 차여서 이 기회에 그런 생각들을 정리도 하고, 또 세계사를 이해하는 데 있어 몽골제국 분야의 중요성을 알리고 싶은 욕심에서, 덜컥 초청에 응하고 말았다.
　그렇게 해서 4회의 강연 원고를 준비하게 되었는데, 원고를 구상하고 정리하고 쓰는 과정은 필자에게 부담과 동시에 기쁨을 주었다. 그것은 작은 주제에 관련되는 사료들을 모두 뒤져서 어떤 사실을 논증해 내는 치밀한 작업이 아니라, 조금은 커다란 주제에 대해서 일반인들을 대상으로 비교적 이해하기 용이한 방식으로, 그러나 학술적인 '품위'를 지키면서 서술하는 일이었고, 그만큼 내게도 흥미진진한 도전이 되었기 때문이다. 그러나 돌이켜 생각해 보면 과연 두 마리 토끼를 잡는 일에 성공했는지는 모르겠다. 성공하지 못했다면 그것은 필자의 역량이 부족해서이지, 그러한 시도 자체가 애당초 불가능한 일이었기 때문은 아닐 것이다.

이 책은, 세계사의 올바른 이해를 위해서는 개별 지역, 민족, 국가에 대한 연구도 필요하지만, 그것을 넘어서서 우리가 흔히 문명(권)이라고 부르는 보다 넓은 단위에 대한 통찰도 동시에 이루어져야 하며, 한걸음 더 나아가 문명과 문명의 연결과 통합에 대해서도 주의를 기울여야 한다는 신념에서 출발하고 있다. 물론 그러한 거시적인 통찰은 매우 견실한 미시적 연구를 토대로 가능한 것이기 때문에, 세계사의 각 분야에 대한 기초 연구가 취약한 우리나라에서는 그러한 희망 자체가 사치스러운 것일지도 모른다. 그러나 우리의 경제발전이 선진국들의 전철을 그대로 따라간다기보다는 압축과 도약을 통해서 가능했다고 한다면, 학문의 세계에서도 그와 유사한 방식이 불가능하리라는 법은 없지 않을까. 필자가 이 책에서 어설픔을 무릅쓰고 세계사 전체를 품는 주장들을 개진한 이유도 여기에 있다.

이 책에서 필자가 강조하는 또 한 가지는 유목민과 유목국가가 세계사의 전개과정에서 매우 중요했음에도 그 부분이 지금까지 얼마나 경시되고 왜곡되어 왔는가 하는 점이다. 유목민과 농경민은 인류의 역사를 움직여 온 두 개의 수레바퀴였고, 그 어느 하나를 빼놓고는 세계사에 대한 총체적이고 균형 있는 이해는 불가능하다. 그것은 동아시아뿐만 아니라 중앙아시아, 서아시아, 그리고 러시아를 위시한 유럽의 경우도 마찬가지이다. 특히 역사상 처음으로 유라시아 대륙의 거의 대부분을 통합한 몽골제국은 세계사를 이해하는 중요한 '열쇠'이다. 필자는 진정한 의미의 '세계사', 즉 유라시아 각 지역이 그 이전의 상대적인 고립성을 극복하고 유기적으로 통합된 하나의 '세계'로 나아가는 결정적인 계기가 몽골제국의 시대에 이루어졌다고 생각한다.

그러나 필자의 이러한 견해가 이 책에서 조리 있고 설득력 있게 서술되었다고 생각하지는 않는다. 그 까닭은 '강좌'가 갖는 특수성과 제약 때문이기도 하지만, 무엇보다도 필자의 역량이 부족하기 때문이었다. 이것은 그저 인사치레의 겸사謙辭가 아니다. '몽골제국과 세계사'의 연관성은 앞으로 필자가 계속 연구해 나가고 하나씩 밝혀 나가야 할 주제이기 때문이다. 여기서는 다만 큰 붓으로 거칠게 이리저리 스케치를 해

본 셈이다. 따라서 어설픈 주장도 있을 것이고 나중에 보다 깊은 연구를 하다 보면 수정되어야 할 내용도 있을 것이다.

　마지막으로 이 글이 나오기까지 도움을 주신 분들에게 고마움을 전하고 싶다. 무엇보다도 '인문강좌'에 필자를 초청해 주신 연구재단의 운영위원 여러분, 바쁜 가운데에서도 강연에 참석해서 귀중한 토론을 해주신 이은정, 김택민, 박환영, 이평래 교수님, 그 밖에 여러 동료들과 후배들께도 감사를 드린다. 무엇보다도, 기대했던 재미와 유익함을 못 느꼈을지도 모르지만 매우 진지하게 경청해 주신 수강자 여러분들께도 고개 숙여 감사드린다.

2010년 8월

김호동

차례

책머리에 004

1장 | 실크로드와 유목제국

1 서론 ——————— 013
2 실크로드 ——————— 019
3 유목민과 세계사 ——————— 027
4 실크로드와 유목제국 ——————— 046
5 결론 ——————— 064

2장 | 세계를 제패한 몽골제국

1 서론 ——————— 073
2 몽골제국 전사(前史) ——————— 079
3 제국의 기초 ——————— 093
4 몽골제국의 탄생 ——————— 115

3장 | 팍스 몽골리카

1　서론 ── 137
2　제국의 기간망: 역참 제도 ── 141
3　다양성과 통합을 공존시킨 제국 ── 158
4　대여행의 시대 ── 175

4장 | 세계사의 탄생

1　서론 ── 197
2　'세계지도'의 출현 ── 201
3　'세계사'의 출현 ── 220
4　몽골제국의 유산 ── 233
5　결론 ── 244

참고문헌　251
찾아보기　264

1장

실크로드와 유목제국

1. 서론

세계사를 어떻게 이해해야 할 것인가? 오늘날과 같이 지구상 여러 지역에서 일어나는 일들이 거의 시차 없이 서로 영향과 충격을 주고받으며 전개되는 시대에, '세계'라는 것을 하나의 단위로 사고하고 그 단위의 역사를 생각해 보는 일이 단순한 지적 유희라고 할 수는 없다. 아니 오히려 긴요하고 시급한 문제라고 해야 할 것이다. 물론 우리는 학창시절부터 이미 '세계사'라는 교과목을 접했고 그와 관련된 서적들을 읽어 왔지만, 사실 위 질문에 자신 있게 대답하기란 결코 쉽지 않은 일이며, 각자 나름대로 어떤 생각을 갖고 있다고 하더라도 그러한 생각들이 어떤 총의總意를 이루고 있는 것은 더더욱 아닌 듯하다. 여기서 우리가 논의의 대상으로 삼고 있는 '실크로드와 유목제국'이라는 주제도 어떤 특정한 지역적 범위를 넘어서서, 유라시아 대륙, 아니 더 나아가 아프로-유라시아라는 일종의 초광역적인 무대를 갖고 있기 때문에, 동아시아라든가 중앙아시아, 심지어 동양과 서양이라는 지역의 족쇄를 벗어던지고, '세계' 전체를 하나의 단위로 삼아 그것이 걸어온 총체적 역사의 모습을 더듬어 볼 필요가 있는 것이다. 물론 필자가 여기서 말하려는 것이 세계사라는 주제에 대한 총론적 설명은 아니며, 다만 세계사를 이해하고 설명하는 '모델들'일 뿐이다.

　세계사의 전개과정을 체계적으로 설명하기 위한 모델들이 허다하게 제시되었기 때문에 그것들을 종합하여 조리 있게 제시한다는 것은 사실상 불가능한 일에 가깝다. 따라서 여기서는 세계사를 설명하는 수많은 이론들 가운데 문명의 형성·발전·확산이라는 문제와 관련해서 다음과 같이 크게 두 가지 모델을 추출해서 논의를 진행시켜 보고자 한다. 그중 하나는 전파론傳播論(diffusionism)이라고 불리는 것인데, 정치·경제·문화적으로 먼저 고도의 수준에 도달한 하나의 지역이 주변의 다른 지역에 영향을 미치면서 역사를 변화시켜 나간다고 보는 관점이다. 이 같은 주장은 원래 20세기 전반 인류학 분야에서 처음 제기된 것이지만, 기술, 이념, 언어 등의 전파를 설명하는 강력한 이론으로서 지금도 그 영향력을 잃지 않고 있다. 이와 상반되는 또 하나의 모델은 진화론進化論(evolutionism)이라 불리는 것으로서, 각각의 사회와 문화가 독자적인 요인들에 의해서 형성·발전해 나간다고 보는 입장이다. 다윈의 이론과도 밀접한 관련을 맺고 있는 이 학설은 그러한 진화의 모델을 사회에 적용시킨 '사회진화론', 그리고 사회와 문명이라는 단위가 시간을 종축으로 하여 일정한 단계들을 거쳐 발전해 간다고 하는 '사회발전 단계론' 등으로 분화되기도 하였다. 인류 문명의 형성과 발전에 관한 이상의 두 가지 상이한 관점을 이해하기 쉽게 도식화해 보면 다음과 같다.

　물론 이 두 가지 모델이 인류 역사의 발전을 설명할 때 매우 강력

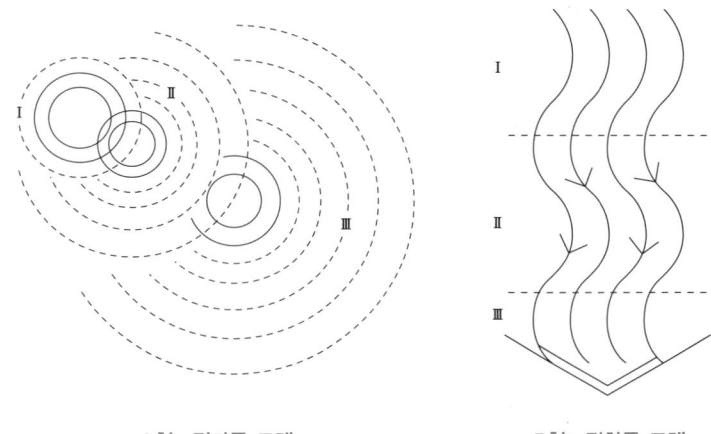

A형: 전파론 모델   B형: 진화론 모델

하고 유효한 이론임에는 의심의 여지가 없다. 예를 들어 아프리카에서 현생 인류의 출현과 그 확산 과정, 신석기 혁명과 농경 기술의 전파, 문자의 발명과 확산, 종교의 전파 등등, 전파론적 입장을 배제한다면 설명하기 힘든 측면이 많다. 반면 각 지역은 그러한 외적인 영향에도 불구하고 문화적인 독자성을 가지면서 발전을 이룩했던 것도 사실이다. 동아시아, 서아시아, 남아시아, 유럽 등의 역사는 다른 지역과는 확연히 구별되는 각각의 특수성을 보여 주고 있고, 지역적으로 볼 때 이러한 특수성과 독자성은 좁게 내려가, 예를 들어 같은 동아시아라는 지리적 범위 안에 있다고 하더라도 중국과 한국과 일본은 공통성 못지않게 이질성을 보여 주고 있는 것이다.

그러나 위에서 제시한 두 가지 모델은 막스 베버Max Weber가 주창했던 '이념형'ideal type과 같은 것으로 이해해야 한다. 왜냐하면 세계사의 실제적인 전개과정을 살펴볼 때 이 두 가지 모델 가운데 어느 하나만으로 설명한다는 것은 불가능하며, 나아가 이 두 가지 가운데 어느 것이 더 중요하냐를 가늠하는 것 역시 결코 쉬운 일이 아니다. 이렇게 볼 때 인류의 역사는 위에서 지적한 두 가지 유형의 합성형에 가깝다고 할 수 있다. 이는 곧 각 지역·문명이 독자적인 역사발전의 내재적 계기를 갖고 있으면서 동시에 외부와도 격절되지 않고 영향을 주고받으면서 발전해 왔다고 보는 입장인데, 필자는 이러한 제3의 모델을 '교류발전형'이라고 부르고자 하며, 그것을 도식화해 보면 아래와 같다.[1]

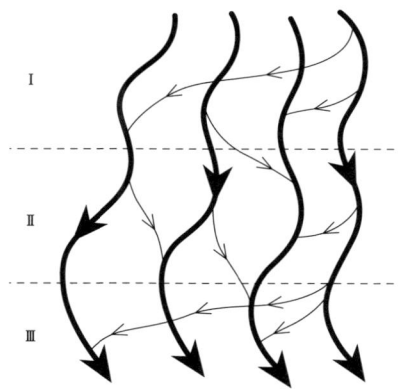

C형: 교류발전형 모델

이 도형은 네 개의 지역·문명이 상하의 종축, 즉 시간의 흐름을 따라 진행하면서 독자적인 발전의 궤적을 그리고 있음을 보여 준다. 이와 동시에 이들 네 지역의 역사적 무대는 시간이 흘러갈수록 더 확대되어 가는 양상을 나타낼 뿐만 아니라, 좌우의 파동이 상징하는 시대적 특징도 상당부분 일치하고 있음을 보여 준다. 예를 들어 I의 단계가 '고대'라고 한다면 II와 III은 각각 '중세'와 '근대'에 해당된다. 이처럼 각각의 지역·문명이 독자성을 갖고 발전하면서도 유사한 파동을 보여 주는 것은 단순한 우연의 일치도 아니요 유물사관적인 보편성의 발현도 아니다. 그것은 각 지역과 문명들 사이를 교차하며 연결하는 수많은 선線들에 의해 성취된 교류와 융합의 결과인 것이다. 시대를 지나오면서 이러한 교류선들은 더욱 많아지고 굵어졌고, 각 지역의 역사를 상호 긴밀하게 묶어 하나의 '세계사'를 형성했던 것이니, 우리는 그러한 교류선들을 '상호연관'interconnections이라고 부를 수 있다.[2]

그런 의미에서 일찍이 플렛처Joseph Fletcher Jr.가 세계사는 마치 하나의 카펫과 같다고 한 것은 매우 적절한 비유라고 할 수 있다.[3] 즉 상하로 달리는 날줄이 각 지역의 역사의 흐름이라면 그것을 좌우로 연결하여 카펫 전체를 완성시키는 것이 씨줄인데, '상호연관'은 바로 이 씨줄에 해당된다고 할 수 있다. 만약 여러 개의 날줄만 있다면 그것은 아무런 의미도 없는 실타래에 불과할 것이다. 그것들이 씨줄과 만날 때 비로소 견고한 하나의 직조물이 형성되는 것이고, 장인이 의도했던 무늬가 비로소 모습을 드러내는 것이다. 따라서 특정한 지역, 민족, 국가, 문명의 역사적 전개과정을 서술할 때 지나치게 내재적 발전의 측면을 강조한다면 그러한 역사가 세계사적 맥락 속에서 어떤 의미를 지니는지 전혀 포착되지 않을 것이다. 이처럼 세계사를, 지구 위의 여러 지역과 문명들이 공간적으로 연관성을 맺고 시간적으로 계기적 발전을 이룩하는 총체적 과정이라고 이해한다면, '실크로드'야말로 그러한 연관성을 상징하는 키워드라고 할 수 있다.

2. 실크로드

(1) 용어의 기원과 개념의 확장

'실크로드'라는 용어를 처음으로 고안하고 학계에 정착시킨 인물은 독일의 지리학자였던 리히트호펜Ferdinand von Richthofen(1833~1905)이었다. 그는 1877년부터 『중국』China이라는 전 5권의 대작을 출판하기 시작했는데, 제1권 후반부에 유라시아 대륙의 동서 교통을 개관하면서 고대 중국과 그리이스·로마 문화권 사이의 교섭이 주로 비단의 교역을 통해서 이루어졌다는 사실을 지적하고, 중앙아시아를 경유하여 인도 혹은 서방으로 연결되는 교역로를 '실크로드'die Seidenstrassen이라고 명명했던 것이다. 과거에 비단이 실제로 중요한 교역품이었기 때문에 이 명칭은 역사적으로 정확할 뿐만 아니라 '비단'이라는 말이 갖는 낭만적 느낌에 힘입어 학자들과 일반인들에게 널리 퍼지게 되었고, '비단길' silkroad, '견가도' 絹街道, '사주지로' 絲綢之路 등 다양한 이름으로 번역되어 사용되기에 이르렀다.[4]

그런데 리히트호펜이 사용한 이 명칭은 엄격히 말해서 복수형, 즉 '비단길들'이라는 사실에 주목할 필요가 있다.[5] 중국과 서방을 연결하는 비단교역로가 하나만 존재했을 리가 없다는 것은 자명한 일이다. 사실 『한서』漢書를 보면 그 당시에는 '서역'에 이르는 길이 북도北道와 남도南道 두 가지였음을 알 수 있다. 북도는 돈황 근처에 있던 관문인 양관陽關과 옥문관玉門關을 지나서 서행西行하여 오늘날 롭 노르 부근에 있던 선선鄯善에 이르고, 거기서 북상하여 투르판Turfan(나중에는 쿠차)을 거쳐서 카슈가르Kashgar에 도착한 뒤 파미르 고원을 넘어 페르가나 계곡으로 들어가는 코스였다. 반면 남도는 마찬가지로 선선까지 온 뒤 거기서 알친 산맥의 북록을 따라 계속 서행하면 야르칸드Yarkand에 이르게 되는데, 거기서 파미르를 넘어 인도·파키스탄 북부나 아프간 지방으로 들어가는 코스였다. 후한 시대에 신도新道라고 불리는 또 하나의 코스가 생겨났는데, 그것은 돈황에서 선선으로 향하지 않고 바로 북상하여 하미 부근을 통과하여 투르판에 도착한 뒤 거기서 곧장 서행하여 쿠차에서 북도와 만나는 노선이었다.[6]

이처럼 중국의 서쪽 변경에서 중앙아시아의 타림분지를 거쳐 파미르 고원 이서 지역으로 연결되는 교역로의 여러 노선들은 이미 한나라 때 이래로 잘 알려져 사서들에도 명확하게 기재되어 있었는데, 리히트호펜은 여기에 '실크로드'라는 시적인 이름을 부여함으로써 근대적인 생명력을 불어넣은 것이다. 그 뒤 역시 허만Albert Herrmann이라는 미국학자가 1910년 『중국과 시리아 사이의 고대 실크로드』 Ancient Silk Road between China and Syria라는 책에서 이 루트의 서쪽 경계를 인도가 아니라 시리아까지 확장할 것을 제의하였다. 그 이유는

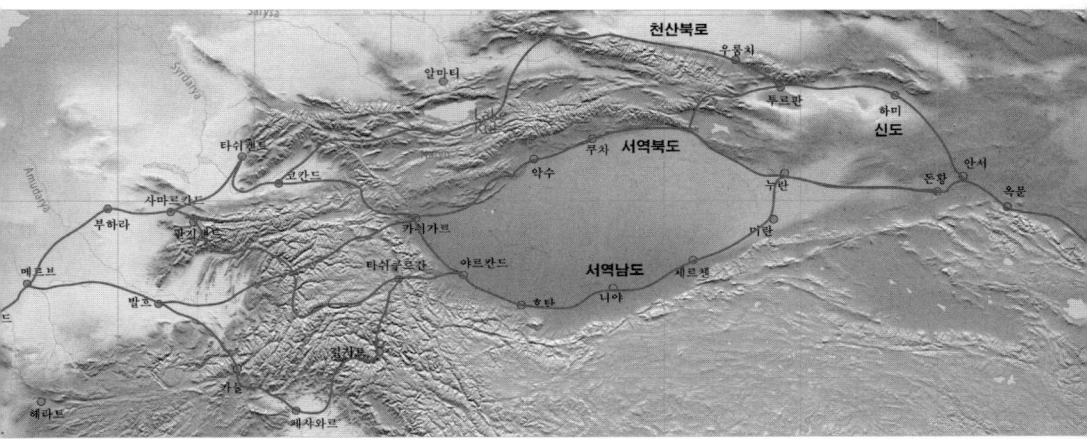

고대 중앙아시아의 실크로드 노선도

동방에서 흘러온 생사生絲와 견직물들의 최종 집하지가 바로 지중해 동부 연안의 시리아였기 때문이다. 이렇게 해서 처음에는 좁은 지역을 한정하여 가리키던 실크로드라는 말이 점점 더 넓은 지역을 가리키는 말로 그 의미가 확대되기 시작하였고, 이 같은 확장 과정은 그 후로도 계속되어 오늘날 일반적으로 받아들여지고 있는 '실크로드'의 범위와 내용을 갖추게 된 것이다.

주지하듯이 현재 '실크로드'라고 하면 크게 세 가지의 루트를 포함한다. 유라시아 대륙의 초원 지역을 동서로 관통하는 '초원 루트', 사막지대의 오아시스 도시들을 경유하는 '사막 루트', 남지나해와 인도양을 통과하는 '해양 루트'가 그것이다. 다시 말해 아프로-유라시아 세계의 여러 문명과 지역들을 연결하는 다양한 루트들이 모두 실크로드라는 이름 아래에 포괄된 셈이다. 흥미로운 사실은 실크로드의 '확장'이 이 정도에서 끝나지 않고 지금도 진행중이라는 점이다. 예를 들어 실크로드의 서쪽 끝은 시리아가 아니라 로마라고 하는 주장이 나오는가 하면, 경주와 나라(奈良)는 각자 자기들이 실크로드의 동쪽 종착지라고 주장하고 있는 실정이다. 우리나라의 대표적인 실크로드 연구자인 정수일은 소위 '3대 간선'에 더하여 이들을 남북으로 연결하는 '5대 지선'이 있었다고 하면서, 마침내 실크로드를 문명교류의 환지구적環地球的 통로라고 정의하기에 이르렀다.7

(2) 실크로드에 대한 새로운 이해

'실크로드'라는 명칭을 처음 만들어 유포시킨 장본인들이 유럽인들이었을 뿐만 아니라, 19세기 말 이래 실크로드와 관련된 학술적 연구를 주도했던 것도 그들이었다. 예를 들어 스웨덴의 스벤 헤딘 Sven Hedin(1865~1952), 영국의 오렐 스타인 Aurel Stein(1862~1943), 프랑스의 폴 펠리오 Paul Pelliot(1878~1945), 독일의 르 코크 A. von Le Coq(1860~1930) 등은 중앙아시아에 대한 학술적 탐사를 주도하였고, 돈황의 천불동과 같은 곳은 물론, 서역 남북도를 따라 모래 아래에 파묻힌 고대 도시와 주거지에서 막대한 양의 유물과 고문서를 발견하여 수집해 갔다. 그것은 오늘날 대영박물관이나 프랑스 파리의 국립도서관 혹은 베를린박물관에서 빼놓을 수 없는 컬렉션을 이루고 있는데, 유럽의 학자들은 이러한 자료들에 대한 치밀한 분석과 연구를 통해

'실크로드학' Silk Road Study의 확고한 토대를 다져 놓았다. 그러나 제2차 세계대전의 혼란과 그 충격의 여파로 말미암아 20세기 후반에 들어와 서구에서의 실크로드 연구는 한풀 꺾이는 듯한 현상을 보였다.

이 같은 침체 상황을 반전시키는 계기는 의외로 일본에서 찾아왔다. 일본인들이 왜 실크로드에 대해서 남다른 관심을 보였는가라는 문제 자체도 흥미로운 탐구의 주제가 될 수 있을 것이다, 물론 순수한 학술적인 동기도 있겠지만 그 외에 20세기 전반 일본의 대륙진출과 관련하여 몽골리아나 중앙아시아에 대해서 보였던 남다른 관심이라든가 아니면 섬이라는 지리적 조건으로 인해 조성된 대륙과의 격절감을 극복하는 심리적 지향과도 전혀 무관하지는 않아 보인다. 아무튼 실크로드에 대한 관심은 때마침 이루어진 중국의 개방정책과 맞물려 더욱 확산되었고, 주지하듯이 1980년 NHK에서 방영된 다큐시리즈 〈실크로드〉는 커다란 반향을 일으키게 되었다. 그 뒤 실크로드는 학자들의 연구대상을 넘어서 일반 대중들의 지대한 관심을 끌게 되었고, 수많은 서적과 화보들이 홍수를 이루면서 가히 '실크로드 붐'이라 할 만한 현상이 나타났다. 이처럼 폭발적인 대중들의 관심은 실크로드에 대한 연구와 저술에서 일종의 '세속화'라 부를 만한 현상을 낳았고, 이는 다시 학자들 사이에서 '실크로드'가 세계사 속에서 과연 어떤 의미를 지니는가에 대한 진지한 성찰을 불러일으키는 계기가 되었다.

여기서 이 문제를 둘러싸고 그동안 학계에서 진행된 다양한 논의와 논쟁들에 대해서 설명할 여유는 없지만, 상호 간의 견해 차이에도 불구하고 몇 가지 중요한 공감대가 이루어진 것을 살펴보면 크게 다음 두 가지로 정리될 수 있을 것이다.

첫째, 실크로드를 더 이상 '로드'road, 즉 '선'線으로만 파악하지 않고 '면'面으로 이해하려는 관점이 보다 강조되고 있다는 점이다. 이는 이제까지 실크로드를 동서 간 교역 루트라는 관점에서만 접근하다 보니 그것이 경유하는 중앙아시아 지역에 대해서는 그 자체가 하나의 독자적인 세계라는 인식을 못한 채 그야말로 통과 지역에 불과한, 실크로드를 통해서만 역사적 의미를 부여받는 부차적 세계로 인식되었던 점을 반성한 것이라고 할 수 있다. 따라서 중앙아시아는 더 이상 실크로드의 '경유지'가 아니라, 동서양의 정치·문화·경제적인 요소들이 만나서 교류되고 변용된 뒤에 그런 요소들을 다시 주변의 다른 지역으로 전달해 주는 역할을 했던, 하나의 역동적인 역사 세계로 파악되었다. 비유해서 말하자면 중앙아시아는 단순히 문명의 배달부가 아니었다. 오히려 그것에 자신의 독창성을 가미하여 변형한 뒤 판매하는 역할을 했던 것이다. 예를 들어 '원거리 교역'이라고 할지라도 그것은 어떤 상인 집단 혹은 대상단이 바그다드에서 중앙아시아를 거쳐 장안에까지 직접 여행해서 상품을 판매하는 그런 형식은 아니었다. 국제상인들은 각자가 전담했던 지역이 있었고, 그런 지역적 교역권들이 릴레이식으로 연결되면서 유라시아 전역을 커버하는 교역권이 형성되었던 것이다. 중국의 수·당대에 이름을 떨친 국제상인 소그드Soghd인들은 중앙아시아와 중국을 연결하는 교역 네트워크를 담당했지만, 중앙아시아와 인도 혹은 서아시아와의 교역은 소그드인들보다는 인도나 페르시아 출신 상인들이 장악하였다. 거기서 더 서쪽으로 가게 되면 지중해와 유럽의 무역을 좌지우지하던 유태인 상인들을 만나게 된다. 이처럼 실크로드는 각 지역의 교역권을 장악하던 국제상인들의 활동무대, 즉 '면'들이 서로 오버랩되면서 형성된 네트워크라고 할 수 있다.

둘째, 이러한 방식으로 작동하는 실크로드의 메커니즘에서 역사적으로 유목민의 역할이 얼마나 중요했는가 하는 점을 새롭게 인식하게 되었다는 것이다. 물론 이제까지의 실크로드 연구에서도 유목민이 완전히 배제되었다고 말할 수는 없으나 아무래도 부차적인 의미밖에는 지니지 못했던 것이 사실이다. 유목민들은 국제상인들을 종종 약탈하거나 아니면 가끔씩 대가를 받고 안전을 보증해 주는 존재로 묘사되곤 하였다. 그러나 이제는 많은 학자들이 유라시아 초원의 유목사회를 그 남쪽에 위치한 농경민들의 사회와 함께 세계사를 이해하는 데 '필수적인 두 요소'로 꼽고 있으니, 말하자면 세계사를 움직인 두 개의 수레바퀴의 하나인 셈이다.[8] 세계사에 대한 통합적 이해를 위해서 대륙의 동서문명을 잇는 '과문명적'跨文明的(cross-civilizational)인 교류뿐만 아니라, 생태환경을 달리하는 유라시아 대륙의 북방과 남방, 즉 초원지대와 농경지대를 연결하는 '과생태적'跨生態的(trans-ecological)인 측면에 대한 중요성이 새롭게 인식되고 있는 것이다.[9]

실크로드와 세계사라는 문제를 두고 최근 일어나고 있는 해외 학계에서의 이러한 변화에 비추어 볼 때, 역사적으로 실크로드와 밀접한 관련을 맺고 있던 우리나라의 경우에 대해서도 새로운 성찰이 요구되고 있다. 즉 기존의 실크로드 사관이 표방하던 문제점들을 냉철하게 인식하고, '동서문명의 가교'였다는 식의 막연한 이해 수준을 넘어설 필요가 있다. 실크로드는 단순히 교역의 '루트'가 아니라 여러 지역의 문명들이 만나는 역사적 현장, 즉 '면'面들의 연속이고, 또한 그것을 무대로 삼던 국제상인들의 활동의 '장'場이었으며, 동시에 북방의 유목 세계와 긴밀한 연관관계 속에서 전개·발전되었던 메커니즘이었던 것이다. 그러면 이제 유목민들이 세계사 속에서 어떤 의미를 지녔는가에 대해서 검토하여 보기로 하자.

3. 유목민과 세계사

(1) 유목민의 세계

헤로도토스나 사마천과 같은 고대 사가들의 글에 묘사된 스키타이나 흉노의 모습은 중세나 근세에 돌궐이나 몽골인들에 대한 기록과 놀라울 정도로 흡사하며, 이는 유목민들의 생활방식이 지난 2천년 동안 기본적으로 크게 변하지 않았음을 보여 준다. 즉 "수축목이전이"隨畜牧而轉移(가축을 따라 목축하면서 이동한다) 혹은 "축수초천사" 逐水草遷徙(수초를 따라 이동한다)는 표현[10]이 말해 주듯이 기본적으로 가축을 기르면서 이동생활을 하는 사람들이었다. 만약 농경이 벼, 보리, 밀 등 '길들여진 식물'을 기르는 것이라면, 유목과 목축은 말, 양, 염소와 같이 '길들여진 동물'을 키우는 것이며, 그런 점에서 양자 모두 식량생산 경제라는 점에서는 일치한다. 유목이나 목축은 농경보다 더 '미개'한 생산방식이 아니었다. 그러나 과거 농경민들의 눈에는 짐승을 기르면서 살아가는 것이 아무래도 농사를 짓는 것보다는 더 거칠고 야만적이며 원시적인 것처럼 보였다. 유목민을 '야만인'으로 보는 편견은 유목민이 인류 역사에 출현한 것만큼이나 오래된 것이

라고 할 수 있다.[11]

　유목민이 역사에 처음 모습을 드러낸 것은 대략 서기전 1천 년 전후한 시기로 추정되고 있다. 이들이 어떤 계기에 의해 어디에서 가장 먼저 출현했는지에 대해서는 아직도 불분명한 점이 많지만, '스키타이'Scytians라는 이름으로 불리던 집단이 서기전 7세기 경에 러시아 남부 초원에 최초의 유목국가를 세웠다. 이들의 문화는 우리나라의 고대사와도 깊은 관련이 있어 '스키토-시베리아 문화' 혹은 '동물문양' 등의 학술 용어와 함께 제법 친숙한 편인데, 종족으로는 인도-유러피안 계통에 속하는 집단이었다. 최근 연구에 의하면 '스키타이'라는 명칭은 '스쿠테스'Scuthes의 그리스어 복수형 '스쿠타이'Scuthai라는 말에서 나온 것이며, '스쿠테스'는 인도-유러피언 언어의 'shoot'(쏘다)이라는 단어와 동일한 어원을 갖는다고 한다. 또한 '스쿠테스'의 어원은 '스쿠다'Skuδa라는 말로 소급되며, 그것은 곧 『아베스타』Avesta와 같은 고대 경전에 등장하는 '수그데'Sughde와 상통하는 말이니, 후일 중세 국제상인으로 이름을 떨친 중앙아시아인들의 명칭인 '소그드'라는 말이 바로 여기서 나온 것이라고 한다.[12] 아무튼 역사상 최초의 유목민인 '스키타이'는 그 집단의 명칭 자체가 이미 '궁사'弓士를 뜻하는 셈이니 유목민의 한 특징을 잘 표현한 말이라고 할 수 있다.

　유라시아 동부 초원에 유목국가가 출현한 것은 그보다 수백 년 뒤인 서기전 3세기 경이었다. 바로 그때 '흉노'가 출현하여 국가를 건설하고 중국사상 최초의 통일국가인 진한제국과 대립하기 시작한 것이다. 이때부터 18세기 중반 최후의 유목국가가 멸망하고 사라질 때까지 유목민들이 세운 국가들은 2천 년이 넘는 기간 동안 존속했고, 그동안 유목민과 농경민의 대결은 동서와 고금을 막론하고 인류 역사에서 하나의 중요한 주제가 되었던 것이다. 중국의 역사는 만리장성을 사이에 두고 유목민과 농경민이 벌인 대결의 과정이라는 말도 있지만, 이란 민족의 서사시 『왕서』王書(Shah-nama)에서 묘사되었듯이 이란의 역사도 동북방의 '투란인'(유목민)과 남방의 '이란인'(농경민)의 대결이었고, 러시아의 역사 역시 북쪽의 '삼림민'(슬라브)과 남쪽의 '유목민'의 대결이었던 것이다. 즉 유목민과 농경민의 접촉과 대결은 세계사를 관통하는, 보편적이면서도 중요한 테마였다.

유목민이 이처럼 유라시아 대륙 각지의 농경민과 접촉을 할 수 있었던 것은 이들이 '이동'하는 사람들이었기 때문만은 아니었다. 물론 월지月氏가 서쪽으로 쫓겨가서 쿠샨Kushan이라는 국가를 세웠고, 흉노가 이동해서 훈Hun이 되었으며, 유연柔然이 이동해서 아바르Avar가 된 것은 사실이다. 그러나 이들이 이렇게 이동하면서 고유의 유목생활을 유지할 수 있었던 것은 그들의 거주공간인 초원(스텝)이 유라시아 대륙에 그만큼 광범위하게 존재하고 있었기 때문이었다. 이 초원은 동쪽에서는 만주 지역의 경계를 이루는 흥안령 산맥의 동쪽 기슭에서부터 시작해서 몽골리아와 카자흐스탄을 거쳐서 카스피해, 흑해 북부의 남러시아 초원(킵착 초원), 심지어 거기서 더 뻗어나가 푸스타puszta라고 불리는 헝가리 초원에까지 미치고 있다. 북쪽으로는 타이가taiga라는 시베리아 삼림지대와 연결되고, 남쪽으로는 농경지대나 사막지대와 접하고 있다.

 이처럼 초원지대는 마치 벨트와 같이 유라시아 대륙의 동서로 길게 펼쳐져 있고, 거기에는 모두 계절에 따라 이동하면서 가축을 기르던 유목민들이 살았다. 그들은 서로 다른 종족이었을지라도 생활양식과 풍습 등에서는 많은 유사성을 나타냈다. 그렇지만 우리는 몽골리아의 초원, 중앙아시아의 카자흐 초원, 흑해 북방의 킵착 초원의 차이점에도 주목할 필요가 있다. 역사적으로 볼 때 몽골리아 초원에서는 흉노, 돌궐, 위구르, 몽골과 같이 강력하고 통일된 유목제국이 건설된 반면, 중앙아시아에서는 그렇지 못했다. 그런가 하면 흑해 북안에서는 유목국가가 출현했지만 전반적으로 그 규모가 동부 초원보다 적었고 교역에 많은 관심을 나타냈다. 이러한 차이가 어디에서 비롯된 것인지에 대한 설명은 유목국가의 형성과 특징에 관한 복잡한 논의와 연관되어 있기 때문에 결코 용이한 일이 아니다. 그러한 차이는 아마도 유목사회가 처했던 여러 가지 조건에 깊이 영향을 받았을 것으로 추정되지만, 특히 주변의 농경국가와의 관계가 매우 중요한 요인으로 작용했던 것으로 보인다. 다시 말해 몽골리아에 세워진 유목국가는 중국에 들어선 강력하고 중앙집권적인 왕조와 대결해야 했기 때문에 그만큼 자기들도 강력한 통합력을 유지해야 했던 반면, 서부 초원에서는 그러한 상황이 아니었기 때문에 그만큼 정치적 통합의 정도도 높지 않았던 것이 아닌가 하는 추측도 가능하다. 그런 점에서 초원지대와 정주지대가 만나는 변경지대는 유목민·유목국가의 역사에서 매우 중요한 의미를 지녔다고 할 수 있다.

(2) 유목과 농경의 변경지대

유라시아 중앙에 동서로 넓게 펼쳐져 있는 초원은 그 남쪽으로 농경이 가능한 정주지대와 인접한 긴 변경지대를 갖고 있다. 그곳은 유목민과 농경민이 서로 융합·대결하는 지점이기도 하지만, 초원과 농경지의 경계가 하나의 분명한 선線을 그리고 있는 것은 아니다. 일반적으로 중국 북방의 만리장성에 대해서 북방의 초원과 남방의 농경지를 나누는 하나의 경계선이라고 막연하게 생각하고 있지만, 사실상 그것은 정치적인 목적을 위해 만들어진 인위적인 구조물에 불과하다. 그것이 유목민들의 약탈과 공격을 막기 위해 중국인들이 '방어'의 목적으로 세운 것이냐, 아니면 오히려 그와는 반대로 중국인들이 변경지대에 사는 유목민들을 몰아내고 영토의 '팽창'을 목적으로 세운 것이냐 하는 문제에 대해서는 이견이 존재하지만, 아무튼 만리장성을 경계로 초원과 농경지가 남북으로 분명하게 나뉘는 것은 아니다. 사실상 초원에서 농경지로의 전이는 훨씬 더 점진적인 형식으로 이루어지기 때문에, '경계선'border line이라기보다는 '변경지대'frontier zone이라고 부르는 것이 보다 현실에 가깝다.

미국의 저명한 학자 오웬 라티모어Owen Lattimore(1900~1989)는 중국과 내륙아시아 사이에 있는 이러한 변경지대에 처음으로 주목하여 『중국의 내륙아시아 변경지대』Inner Asian Frontiers of China(1940)라는 책을 저술하고 그 역사적 의미를 탐구하였다. 그의 주장에 따르면 이 같은 변경지대에서는 이미 고대 이래로 중국적인 체제를 지향하는 힘과 내륙아시아적인 체제를 지향하는 힘이 항상 긴장하면서 길항해 왔고, 양측이 갖는 힘의 변동에 따라 두 체제 사이의 경계가 남쪽으로 내려오기도 하고 북쪽으로 올라가기도 했다는 것이다. 만리장성은 중원의 제국이 그러한 경계선을 '인위적으로' 확정지으려고 한 결과물일 뿐, 실제로 강력한 억지력을 발휘했던 것은 아니었다. 라티모어는 이 같은 지역을 '내부변경'inner Frontier 혹은 '저수지'reservoir라고 불렀다. 이곳의 주민들은 유목과 농경이라는 상이한 생활방식 사이를 오가면서 때로는 '외부변경'outer Frontier, 즉 초원 깊숙한 곳으로 중국이 팽창할 때 힘을 실어 주기도 하지만, 때로는 외부변경의 주민들이 중국을 약탈하거나 정복할 때 앞장을 서기도 했다. 혹은 이들 농경민과 유목민의 세계를 다 잘 아는 이 내부변경의 주민들이 스스로 국가를 건설하여 중국을 지배하거나 초원을 장악하기도 했던 것이다.[13]

『위태로운 변경』The Perilous Frontier의 저자 토머스 바필드Thomas Barfield는 라티모어의 내부변경·외부변경 개념을 더욱 발전시켜 북방 초원에 건설된 유목국가가 중국을 상대로 펼치는 외교 전략을 분석하기도 하였다. 다시 말해 유목국가는, 외부변경에 근거를 두고 중국을 약탈하고 위협하고 협약하는 과정을 통해서 필요한 물자를 확보하는 소위 '외부변경 전략'outer frontier strategy을 구사했을 뿐만 아니라, 경우에 따라서는 고비사막 이남으로 이주하여 중국의 왕조에게 정치적인 복속을 표명하는 대신 경제적인 지원을 받아내는 '내부변경 전략'inner frontier strategy을 모두 구사했다는 것이다.[14]

그런데 이러한 '변경지대'는 중국과 내륙아시아 사이뿐만 아니라 중앙아시아나 서아시아에도 존재했다는 사실에 주목할 필요가 있다. 그것은 앞에서도 언급했듯이 초원이 유라시아 대륙의 중앙부에 동서로 벨트처럼 넓게 전개되어 있기 때문이다. 즉 동서로 전개된 초원지대와 마찬가지로 유라시아 대륙의 남쪽에서 해양을 끼고 전개된 농경지대는 이와 같은 변경지대를 광범위하게 공유하고 있는 것이다. 이와 관련하여 최근 일본의 연구자인 세오 타쓰히코〔妹尾達彦〕는 유라시아 대륙 전체를 유목지대와 농업지대로 양분하지 않고, 북쪽의 유목지대와 남쪽의 농업지대(3대 하천 문화권) 사이, 즉 북위 30~40도 사이의 지역에 '농업·유목 접경선 지역에 인접한 농경지대'를 설정하였다. 북위 40~50도 사이의 초원지대는 역대로 강력한 유목제국들이 흥기했던 곳이었지만, 그 아래의 중간 벨트를 보면 ①유럽에서는 로마제국→동로마제국→프랑크 왕국, ②서아시아에서는 아케메네스 제국→호라산과 호라즘의 지방정권들→우마이야·압바스 왕조, ③동아시아에서는 진한제국 이래 중국의 여러 왕조들이 생겨났다. 그리고 이처럼 그 지역이 "유라시아 대륙의 정치적·문화적 거점이 될 수 있었던 것은 유력한 농경지대와 유목지대를 잇는 접경지대에 자리 잡고 있었기 때문"이라고 보았다.[15]

세오가 지적한 '농업·유목 접경선 지역에 인접한 농경지대'는 라티모어가 제창한 농업과 유목 세계 사이에 존재하는 '저수지' 혹은 '내부변경'과 어떤 의미에서는 매우 유사하다고 할 수 있다. 다만 세오는 그 지역적 범위를 점점 더 남방으로 치우쳐 설정했기 때문에 농경적인 요소가 더 강하게 나타나고 있다. 그러나 지중해를 끼고 있는 ①은 차치하더라도, ②와 ③의 경우를 살펴보면 유목적인 요소가 상당히 발견되는 것이 사실이다. 이란 고원과 중국의 화북 지역에 들어섰던 왕조와 국가들 가운데 유목민이 건설한 경우가 얼마나 많은지 살펴보면 금세 알 수 있을 것이다. 그렇게 된 원인은 간단하다. 즉 ②와 ③이 위치한 북위 30~40도 사이의 상당 지역은 사실상 유목도 가능하고 농경도 가능한 지역이었기 때문이다.

  필자는 그러한 지역을 '농목전이지대'農牧轉移地帶라고 부르고자 한다. 중국 북부에서는 내몽골의 요서遼西 지방에서 시작해서 음산산맥과 산서 지방을 거쳐 오르도스 사막으로 연결되는 지역, 중앙아시아에서는 천산산맥과 파미르 고원, 그리고 서투르키스탄의 초원지역, 서아시아에서는 후라산에서 아제르바이잔을 거쳐 아나톨리아로 이어지는 지역을 포함한다. 이들 지역을 모두 연결해 보면 유라시아의 중앙 부분을 관통하는 거대한 벨트를 이루게 되며, 바로 여기에서 수많은 왕조와 국가들이 탄생했으며, 여기서 건설된 국가들이 농·목 복합적 성격을 띤 것은 전혀 이상한 일이 아니었다. 뿐만 아니라 실크로드가 거쳐가는 대부분의 지역도 바로 여기라는 사실을 주목한다면 실크로드를 논할 때 왜 남북의 문제, 즉 유목민과 농경민의 연관관계를 살펴보아야 하는지도 자명하게 드러난다.

  이들 사이의 관계는 유라시아적인 현상이었기 때문에 동아시아, 중앙아시아, 서아시아를 모두 분석하면 그 총체적인 모습이 분명히 드러나겠지만, 여기서는 일단 동아시아, 특히 중국을 중심으로 살펴보도록 하겠다.

(3) '대(大)·소(小) 중국론'

현재의 중국, 즉 중화인민공화국은 영토 약 1천만 제곱킬로미터에 인구 13억이 넘는 그야말로 초대형 제국이다. 옛날부터 '지대인중'地大人衆이라는 표현으로 잘 알려져 있듯이, 중국이 큰 나라라는 사실은 그다지 새로울 것이 없을지도 모른다. 그러나 역사를 돌이켜보면 중국이 항상 이렇게 큰 나라가 아니었음을 금세 깨닫게 된다. 예를 들어 중국사상 최초의 통일제국이었던 진秦이나 그 뒤를 이어받은 한漢의 영토는 현재 중국의 반半이 될까 말까 한 정도의 크기였다. 현재의 중국이 이처럼 큰 땅덩어리를 갖게 된 까닭은 청淸이라는 제국의 영역을 거의 대부분 물려받았기 때문이다. 중화인민공화국은 청제국이 지배했던 강역 가운데 '외몽골', 즉 현재의 몽골국을 제외한 나머지를 모두 차지하고 있다. 아무리 왕조체제를 타파하고 사회주의 국가를 건설했다고 하더라도 지금의 중국은 엄연히 청제국의 후계자임을 부인할 수 없다.[16]

그런데 청제국이 들어서기 전에 중국을 통치했던 명明나라는 어떠했는가. 명나라의 강역을 살펴보면, 내외몽골은 물론 티베트, 신강, 만주 등의 외곽지역이 모두 그 통치 영역의 밖에 있었고, 오로지 '원래의 중국' Proper China만을 지배했던 것이다. 과거 한나라와 비교할 때 남쪽의 광동이나 운남 방면이 더 추가되었을 뿐 큰 차이는 발견할 수 없다. 다시 말해 명과 청은 근본적으로 규모 자체가 다른 제국이었다. 그렇다면 명나라 이전에는 어떠했을까. 명 이전에 중국을 지배했던 것은 원元나라였다. 원은 몽골인들이 세운 나라였고 몽골제국은 명실상부한 세계적인 제국이었다. 따라서 우리가 '원'이라는 이름으로 부르는 나라는 중국의 한 왕조가 아니라 몽골제국의 일부에 불과했다. 아무튼 원제국을 지배했던 대칸의 직할령만을 놓고 보아도 현재 신강의 일부 지역을 제외하고는 청제국의 강역과 엇비슷했다고 할 수 있다.

이런 식으로 중국의 역사를 소급하면서 왕조들의 규모를 비교해 본다면 매우 흥미로운 사실을 발견하게 된다. 그것은 중국을 통치했던 왕조들이 마치 시계추가 왔다갔다 하듯이 규모가 커지고 작아지는 변동을 반복했다는 사실이다. 최근 일부 학자들은 이러한 현상에 주목하여 그러한 역사적 국면의 차이를 '대중국'과 '소중국'이라는 이름으로 부르고 있다.[17] 필자는 이러한 용어가 종래에 간과되어 왔던 측면을 잘 드러내 준다는 점에 대해서는 인정하지만, 동시에 동아시아 역사의 큰 흐름을 왜곡시키는 결과를 가져온다고 생각한다. 이에 대해서는 뒤에서 좀 더 논의하도록 하겠지만, 아무튼 중국의 왕조별 강역을 나타낸 지도를 살펴보아도 중국을 통치한 왕조·국가의 규모에 이러한 소장消長이 있었던 사실은 분명히 알 수 있다.

그런데 그 같은 현상을 좀 더 자세히 들여다보면 그것은 '대·소'중국이라는 국면이 연속적으로 이어져 있는 단순한 왕복운동이 아니라, 그 두 국면 사이에 격렬한 혼란과 분열의 시기가 개재되어 있음을 깨달을 수 있다. 즉 중국의 역사를 거시적으로 개관해 보면 흔히 '일치일란'—治—亂이라고 불리는 통일과 분열의 국면이 반복적으로 나타나면서 동시에 그 통일의 상태는 다시 '대·소'의 국면 변화를 되풀이했던 것이다. 그렇다면 중국사에서 이처럼 분열과 통일이 거듭해서 나타난 것은 그저 우연의 일치일까, 아니면 중국사가 갖는 어떤 내재적·외재적 속성의 불가피한 귀결인가. 이러한 질문은 소위 '대·소' 중국의 반복적 출현에 대해서도 똑같이 적용될 수 있을 것이다. 나아가 분열과 통일, 그리고 '대·소' 중국의 교대 출현은 상호 어떠한 연관성을 갖고 있는 것일까.

여기서 우리가 먼저 주목해야 할 사실은 '소중국'이냐 '대중국'이냐를 결정지은 것이 결코 중국의 남방에서의 축소·팽창과는 무관했다는 점이다. 다시 말해 중국에 어떤 왕조가 들어섰든간에 남방의 영역은 축소되는 경우가 거의 없었다. 한인들이 북방 유목민들에게 밀려서 남쪽으로 내려왔을 때 오히려 남방이 더 개발되고 영역도 더 확장되는 경향이 보였다. 서진이 망한 뒤에 내려온 남조(317~589)나 북송이 망한 뒤 내려온 남송(1127~1279)의 경우가 대표적인 사례이다. 바로 그 시대에 강남 지역의 개발이 본격적으로 진행되고 화남의 '중국화'가 완성되었던 것이다.

'대·소' 중국의 변화는 중국의 북방과 서방에서의 영역이 어떻게 변동되느냐에 따라서 결정지어졌다. 한나라 때 북방 영역의 한계선은 만리장성 주변에 머물러 있었고, 서쪽으로는 하서회랑을 근근히 확보했을 뿐 오늘날의 신강 지역에 대한 항구적인 지배를 실현하지는 못했다. 이에 비해서 당제국의 영역은 북방과 서방으로 크게 확장되었음을 알 수 있다. 즉 '소중국'에서 '대중국'으로 바뀐 것처럼 보인다. 그러나 당의 이러한 거대함은 왕조의 초기, 즉 태종·고종 때에만 국한된 것이기 때문에 말하자면 '찰나의 제국'에 불과할 뿐 우리가 막연하게 갖고 있는 거대한 당제국의 이미지는 '과장'된 것이라는 지적도 있다.[18] 당의 몽골리아 지배는 적어도 반세기, 그리고 타림분지에 대한 장악 내지 우위는 탈라스 전투에서 패배한 8세기 중반까지, 소장消長을 거듭하면서 유지되었다. 따라서 당제국은 영토의 규모 면에서는 물론이지만 내륙 지역에 대한 적극적인 태도와 개방성 등에서 한나라와는 상당한 차이를 보였다고 할 수 있다.

(4) '대중국'의 기원과 실체

그렇다면 한과 당, 이 두 왕조는 왜 이러한 차이를 나타낸 것일까. 이 의문을 이해하기 위해서는 당 건국에 선행하는 시대를 살펴보지 않으면 안 된다. 즉 한나라가 붕괴된 3세기 초부터 수당제국에 의해 통일이 이루어지는 6세기 후반에 이르기까지 중국은 350년 이상의 대혼란기를 경험하였다. 이 혼란의 원인은 무엇이었는가. 그것은 다름아닌 한제국의 약화와 그에 따른 북방 유목민의 대대적인 남하와 이주였다. 그들은 마침내 화북 지방을 정복하고 그곳에 농·목 복합적 성격, 즉 '호한융합'胡漢融合 정권을 세웠고, 한인 귀족들은 남쪽으로 쫓겨 내려가 양자강을 중심으로 하는 지역에 독자적인 왕조를 건설하였다. 이렇게 해서 소위 오호십육국과 남북조 시대가 열리게 된 것이다. 화북 지방은 3세기 이상 북방 유목민들의 지배를 받게 되었고 그동안 그들이 '한화'漢化된 만큼 아니 그 이상으로 한인들도 '호화'胡化되었다.[19]

혼란기를 종식시키고 수당제국을 건설한 장본인들도 바로 이들 '한화漢化된 호인胡人' 혹은 '호화胡化된 한인漢人'이었으니, 학계에서는 그들을 '관롱집단'關隴集團이라는 이름으로 부른다. 당 황실의 시조로 여겨지는 이초고발李初古拔·이매득李買得 부자는 한인의 성과 선비의 이름을 갖고 있는 것으로 보아, 원래는 한인인데 선비식 이름을 사여받았거나 아니면 그 반대로 원래 선비인데 한인의 성을 사여받았을 것이다. 그 어느 쪽이든간에 유목민의 습속이 깊이 배여 있던 사람들임에 분명하다. 또한 이매득의 손자인 이호李虎는 서위의 우문태宇文泰에게서 대야大野라는 선비족 성을 받았다. 그의 아들 이병李丙은 선비족 부인을 맞아 아들을 낳았으니 그가 바로 당나라의 고조 이연李淵이었다. 이연의 부인도 선비족이었고 그 아들이 태종 이세민李世民이었으며, 당태종과 선비족 황후 사이에서 태어난 것이 고종이었다. 당나라 황실이 선비족 출신이라 말한다고 해도 과히 틀린 말은 아닐 것이니, 일부 학자들은 당왕조를 아예 '탁발 국가'라고 규정하고 있다.[20]

한대漢代의 위정자와 지식인들에게 중화와 이적은 분명히 구별되고 섞이기 힘든 이질적인 두 세계였다면, 수당의 건국자들의 눈으로 볼 때 그 두 세계는 상통할 수 있을 뿐만 아니라 혼효되어 하나가 될 가능성을 갖고 있는 것이었다.[21] 당나라 태종이 630년 경 북방의 돌궐을 복속시킨 뒤 '호한胡漢이 일가一家가 되었다'고 호언한 것은 그러한 새로운 세계관을 한마디로 잘 보여 준다고 하겠다. 따라서 그들이 '원래의 중국'의 범위를 넘어서 북방의 유목민들이 사는 초원지대를 장악할 수 있었던 것은, 그들이 바로 유목민 출신이었거나 혹은 유목민과 농경민의 혼혈아였기 때문이다. 그들은 유목민과 다름없는 막강한 기마군단을 보유하여 전쟁에 투입될 수 있었을 뿐만 아니라, 유목민의 멘탈리티를 잘 이해하고 또 그와 유사한 사고 패턴을 갖고 있었던 것이다.

'소중국'(한인 왕조) → 분열시대 → '대중국'(이민족·혼혈 왕조)이라는 패턴은 당제국 붕괴 이후에 다시 되풀이되었다. 공식적으로 당이 붕괴한 것은 907년이었다. 그러나 755년에 터진 안록산의 반란은 사실상의 조종弔鐘이나 다름없었다. 북방 몽골리아에 제국을 건설한 위구르인들의 도움을 받아 반란은 겨우 진압되었지만, 그 뒤 중국 각지에는 '번진'藩鎭이라는 이름으로 알려진 사실상 독립적인 군벌들이 등장하게 되었고, 당은 왕조의 간판만 있을 뿐 식물인간과 같은 처지로 명맥을 보존하게 된 것이다. 그런데 흥미로운 사실은 당조 후반기 그리고 당이 붕괴된 뒤 화북 지방의 패권은 주로 이민족의 수중에 있었다는 점이다. 과거 남북조 시대에는 흉노나 선비 계통의 소위 '오호'五胡라는 이름으로 알려진 유목민들이었지만, 이번에는 돌궐 계통에 속하는 사타沙陀 유목민들이었다. 역사상 '오대'五代라고 불리는 화북 왕조들 가운데 후량後梁(907~923)과 후주後周(951~960)는 한인 정권이

지만, 후당後唐(923~936)·후진後晉(936~947)·후한後漢(947~950)은 사타족의 왕조였다.

오대의 마지막 왕조인 후주를 대체하고 960년에 건국된 것이 송宋(북송: 960~1127, 남송: 1127~1279)이었다. 송은 조광윤趙匡胤이 세운 한인 왕조였고 한나라와 마찬가지로 '소중국'이었다. 이미 송 건국 이전에 요서遼西에서 흥기하여 요遼(907~1025)라는 명칭으로 알려진 국가를 세운 유목민 거란契丹인들이 후진을 압박하여 장성 이남의 광대한 영역을 수중에 넣었기 때문에, 북방에서의 경계는 오히려 한나라 때보다 더 위축되어 버렸다. 뿐만 아니라 오늘날 내몽골의 오르도스 서부와 섬서·감숙 지역에는 탕구트인들이 서하西夏(1038~1227)를 건국하였고, 이로 인해서 서방에서의 경계도 위축되고 말았다. 그러다가 요를 무너뜨리고 북방을 장악한 여진인들의 왕조 금金(1115~1234)에 의해 화북 지방마저 상실함으로써 송의 영역은 회수 이남의 남중국으로 축소되었다. 이러한 상황은 과거 남북조 시대를 다시 재현한 것이나 다름없었다. 그리고 수당제국의 등장으로 분열의 남북조 시대가 막을 내렸듯이, 서하·금·남송 삼국 정립의 시대는 13세기 몽골제국에 의해서 마감하게 된 것이다. 이로써 중국사는 다시 한번 '소중국'→분열시대→'대중국'이라는 고리를 완결하였다.

몽골제국이 붕괴된 뒤 한인이 세운 명나라는 '소중국'으로 회귀하였고, 명을 무너뜨리고 중국을 정복한 만주인들의 청제국은 다시 '대중국'을 복원하였다. 과거와 유사한 패턴인 듯하지만 이전과는 달리 오랜 분열기가 없이 곧바로 왕조 교체가 이루어졌다. 청제국이 무너진 뒤 비로소 '소중국'과 '대중국'이 반복되는 패턴이 깨지고 말았다. 청제국 붕괴 이후 수십 년간의 혼란이 있긴 했지만 1948년 성립한 중화인민공화국은 '소중국'이 아니라 '대중국'의 규모를 그대로 유지했기 때문이다. 건국 주체도 이민족이 아니라 한족이었다. 물론 현재 '통일적 다민족국가'를 표방하고 있고 한족은 '중화 민족'을 구성하는 56개 민족 가운데 하나에 불과하지만, 한족이 인구의 93퍼센트를 차지하고 또 그들이 장악하고 있는 정치·경제·문화적인 영향력을 생각해 볼 때, 한족이 주체가 된 국가임에는 의심의 여지가 없다.

이렇게 볼 때 오늘날의 중국은 지난 2천여 년의 역사를 통해 반복적으로 나타났던 '대중국'의 전통을 잇고 있다고 할 수 있으며, 직접적으로는 중국의 영역을 최대한 확장시키고 300년 가까운 지배(1644~1912)를 실현했던 청제국의 유산을 고스란히 물려받아서 생겨난 것이다. 청을 건국한 만주인들은 엄격한 의미에서 유목민이 아니었다. 그들은 수렵·목축·농경의 복합적인 경제생활을 하였다. 그렇기 때문에 몽골 유목민의 세계도 한족 농경민의 세계도 모두 잘 알고 있었다. 청제국이 모범으로 삼았던 대상은 선행했던 명왕조가 아니라 몽골인의 원제국이었고, 그런 면에서 오늘날 '대중국'의 뿌리는 만주의 청제국을 거쳐서 몽골의 원제국으로까지 거슬러 올라간다고 할 수 있다.

중국사의 전개과정을 이처럼 '대중국'과 '소중국'의 교체적 반복 순환의 과정으로 파악하는 것은 매우 흥미로울 뿐만 아니라 "중국은 대국"이라는 우리들의 막연한 인상을 바로잡는 교육적인 효과도 갖고 있다. 그러나 여기서 우리는 한 가지 매우 근본적인 질문을 던질 필요가 있다. 그것은 우리가 '대중국'이라고 부르는 것이 과연 '중국'이었는가 하는 것이다. 다시 말해 중국 외부에 거주하던 민족이 중국을 정복하고 북방의 초원과 남방의 중국을 동시에 지배하는 거대한 제국을 건설했을 때, 그것을 '중국'이라고 부를 수 있겠는가 하는 점이다. 몽골의 원제국과 만주의 청제국을 중국의 왕조로 이해하는 것이 과연 타당할까. 이 두 제국을 '대중국'으로 분류하는 것 자체가 이미 그들을 '중국'의 일부로 보는 인식을 전제하고 있지 않은가.

원제국의 경우, 당시 중국을 통치했던 쿠빌라이Khuiblai나 그의 계승자들에게서는 중국 왕조의 전통을 잇는 군주라는 의식을 찾아볼 수 없으며, 오히려 유라시아를 지배하는 '대몽골 울루스', 즉 몽골제국의 대칸이라는 의식을 갖고 있었다. '대원'大元이라는 왕조의 명칭도 사실은, '대몽골 울루스'라는 몽골식의 긴 이름이 한인漢人들에게는 불편하므로 중국식으로 부르기도 좋고 의미도 훌륭한 이름으로 만든 것에 불과하였다. 이 점에 있어서는 정도의 차이는 있을지언정 청제국의 군주들도 크게 다름이 없었다. 그들은 한인들에 대해서는 '황제'皇帝를 칭하면서 '덕치'德治를 강조하였지만 몽골리아, 티베트, 신강 등지에서는 어디까지나 내륙아시아형 군주인 '카간'〔可汗〕이었다. 따라서 우리가 각도를 조금 달리해서 보면, 한족이 아니라 북방민족이 건설한 '대몽골 울루스'Yeke Mongol Ulus(중국식으로는 '대원')와 '다이칭 구룬'Daicing Gurun(중국식으로는 '대청')이 지배하던 시기에 '중국'이라는 세계는 사실상 '비중국'의 세계 속에 편입·포괄되었다고 말할 수 있을 것이다. 이와 관련하여 이성규 교수의 다음과 같은 지적은 적확하다.

> 정복 왕조는 실제 '이적의 제국'이었다면 중국의 외경外境은 오히려 축소된 것이 현실이었다. 그럼에도 불구하고 정사 편찬에 의해서 중화제국의 지위가 인정된 '이적의 제국'의 외경이 중화제국의 외경으로 주장되었다면, 그 외경은 역사(서술된)가 만든 것이며, 역사의 실제가 아니었다. 역사의 실제는 확대된 이적의 외경이 정복 왕조의 몰락·후퇴와 함께 다시 본래의 위치로 돌아간 것이기 때문이다.[22]

이 같은 사실은 중국사를 단지 그 외적인 경역의 팽창과 축소를 기준으로 '대중국'과 '소중국'으로 구분하는 관점에 대해서 경계를 촉구하고 있다. 중국의 외경의 팽창이 이루어진 '대중국'의 국면은 대체로 북방 이민족이 중국을 정복할 때였다. 현대 중국이 원·청과 같은 '대중국'의 전통을 잇는 것은 사실이나, 이들이 '중국'이라는 역사적 범위 안에서 이해되고 있는 것은 왕조적 정통론에 근거한 역사 서술에 의해서 본래 비중국이 중국으로의 변신을 강요받았기 때문이었다. 원제국과 청제국의 시대에는 중국 왕조가 '소멸'했음에도 불구하고 오히려 후대의 역사 서술에 의해 이들 제국 영역 전체가 중국 왕조의 지배 아래 있었던 것처럼 해석된 것이다.

북방의 유목민들이 중국사의 전개과정에 미쳤던 영향에 대한 해석의 문제는 일단 차치하더라도 그 영향의 강도가 어느 정도였는가는 충분히 짐작하고도 남음이 있을 것이다. 그러나 유목민의 영향은 중국사에만 국한된 것이 아니었다. 중앙아시아와 서아시아 그리고 유럽의 역사에도 그러했지만, 여기서는 이들 여러 지역을 연결하는 역할을 했던 실크로드와 유목민은 어떤 관계를 맺고 있었을까, 유목제국은 실크로드의 존속과 작동에 어떤 힘을 작용했을까 하는 문제들을 살펴보도록 하겠다.

4. 실크로드와 유목제국

(1) 장건(張騫)의 서역 사행(使行)

실크로드를 통한 문물의 교류는 이미 상고 시대에도 존재했던 것이 분명하다. 예를 들어 '구석기 시대의 비너스상'으로 불리는 여성 나상이 있는데, 유사한 형태지만 조금씩 디테일을 달리하는 것들이 멀리 피레네 산맥 부근에서부터 몽골리아의 바이칼 호수 근처까지 광범위하게 발견되고 있다. 그런가 하면 라피스 라줄리 lapis lazuli라는 광물은 파미르 산맥이 있는 바닥샨 지방에서만 나오는데, 왕조 시대로 들어가기 전, 즉 서기전 3100년 이전의 에집트에서 발견되었다. 또한 오늘날 신강 지방의 호탄에서 나오는 옥玉이 '우씨지옥' 禹氏之玉 혹은 '화씨지벽' 和氏之璧이라는 이름으로 불리며 춘추시대(서기전 770~403)에 중국에 전해진바 있다. 여기서 "우씨"나 "화씨"는 하서회랑 지역을 지배하던 '월지' 月氏를 나타내는 말이기 때문에, 호탄의 옥이 실크로드의 주요 구역을 장악했던 유목 집단 월지인들의 중개로 중국에 전달되었음을 알 수 있다.

한 가지 예만 더 들어 보자. 중국은 고대 그리이스 · 로마 시대에

'세레스'seres라는 이름으로 알려졌는데, 이 말의 어원에 대해서 학자들은 통상 중국어로 '실, 비단'(絲)을 뜻하는 단어에서 기원한 것으로 추정하고 있다. 즉 '絲'의 고대음은 *ser 혹은 *sir였고, 'seres'는 이 말을 어간으로 하여 '비단(실)의 땅'이라는 뜻으로 만들어졌다는 것이다. 오늘날 영어의 'silk'나 우리나라 말에서 '실'이라는 것도 모두 동일한 어원에서 기원한 것으로 보인다.[23] 서기전 5세기에 건축된 파르테논 신전에 있는 '운명의 여신', 에레크테이온 신전에 있던 카리아티드Caryatid 여신상(대영박물관 소장) 등이 입고 있던 긴 겉옷(chiton)은 비단을 재료로 했을 것으로 추정되고 있다.[24] 이러한 사례들은 굳이 현생 인류의 이동이나 농업 기술의 전파 등을 운운하지 않더라도 유라시아 여러 지역이 이미 상고 시대부터 실크로드를 통해 접촉했음을 입증한다. 다만 그것은 어떤 한 개인이나 집단이 장거리 코스를 모두 장악했던 것이 아니라, 인근 지역으로의 릴레이식 전달을 통해서 장기적·축적적인 형태로 이루어졌던 것으로 보인다.

그런 의미에서 서기전 2세기 후반 장건(서기전 114년 사망)이 한무제의 명을 받아 수도 장안을 출발하여 저 멀리 아프간 지방까지 다녀온 것은 실크로드 역사상 특기할 만한 사실이라고 할 수 있다. 그가 중앙아시아에 있던 대월지大月氏라는 유목민들을 찾아 수도 장안을 나선 것은 서기전 139년의 일이었다. 가는 도중에 한나라의 강적인 흉노에게 붙잡혀서 10년간 포로 생활을 한 뒤 겨우 탈출하여 대월지가 있는 천산산맥 부근으로 갔지만, 이미 그들은 흉노의 공격을 받아 멀리 아프간 지방으로 이주한 뒤였다. 장건은 다시 그들을 찾아내려 쫓

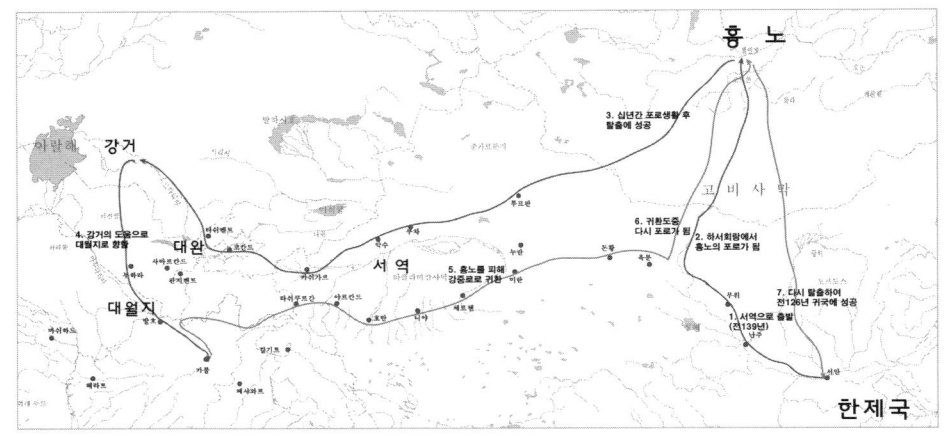

장건의 서역 사행[25]

아갔고 마침내 대월지를 찾아간 그는 흉노를 치기 위해 상호 군사동맹을 맺자는 한무제의 제안을 전달했다. 그러나 대월지는 이를 거절했고 하는 수 없이 다시 귀로에 올랐다. 그는 돌아오는 길에 다시 흉노에게 포로가 되는 불운을 겪었지만 이번에도 요행히 탈출하여 마침내 126년에 장안에 도착할 수 있었던 것이다.

귀환한 뒤 그는, 여행하는 동안 자신이 보고 들은 서역 지방의 사정을 무제에게 보고하였고, 그 내용의 대강이 사마천의 『사기』「대완열전」에 기록되었다. 그의 견문에 기초한 이 내용은 고대 중국인들의 세계관을 비약적으로 확대해 주었고, 그런 의미에서 장건의 서역사행이 지니는 역사적 의의는 결코 과소평가될 수는 없다. 그의 여행을 일컬어 '착공'鑿空, 즉 전인미답의 길을 처음으로 개척한 장거라고 칭하고, 그를 '실크로드의 개척자'라고 부르는 이유도 여기에 있다.

(2) 중국의 실크로드 진출 목적

그러나 그의 서역행은 실크로드라는 것이 과연 어떠한 메커니즘 속에서 작동했을까 하는 의문에 대한 해답의 실마리를 던져 주고 있다. 우선 중국이 실크로드에 대해 관심을 갖고 중앙아시아로의 진출을 꾀했던 이유나 목적이 원거리 교역을 통한 경제적 이윤의 추구가 아니라, 북방의 위협 세력인 유목제국을 군사적으로 압박하기 위해서였다는 사실에 주목할 필요가 있다. 즉 한무제가 장건을 파견한 이유는 월지와 동맹을 맺음으로써 "흉노의 오른팔(右臂)을 끊기 위해서"였다. 한대에 개척된 무위武威·장액張掖·주천酒泉·돈황敦煌의 '하서사군'河西四郡은 소위 실크로드의 요충인 하서회랑을 연결하는 중요한 거점이 되었는데, 그 설치의 목적도 일차적으로는 군사적인 성격으로서 흉노를 견제하기 위함이었다. 이러한 특징은 시대가 바뀌어도 변하지 않았다. 7세기에 당나라 태종이 대군을 서쪽으로 파견하여 투르판을 점령하고 쿠차(庫車)에 안서도호부를 설치하여 중앙아시아를 장악했던 까닭도 몽골리아 초원의 강적인 돌궐을 제압하기 위함이었다. 18세기 청의 건륭제가 중앙아시아로 진출하여 '신강'新疆을 정복한 것도 유목 세력 준가르를 제압하는 과정에서 이루어진 일이었다.

19세기 후반 청의 조정에서 벌어진 '해방海防 대 새방塞防' 논쟁도 중앙아시아에 대한 중국의 전략적 사고의 특징을 잘 보여 준다. 1864년 신강에서 무슬림 반란이 터져 중앙아시아 전역이 청의 지배에서 벗어나게 되었는데, 그 당시는 마침 서구 열강이 우세한 해군력으로 동남해안 지역을 장악하고 중국 측에 압박을 가할 때였다. 따라서 이홍장李鴻章과 같은 인물은 국가의 예산을 해군력 증강에 집중하여 해안의 방어, 즉 '해방'에 치중해야 한다고 주장했지만, 좌종당左宗棠 같은 사람은 신강이 무너지면 몽골이 넘어가고 몽골이 넘어가면 북경이 위험해진다는 도미노 이론을 내세우며 내륙의 방어, 즉 '새방'을 주장하였다. 이 논쟁은 결국 새방론자의 완승으로 끝났는데, 서북 지역에 대한 중국 측의 접근논리는 기본적으로 경제적인 측면보다는 전략적·군사적인 측면으로 기울었다. 말하자면 2천 년 전 한무제 때와 비교해서 변한 것이 없었던 셈이다.[26]

물론 중국의 서방으로의 진출이 오로지 군사적인 이유로만 추진된 것은 아니었다. 예를 들어 장건의 보고로 중앙아시아와 서아시아 각국에 대한 소식이 알려지자 한나라 조정은 대규모 사신단을 이들 각국에 파견했다. 사신단의 규모가 큰 것은 수백 명이요 작은 것은 100여 명이었으며, 1년에 많을 때는 10여 회, 적을 때는 5~6회에 이르렀으니 오고가는 사신들이 길에서 마주칠 정도가 되었다고 한다. 그러나 그들은 거대한 사구砂丘가 마치 꿈틀거리는 흰 용과 같다고 해서 '백룡퇴'白龍堆라는 이름이 붙여진 타클라마칸 사막을 지나고, 끝도 없이 깊은 계곡과 준령들이 이어진 '대두통大頭痛과 소두통小頭痛의 산지' 그리고 '적토赤土와 신열身熱의 비탈'[27]을 넘어가는 여정을 지나가야 했으니 결코 용이한 일은 아니었으며, 외국과의 지속적인 교류를 위해서 한나라는 엄청난 투자를 하지 않으면 안 되었던 것이다. 그럼에도 불구하고 한나라가 이처럼 서방의 여러 도시·국가들과 관계를 유지하려고 했던 것은 황제의 위덕을 사해에 두루 미치게 하고자 하는 정치적 열망이 있었기 때문이었다. 한무제가 중앙아시아의 대완大宛이라는 곳에 있는 '한혈마', 즉 '천마'를 갖고 싶어서 장군 이광리李廣利에게 두 차례에 걸쳐 대대적인 원정을 감행케 한 적이 있는데, 이 원정도 흉노와의 기마전에 대비해서 준마를 구하려는 목적보다는 사실 그 천마를 타고 곤륜산 정상에 올라가 서왕모를 만남으로써 장생불사를 기하기 위해서였다는 해석이 옳을 것이다.[28] 이처럼 중국이 실크로드를 통해 서방으로 진출하려고 한 이면에는 천하의 지고한 보편적 군주로서 황제의 위덕을 널리 알리려는 이념적인 목적도 강하게 깔려 있었던 것이다.

중국은 실크로드를 통해서 여러 가지 진기한 물품과 동식물들을 외국에서 들여왔다. 그러나 그러한 물자들을 들여온 것이 경제적인 이유에서라고 보기는 어렵다. 예를 들어 한무제 때에는 장안 근교에 상림원上林苑이라 불렸던 일종의 황실 전용 리조트가 만들어졌는데, 거기에는 코끼리와 흰 사슴을 감상하는 관상관觀象觀과 백록관白鹿觀이 있었고, 서역의 포도를 심는 포도궁葡萄宮, 남방의 진기한 화목을 기르는 부려궁扶荔宮, 씨름(角抵)이 벌어지는 평락관平樂觀 등이 있었다고 한다. 이 역시 외래의 물자들이 황제의 권위를 높이기 위한 목적으로 활용되었음을 보여 주고 있다.

실크로드에 대한 중국의 관심을 살펴볼 때, 이처럼 정치적·군사적·이념적 측면이 강하게 드러나고 경제적인 측면이 미약하게 나타나는 까닭은 '지대물박'地大物博이라는 표현이 말해 주듯이, 중국은 경제적으로 외부에 의존할 필요가 없다는 생각이 있었기 때문인 듯하다. 다시 말해 경제적인 교류관계에서 아쉬운 쪽은 중국이 아니라 주변의 다른 나라들이었기 때문에, 만약 그들이 중국의 물자를 얻고자 한다면 황제의 지배권을 인정해야 한다는 것이다. 그것은 곧 '조공'朝貢이라는 형식으로 표현되었고 외국의 군주들이 사신을 보내서 특산품, 즉 '방물'方物을 바치면 황제는 그들을 중화적 질서 속에 받아들이면서 넉넉한 하사품으로 보답하는 것이었다. 따라서 외국의 진기한 물자들이 중국으로 풍성하게 들어온다는 것은 황제의 권위와 덕망이 그만큼 높고 널리 받아들여지고 있다는 증좌가 되는 셈이다.

장건의 서역행은 우리에게 또 한 가지 중요한 사실을 알려 준다. 즉 만약 유목민들이 동의하지 않는다면 사신이든 상인이든 실크로드를 통해서 왕래하는 것조차 쉽지 않다는 것이다. 장건이 서역으로 갈 때 붙잡힌 것은 당시 아직 도로 사정이나 정치적 정세에 어두워서 그럴 수 있다고 하더라도, 중국으로 돌아오는 길에 흉노에게 붙잡히지 않으려고 일부러 티베트인들이 사는 강중로羌中路로 먼 길을 돌아서 갔는데에도 또 들켜서 붙잡혔기 때문이다. 물론 이것은 서기전 2세기 후반 서역에 대한 중국의 통제력이 약해서 그랬기도 하지만, 심지어 한무제가 흉노와 전쟁을 시작하여 서역으로 대군을 파견한 뒤에도 타림분지 주변 도시국가들은 여전히 흉노를 더 두려워하였던 것이다. 『한서』 「서역전」의 다음 구절은 그러한 상황을 잘 말해 주고 있다.

> 오손의 서쪽에서 안식에 이르기까지 흉노와 가깝고, 흉노는 일찍이 월지를 괴롭힌 적이 있어서, 흉노의 사신이 선우의 신표信標 하나를 들고 가면 그 나라는 음식을 보내 주고 감히 붙잡아 두고 괴롭히지 못한다. 그런데 한나라 사신이 도착할 경우 폐물幣物을 내놓지 않으면 음식을 얻을 수 없고 가축을 사지 않으면 탈 것을 구할 수 없다. 그렇게 된 까닭은 한나라가 멀리 떨어져 있지만 재물은 많아서, 원하는 것이 있으면 필시 구매를 해서 얻기 때문이다.[29]

한마디로 말해서 흉노는 가깝고 한나라는 멀었던 것이다. 그렇기 때문에 실크로드 연변의 도시들은 북방 초원의 유목민들의 눈치를 살필 수밖에 없었다. 그렇다면 유목민은 실크로드를 통한 동서교류를 방해한 불한당 같은 존재였을까. 실크로드에 대한 유목민들의 입장은 과연 어떠했을까.

(3) 유목국가의 실크로드 진출 목적

북방 초원에 건설된 유목국가가 실크로드에 대해서 어떠한 태도를 보였는가를 이해하기 위해서는 먼저 그 경제적 토대가 되는 유목경제의 특징에 대해서 알아야 할 필요가 있다. 앞에서도 설명했듯이 유목은 계절적 이동을 통해 가축을 기르고 그 생산물에 의존하는 생산경제의 한 방식이다. 유목민들은 가축의 생산물을 통해 기본적인 의식주를 해결하는 것이 가능하다. 예를 들어 동물의 고기와 젖을 먹고 마시며, 그 털과 가죽으로 옷을 만들어 입고, 그것으로 펠트, 즉 모포를 만들어 텐트의 덮개로 삼는다. 이렇게 볼 때 유목 경제는 자급자족적이라고 말할 수도 있다. 그러나 "순수한 유목민은 가난한 유목민"(It is the poor nomad who is the pure nomad)[30] 이라고 한 라티모어의 유명한 말이 시사하듯이, 순전히 가축 생산물에만 의존해서 살아가는 유목민은 역사상 그리 많지 않았다. 인간이 고기만 먹고도 살아갈 수 있는가 하는 문제를 따질 것도 없이, 유목민들은 실제 식생활에서 육류나 유제품 이외에 농경지대에서 생산되는 적지 않은 양의 곡식과 차茶를 소비했고, 의복도 면이나 비단을 사용했으며, 기타 생활에 필요한 여러 도구들은 물론 각종 사치품들을 소유하고 있었다. 그런 의미에서 유목 경제는 사실상 자급자족적이지 않다는 것이 옳을 것이다.[31]

따라서 유목국가의 군주가 수행해야 할 중요한 임무 가운데 하나는 농경 지역에서 생산되는 그러한 물자들을 원활하게 유목민들에게 공급해 주는 것이었다. 만약 그가 그 기능을 제대로 수행하지 못할 경우 그는 지지자들을 잃어버릴 수밖에 없었다. 유목 군주는 좋든 싫든 농경지대의 국가와 상대해서 그 문제를 해결하지 않으면 안 되었던 것이다. 그런데 몽골리아에 건설되었던 유목국가들의 경우 그 상대는 중국이 될 수밖에 없었다. 그가 중국으로부터 그 같은 물자를 획득할 수 있는 방법은 두 가지, 즉 약탈을 하거나 교역을 하는 수밖에 없었다. 다시 말해 중국의 변경을 약탈해서 필요한 것들을 빼앗아 오거나, 아니면 유목민들의 유일한 재산이자 넘치게 많을 정도로 소유하고 있는 가축을 팔고 그 대가로 농경지대의 물자들을 구입해 오는 것이었다.

물론 교역이 평화적이고 가장 안전한 방법이겠지만 거기에는 약간의 문제가 있었다. 중국의 동의가 없이는 교역이 이루어질 수 없었던 것이다. 그런데 중국은 황제의 정치적 권위를 인정하고 '조공'을 바치는 사람들에게만 한정된 범위 안에서 교역을 허가하였다. 예를 들어, 명대 중국은 북방의 몽골·여진 등의 민족과 조공 관계를 유지할 때 조공 사신단의 규모와 방문 시기, 조공 품목과 회사 품목, 방문 루트와 소지하는 문건, 사신단을 접대하는 회동관會同館의 기능 등에 대해서 매우 구체적인 규정들을 만들어 놓았는데,[32] 물론 이는 명대에만 국한된 현상은 아니었다. 이처럼 중국은 주변 민족과의 교역을 정치적으로 이용했기 때문에 그 같은 교역은 정치적 상황의 변화에 크게 영향을 받을 수밖에 없었다. 따라서 유목민들은 상황이 여의치 않으면 불가피하게 무력에 호소할 수밖에 없게 되는데 그것이 바로 약탈이었다.[33]

그러나 약탈은 상당한 위험부담을 안고 있는 방식이었다. 변경의 강력한 방어선을 뚫고 들어가야 하는데 그 과정에서 사상자가 발생할 수 있으며, 때로는 중국 측의 보복공격을 불러일으킬 수도 있다. 설사 약탈이 성공한다고 하더라도 변경이 초토화되면 점점 더 중국

내지로 깊이 들어가야 하고 그만큼 위험부담도 증가하게 된다. 따라서 약탈은 비상시의 대책이지 일상적인 방식이 될 수는 없었다. 그런데 여기서 우리가 주의해야 할 사실은 유목민들의 약탈전이 실제로 필요한 물자를 '약탈'하기 위해서라기보다는 농경국가를 '협박'하기 위해서 수행되었다는 점이다. 앞에서도 언급했듯이 바필드는 유목국가의 이러한 정책을 '외부변경 전략'이라고 부른바 있다. 사실 약탈에 관한 기록들을 살펴보면 그들이 정작 빼앗아 간 것은 유목 사회에서 필요로 하는 곡식이 아니라, 오히려 사람과 가축이었다. 다시 말해 그들은 목축 경제에서 구하기 어려운 농산물을 '빼앗으려고' 내려온 것이 아니었다. 그들은 약탈이 끝나고 돌아간 뒤 중국 측에 '화평'을 제안하는 사신을 파견했고, '화평'의 조건은 약탈을 안 하는 대신 그들이 필요로 하는 농경지대의 물자를 정기적으로 제공받는 것이었다. 따라서 유목민의 약탈전은 부족한 물자를 빼앗기 위해서라기보다는, 정주국가의 변경을 위협함으로써 그러한 물자를 정기적으로 안전하게 확보할 수 있게 해주는 협약을 도출해 내기 위해서 수행되었다고 말할 수 있다.

그렇다 하더라도 교역과 약탈, 이 두 가지 모두 용이한 일은 아니었다. 군사적으로 강력하거나 이념적으로 완고한 중국 왕조가 버티고 있을 경우 유목민들은 소기의 목적을 달성하는 데에 상당한 어려움을 겪을 수밖에 없었다. 바로 이 같은 상황이 유목국가로 하여금 실크로드에 눈을 돌리게 한 것이다. 실크로드의 중요한 경유지인 중앙아시아에는 환경적인 요인으로 인하여 강력한 중앙집권적 국가가 없고 그 대신 통합력이 약한 여러 도시들만 존재했기 때문에 북방의 유목국가로서는 중국에 비해 보다 손쉽게 그들을 장악할 수 있었다. 물론 유목민들이 그런 도시를 점령해서 직접 지배한 것은 아니었고 일종의 공납을 받는 형식에 만족하였다. 뿐만 아니라 중국과 중앙아시아를 연결하는 실크로드를 장악하고 그곳을 통해 이루어지는 교역을 통제함으로써 적지 않은 수입을 올리기도 하였다. 이미 장건의 사례에서도 보았지만 중국이 확실하게 군사적으로 중앙아시아를 지배하지 않는 한 실크로드는 유목국가의 수중에 있었던 것이다.

따라서 실크로드에 대한 유목국가의 관심과 목표는 중국과는 근본적으로 다른 것이었다. 중국이 북방의 유목 세력을 견제하고 황제 지배의 권위를 과시하기 위한 군사적·정치적 이유에서 실크로드로 진출한 것과는 달리, 유목국가는 자신들이 필요로 하는 농경 지역의 물자를 확보하고 원거리 교역에서 발생하는 이익의 일부를 차지하려는 경제적인 이유에서 실크로드를 장악하려고 했던 것이다. 따라서 실크로드를 통한 경제적 교류의 활성화, 그로 인한 중앙아시아 도시들의 부의 증대는 유목국가의 수입을 증대시키는 결과를 가져왔다. 실크로드를 통한 원거리 교역을 담당했던 중앙아시아의 국제상인들과 유목국가 사이에 이해의 일치가 이루어진 것도 바로 이러한 이유 때문이었다. 유목국가와 국제상인, 이 둘은 공생적인 관계를 맺으면서 사실상 실크로드를 장악하고 움직였던 두 주체가 되었던 것이다. 6~9세기 돌궐, 위구르 제국과 소그드 상인들의 협력관계는 그러한 관계를 보여 주는 좋은 예이다.

(4) 소그드 상인

지난 수년간 중국에서는 매우 흥미로운 묘지들이 몇 개 발굴되었다. 1999년 태원太原의 우홍묘虞弘墓, 2000년 서안西安의 안가묘安伽墓, 2003년 서안의 사군묘史君墓 등이 그것이다. 비록 세 명의 묘주들이 모두 중국식 성을 갖고 있지만 실은 중앙아시아 출신의 소그드인들로서 모두 6세기 말, 북주北周·수隋 시대에 사망하였다. 그 당시 이 란계에 속하는 소그드인들 가운데 상당수가 실크로드를 통해 중국으로 들어와 중국인 성姓을 가지고 생활하였는데, 출신 도시에 따라 각자 다른 성을 지었기 때문에 그들을 총칭하여 '소무구성'昭武九姓이라고 불렀다. 예를 들어 사마르칸드 출신은 '칸'이라는 음을 따서 '강'康 씨를 칭했고, 타쉬켄트 출신은 '타쉬'가 돌을 뜻하므로 '석'石 씨를 칭했던 것이다. 위의 세 명 가운데 '안'安 씨는 부하라Bukhara, '사'史 씨는 키쉬Kish라는 도시를 지칭하였다.[34]

당 현종 때 반란을 일으킨 안록산安祿山이라는 인물도 역시 안씨 성을 가진 소그드인이었다. 다만 그의 모친은 돌궐의 무녀巫女였는데, 어려서 소그드인 아버지를 여의고 안씨 성을 가진 다른 소그드인에게 입양되었던 것이다. '록산'이라는 이름 역시 한자로 쓰였지만 실은 '빛, 광명'을 뜻하는 이란어 'roxshan'을 옮긴 말이다. 당시 소그드인들이 믿던 조로아스터교의 영향일 가능성이 크다. 안록산의 뒤를 이어 반란군을 지휘했던 사사명史思明 역시 소그드인이었다. 이런 점에서 볼 때 최근의 한 연구는 이제까지 소그드인들의 활동에 대해서 경제적인 측면만을 지나치게 강조했던 경향을 지적하며, 소그드인들의 군사적인 활동과 역할에 대해서도 주목할 것을 제의하기도 하였다.

안록산이 부모로부터 각기 돌궐인과 소그드인의 피를 물려받았듯이, 당시 이 두 집단은 매우 가까웠다. 앞서 지적한 소그드인들의 묘지 안에서 발견된 벽화들은 이 두 집단 사이의 친밀한 관계를 생생하게 보여 주고 있다. 즉 안가묘 안에 안치된 석탑石榻(돌로 만든 평상)의 옆면과 뒷면에는 채색 부조가 있는데, 소그드인인 묘주가 유목민 돌궐의 수령과 초원에서 만나 천막 안에서 연회를 즐기고 야외에서 같이 수렵하는 장면들이 묘사되어 있다. 우홍묘에서도 천막에서의 연음도宴飮圖 및 낙타, 코끼리 등을 타고 사냥하는 수렵도가 부조의 형태로 발견되었다. 또한 한문으로 된 묘지명들이 발견되었고, 사군묘에서는 소그드 문자가 새겨진 비명도 함께 출토되었다.

그렇다면 이들은 어떤 사람들이었길래 이렇게 화려한 부장품과 함께 매장되었으며, 중국에서는 어떤 일들을 했을까. 이 같은 의문은 묘지 안에서 발견된 묘지명을 통해 풀 수 있다. 예를 들어 사군묘의 한문 비명에는 묘주가 "사국인史國人으로서 본디 서토西土에 살고 있었는데 (……) 장안으로 이주하여 (……) 양주涼州의 살보薩保로 제수되었다"는 기록이 보인다. 또한 그는 579년 86세의 나이로 사망했고 역시 소그드인이었던 강씨康氏라는 부인을 두었다고 한다. 한편 안가묘에서도 묘지명이 나왔는데 "대주대도독동주살보안군묘지명"大周大都督同州薩保安君墓誌銘이라는 표제가 새겨져 있다. 그 역시 살보薩保였던 것이다. 우홍묘에서도 그 묘주가 '검교살보부'檢校薩保府라는 직책을 담당했다는 기록이 발견되었다.35 다시 말해 사군은 양주의 살보였고, 안가는 동주의 살보였으며, 우홍은 '살보부'에서 간부직을 역임했던 것이다.

'살보'란 과연 무엇인가. 최근의 연구에 의해 이 말은 원래 이란어의 사르타푸sartapu를 옮긴 것으로 '캐러밴의 수령'이라는 뜻을 지녔다는 사실이 밝혀졌다.36 이와 동시에 사르타푸라는 말은 소그드인들이 원거리 교역을 하면서 실크로드 연변에 개척하고 건설했던 많은 취락지의 수령을 지칭하기도 했음이 밝혀졌다. 즉 중국의 북주와 수는 영내에 집락을 이루며 거주하던 소그드인들의 지도자에게 'sartapu'라는 말을 한자로 옮긴 '살보'라는 직책을 제수해 준 것이었다. 최근에 학자들은 중앙아시아에서부터 실크로드를 따라 중국 영내에 이르기까지 이들 소그드인의 취락지들의 분포를 추적하여, 그들의 활동무대가 얼마나 광범위했는가를 잘 보여 주었다.37

소그드인들은 중앙아시아에서 중국에 이르는 지역뿐만 아니라, 중앙아시아에서 서북으로는 비잔티움 제국, 서남으로는 사산조 페르시아 제국과 인도에 이르는 광범위한 지역을 무대로 교역활동을 벌였다.38 특히 이들의 교역활동은 중국에서 두드러지게 나타나고 있는데, 그것은 풍부한 문헌 기록에 힘입은 바도 있지만 그 당시 중국을 통치하던 왕조의 개방적 태도와도 무관한 것이 아니었다. 즉 소그드인들이 본격적으로 활동을 시작하게 된 3~4세기 경부터 선비족 출신이 북중국에 건설했던 북조 정권, 그리고 뒤이어 역시 선비 혼혈 집단이 건설한 수당 왕조가 통치했던 것이다. 당제국의 개방성과 국제성은 한인들이 건설했던 한, 송, 명 등과는 대조적인 것이었다.

그러나 무엇보다도 소그드인들이 이처럼 국제상인으로 활약할 수 있게 된 배경을 생각해 볼 때 우리는 당시 유라시아 초원을 제패하고 거대한 유목제국을 건설했던 돌궐·위그르 등 투르크인들의 협력이 있었다는 점을 주목할 필요가 있다. 유목민들이 승인하지 않는다면 그들은 실크로드의 긴 여정을 안전하게 여행할 수 없었을 것이며, 유목민들은 그들을 보호해 주는 대가로 넉넉한 보상을 약속받았다. 그렇다고는 하나 실크로드에서 유목민의 역할이, 오아시스 주민들을 협박하여 공납을 받아내거나 국제상인들로부터 통과세를 받아내는 수준에 머물렀던 것은 아니었다.

투르크 유목민은 소그드 상인들의 후원자였지만 동시에 파트너이기도 하였다. 돌궐·위구르 제국의 지배층은 중국에서 막대한 양의 비단을 제공받았기 때문에 내수內需 부분을 제외하고도 상당한 양의 잉여가 생겨났는데, 그것을 당시 비단의 막대한 수요지였던 서아시아나 비잔틴으로 팔아넘겨 많은 수입을 올렸다. 이때 거간의 역할을 했던 것이 바로 소그드인들이었다. 돌궐제국의 군주들이 비잔틴 제국으로 파견한 사신이 소그드인이었다는 사실은 그들이 단순한 정치적 사절이 아니라 교역과 관련된 임무를 동시에 수행했음을 시사한다. 돌궐이 사산조 페르시아와 동맹을 맺고 중앙아시아의 헤프탈Hephtal이라는 세력을 공격하여 멸망시킨 까닭이나, 또 헤프탈이 제거된 뒤 곧바로 사산조와 전쟁에 돌입하게 된 이유도 모두 비단 중개

무역을 둘러싼 이권 때문이었다.

    비단 교역을 중시했다는 점에서는 위구르 제국도 마찬가지였다. 8세기 중반 소위 안사安史의 난이 터졌을 때 지원병력을 보내 그 진압에 결정적인 공헌을 한 위구르는 허약해진 당에 대해서 매년 막대한 양의 비단을 요구했고 그것도 부족해서 당의 조정은 원치도 않는데 많은 수의 말을 인도하고 비단을 대가로 달라고 요구했던 것이다. 782년 중국의 변경지대에서 토둔突董(Todun)이라는 위구르 수령을 위시한 천여 명의 위구르인과 소그드인들이 살해되는 사건이 발생했고 당의 조정은 어떤 보복을 받을지 전전긍긍할 수밖에 없었다. 그러나 당시 위구르의 카간은 피를 피로 씻지 않겠다고 하면서, 과거에 말을 판매하고 받지 못한 대금으로 비단 180만 필을 속히 갚기만 한다면 더 이상 문제 삼지 않겠다고 했다. 780년 위구르 제국 안에서 일어난 정변과 뒤이어 벌어진 투둔 피살사건은 소그드인들의 발호를 둘러싼 위구르 내부의 정책적 갈등과 깊이 연관된 것이지만, 동시에 소그드인들이 위구르 제국의 재정 문제에 얼마나 중요한 존재였는가를 잘 말해 주고 있다.[39]

    소그드인들은 투르크 유목민들에게 교역에서 발생하는 이익만 가져다 준 것은 아니었다. 그들은 보다 발달된 정주지대의 문화를 전달하는 '문명의 교사'professors of civilization[40]의 역할도 하였다. 돌궐인들은 7세기 말 유목민 가운데 최초로 독자적인 문자를 만들었고, 오늘날에도 몽골리아 초원 오르콘 강변에는 이 문자로 새겨진 비석들이 남아 있다. '고대 투르크 문자' 혹은 '오르콘 문자'라는 이름으로 알려진 이 문자는 원래 소그드 문자를 변형하여 만든 것으로, 그 제작 과정에 소그드인들의 역할이 컸을 것으로 추정된다. 또한 위구르인들은 8세기에 마니교로 개종하게 되는데, 이 역시 당시 마니교를 신봉하던 소그드인들의 영향 때문이었다. 또한 소그드인들의 역할은 문화적인 방면 이외에 정치·군사 분야에까지 미치기도 하였다.

5. 결론

　세계사는 여러 지역들이 서로 고립된 상황 속에서 내적인 계기에 의해서 발전되어 간 역사의 기계적인 종합이 아니다. 그것은 각각의 역사가 상호 유기적인 연관관계를 갖고 서로 영향을 주고받으며 전개되어 온 총체적 결과이다. 여기서 문제는 그 같은 상호연관성을 구체적인 역사 속에서 여하히 포착하여 드러내고, 그것을 전체 역사 서술 속에 반영하느냐 하는 것이다. 그런 의미에서 '실크로드'는 세계사를 총합적으로 파악하는 데 있어 관건적인 개념이라고 할 수 있다.
　실크로드라는 말이 처음 생겼을 때는 중국과 인도 및 서아시아를 연결하는, 중앙아시아를 중심으로 하는 한정된 지역의 교역로를 지칭하였다. 그러나 그 뒤 이 용어는 점차 확대되면서 이제는 유라시아 내륙을 연결하는 교역로뿐만 아니라 해양 루트까지 포함하게 되었다. 필자는 이러한 개념의 확대가 세계사의 연관적 파악을 위해 어느 정도까지는 필요하다고 생각한다. 다만 실크로드를 동서 간의 교류로만 이해하는 시각에 대한 최근의 비판을 충분히 수용하여, 남북관계, 즉 유목민과 농경민 사이에 이루어진 역동적인 관계를 함께 고려하면서 실크로드를 이해할 필요가 있다고 생각한다.

그런 의미에서 세계사의 전개과정에서 유목민들이 끼쳤던 영향과 그들이 했던 역할에 대한 재평가가 이루어져야 할 것이다. 그동안 우리가 익숙해져 있던 농경문화 중심의 역사관은 역사의 실상을 정확하고 균형 있게 파악하지 못한 채 상당한 왜곡을 낳는 결과를 가져왔다. 특히 동아시아 지역의 역사에 관해서는 가장 영향력이 강한 중국 중심의 관점이 지금까지도 그대로 통용되고 있다. 중국인들이 남긴 자료를 읽을 수밖에 없고 그러다 보면 거기에 투영된 그들의 관점에 자기도 모르는 사이에 젖어 들기 때문이다. 그러니 북방 초원의 유목민이라고 하면 기마전에 능했던 민족, 그래서 군사적으로는 강력했지만 문화적으로는 후진적인 사람들이라는 인상을 갖게 되는 것이다.

그러나 세계사의 전개과정에서 유목민은 농경민과 함께 가장 중요한 두 개의 축을 이루고 있었다. 그것은 중국의 역사를 살펴보아도 분명하게 드러난다. 즉 오늘날 거대한 중국의 뿌리는 유목민들이 건설한 왕조·국가들의 거대함에 근거하고 있었던 것이다. 몽골인이 세운 대원大元, 만주인이 건설한 대청大淸을 한족이 건설했던 다른 왕조들과 동일한 계열에서 파악하여 그것을 '중국 왕조'의 하나로 인식하는 것은 심각한 역사 왜곡을 초래한다. 그런 의미에서 과거에 흔히 운위되던 '정복 왕조' conquest dynasties라든가 최근 자주 오르내리는 '대중국'이라는 표현에는 미묘한 개념적 함정이 도사리고 있다. 즉 '정복 왕조'이든 '대중국'이든 모두 중국이라는 역사의 권역 안에서 논의될 수밖에 없기 때문이다. 그러나 '대원'과 '대청'은 내륙아시아에서 발원한 정치세력이 중국을 정복하고, 중국이라는 지리적 영역과 정치적·경제적·문화적 역량을 그 안에 흡수·포용하면서 발전을 이룩한 제국이었다. 따라서 그것은 '중국사'의 영역을 넘는 역사세계를 전제로 논의되지 않으면 안 될 것이다.

유목민은 실크로드 융성에 매우 중대한 역할을 수행하였다. 비록 그들 자신이 교역활동에 종사했던 것은 아니지만 실크로드 교역의 강력한 후원자 역할을 하였다. 중국이 정치적·군사적 이유에서 실크로드에 대해 관심을 보였던 것과는 대조적으로 유목국가는 무엇보다도 경제적인 동기에서 실크로드를 필요로 했다. 그들은 취약한 유목 경제를 보완하기 위해 실크로드 연변의 도시들을 장악하고 공납을 받아내었다. 뿐만 아니라 중국에서 입수한 많은 양의 비단을 판매하기도 하였다. 그러나 유목민은 이러한 일을 자신들이 직접 하지 않고, 그 방면에 전문적인 지식과 경험이 있는 국제상인들을 활용했다. 중세 때에 돌궐·위구르인들과 소그드 상인들과의 관계는 이러한 메커니즘을 배경으로 생겨난 것이다. 유목민의 군사력과 국제상인의 상업력의 결합은 실크로드를 존속시킨 가장 중요한 힘이었다. 또한 이 양자의 결합관계는 세계사로 하여금 지역 단위의 개별성을 넘어서서 상호연관성을 지닌 과정으로 변모시키는 계기이기도 하였다. 그런 의미에서 몽골제국도 이 두 집단의 협력의 소산이었다. 몽골제국은 실크로드를 통한 지역 간 교류를 극대화시키면서 세계사의 통합에 결정적인 전기를 이룩하였던 것이다.

주

1 본문에서 제시한 세 가지 모델의 도형들은 『隋唐帝國と東アジア世界』(唐代史研究會 編, 東京: 汲古書院, 1979)에 실린 菊池英夫의 「總說」(1~84쪽)에서 전재한 것이지만, 모델의 명칭은 필자가 붙인 것이다.
2 Sanjay Subrahmanyam, "Connected Histories: Notes towards a Reconfiguration of Early Modern Eurasia," *Modern Asian Studies*, 31-3(1997), 735~762쪽.
3 Joseph Fletcher Jr., "Integrative History: Parallels and Interconnections in the Early Modern Period, 1500~1800," *Journal of Turkish Studies*, vol. 9 (An Anni. Vol. in Honor of F. W. Cleaves, 1985; B. F. Manz (ed.), *Studies in Islamic Inner Asia* (London: Variorum Publishers, 1995)에 재수록.
4 '실크로드'의 사전적 개념과 의미의 확대 과정에 관해서는 長澤和俊 編, 『シルクロードを知る事典』(東京: 東京堂出版, 2002), 3~36쪽을 참조.
5 David Christian, "Silk Roads or Steppe Roads: The Silk Roads in World History," *Journal of World History*, 11-1(2000), 2쪽.
6 이상 세 개의 루트는 『漢書』「西域傳」과 『三國志·魏書』의 裵松之 注引 『魏略·西戎傳』(魚豢撰)에 잘 설명되어 있다. 『譯註 中國 正史 外國傳 2: 漢書 外國傳 譯註. 下』(동북아역사재단, 2009)를 참조. 이에 관한 자세한 연구는 嶋崎昌, 『隋唐時代の東トゥルキスタン研究』(東京: 東京大學出版會, 1977)를 참조할 것.
7 정수일, 『실크로드학』(창작과 비평사, 2001), 17쪽.
8 間野英二 等, 『內陸アジア』(東京: 朝日新聞社, 1992), 3~19쪽; 森安孝夫, 『シルクロードと唐帝國』(東京: 講談社, 2007), 83쪽; 堀直, 「草原の道」, 『世界史とは何か』(歷史學研究會 編: 東京大學出版會, 1995), 285~311쪽.
9 David Christian, "Silk Roads or Steppe Roads? The Silk Roads in World History," 1~26쪽.
10 사마천, 『사기』 권110, 「흉노열전」.
11 이 문제에 관해서는 필자의 「문명과 야만: 정주 사회와 유목 세계의 역사적 관계의 일

면」, 『신인문』 창간호(1997, 여름), 110~135쪽을 참고할 것.
12 L. Torday, *Mounted Archers: The Beginnings of Central Asian History* (Edinburgh: The Durham Academic Press, 1997).
13 라티모어(Owen Lattimore)의 학설은 지금까지 내륙아시아사 연구에 막대한 영향력을 갖고 있는데, 그의 주장은 主著인 *Inner Asian Frontiers of China* 이외에 *Studies in Frontier History: Collected Papers, 1928~1958* (London: Oxford University Press, 1962)에 잘 드러나 있다.
14 토머스 바필드, 『위태로운 변경』(윤영인 역, 동북아역사재단, 2009).
15 세오 다쓰히코, 『장안은 어떻게 세계의 수도가 되었나』(최재영 역, 황금가지, 2006).
16 청제국의 내륙아시아 진출과 장악이 갖는 의미에 대해서는 Joseph Fletcher Jr., "Ch'ing Inner Asia c. 1800," *The Cambridge History of China*, vol. 10 (Cambridge: Cambridge University Press, 1978), 35~106쪽과 Peter Perdue, *China Marches West* (Cambridge, Mass.: Harvard University Press, 2005)를 참조할 것.
17 '大中國·小中國'이라는 용어는 杉山正明, 『疾驅する草原の征服者: 遼·西夏·金·元』(『中國の歷史』卷8, 東京: 講談社, 2005), 13~21쪽 또는 세오 다쓰히코의 위의 책, 75~79쪽에서 사용되었다.
18 杉山正明, 『疾驅する草原の征服者』, 16쪽과 25~27쪽.
19 朴漢濟 교수는 일찍이 『中國中世胡漢體制研究』(一潮閣, 1988)에서 이러한 상황을 '胡漢體制'라 명명하였고, 이후 정치·경제·문화 등 각 방면에서 호한 복합적 측면에 대한 연구를 진행하였다.
20 岡田英弘, 『世界史の誕生』(東京: 筑摩書房, 1992), 152~153쪽; 『세계사의 탄생』(이진복 역, 황금가지, 2002) 142~143쪽; 스기야마 마사아키, 『유목민이 본 세계사』(이진복 역, 학민사, 1999), 232~233쪽.
21 谷川道雄, 『隋唐帝國形成史論』(東京: 筑摩書房, 1971), 14~18쪽.
22 李成珪, 「中華帝國의 팽창과 축소: 그 이념과 실제」, 『歷史學報』 제186집 (2005), 129쪽.
23 헨리 율·앙리 꼬르디에, 『중국으로 가는 길』(정수일 역주, 사계절, 2002), 61~66쪽.
24 沈福偉, 『東西文化交流史』(上海: 人民出版社, 1995), 22쪽.
25 이 지도는 『아틀라스 중국사』(박한제 외, 사계절, 2007)의 39쪽에 근거한 것이다.
26 金浩東, 『근대 중앙아시아의 혁명과 좌절』(사계절, 1999), 304~307쪽.

27 『譯註 中國 正史 外國傳 2: 漢書 外國傳 譯註. 下』(동북아역사재단, 2009), 389쪽.
28 李成珪, 「漢武帝의 西域遠征·封禪·黃河治水와 禹·西王母神話」, 『東洋史學硏究』 제72집(2000), 1~51쪽; 金秉駿, 「古代中國의 西方전래문물과 崑崙山神話」, 『古代中國의 理解』 5 (지식산업사, 2001).
29 『譯註 中國 正史 外國傳 2: 漢書 外國傳 譯註. 下』(동북아역사재단, 2009), 402~403쪽.
30 Owen Lattimore, *Inner Asian Frontiers of China*, 522쪽; 하자노프, 『유목사회의 구조』 (김호동 역, 지식산업사, 1990), 106쪽 참조.
31 유목경제의 '비자급자족성'에 관해서는 하자노프, 『유목사회의 구조』, 104~120쪽 참조.
32 H. Serruys, *The Tribute System and Diplomatic Missions (1400~1600)* (Bruxelles: Institut Belge des Hautes Études Chinoise, 1967).
33 정주지대와 유목민의 관계를 이러한 경제적인 관점에서 주로 고찰하여 교역과 약탈의 상호관계를 분석한 Sechin Jagchid & Van Jay Symons, *Peace, War, and Trade along the Great Wall: Nomadic-Chinese Interaction through Two Millennia* (Bloomington: Indiana University Press, 1989) 참조.
34 杉山正明, 『疾驅する草原の征服者』, 43쪽.
35 榮新江·張志淸 主編, 『從撒馬爾干到長安: 粟特人在中國的文化遺迹』(北京: 兆京圖書館出版社, 2004), 62쪽, 66~67쪽, 78~79쪽.
36 吉田豊, 「ソグド語雜錄II」, 『オリエント』 31-2 (1989), 168~171쪽.
37 榮新江, 『中古文明與外來文明』(北京: 三聯書店, 2001), 1~179쪽.
38 É. de la Vaissière, *Sogdian Traders: A History* J. Ward (tr.), (Leiden: Brill, 2005).
39 정재훈, 『위구르 유목제국사』(문학과 지성사, 2005), 227~244쪽.
40 이 표현은 르네 그루세(René Grousset)가 몽골제국 시대에 위구르인들의 역할에 대해 언급하면서 처음 사용한 것이었다. Rene Grousset, *L' Empire des steppes* (1965; Paris: Payot, 1982), 178쪽; 르네 그루세, 『유라시아 유목제국사』(김호동·유원수·정재훈 역, 사계절, 1998), 200쪽 참조.

2장

—

세계를 제패한 몽골제국

1. 서론

1220~1221년 칭기스 칸이 이끄는 몽골군이 서아시아를 한바탕 광풍처럼 휩쓸고 지나간 뒤, 그것을 직접 체험했던 아랍의 역사가 이븐 알 아티르Ibn al-Athir(1160~1233)는 후일 그 일을 회상하며 다음과 같이 기록하였다.

"여러 해 동안 나는 이 사건에 대해서 언급하기를 꺼려했다. 왜냐하면 그것은 너무 끔찍한 일이었기 때문에 그것을 기록으로 남기는 것으로부터 몸을 움추렸고 자꾸 한 발자국씩 뒤로 물러났다. (……) 그러나 마침내 나는 그것을 기록하지 않는 것이 어느 누구에게도 유익이 되지 않으리라는 결론에 도달했다. (……) 내가 말하건대 이 사건은 모든 인류에게 덮쳤던 가장 거대한 재난이자 가장 무시무시한 재앙이었다. (……) 적그리스도라 할지라도 자기를 반대하는 사람은 파괴시켜도 추종자들의 목숨은 살려두겠지만, 이 타타르인들은 아무도 남겨 두지 않았다. 남자와 여자와 어린아이를 학살하고, 임신한 여자의 배를 갈라 아직 태어나지도 않은 아이를 죽였다. (……) 이 재앙이 일으킨 불꽃은 멀리 또 넓게 날아가서 그것이 입힌 상처는 사방을 덮었다. 그것은 마치 바람에 휘몰려가

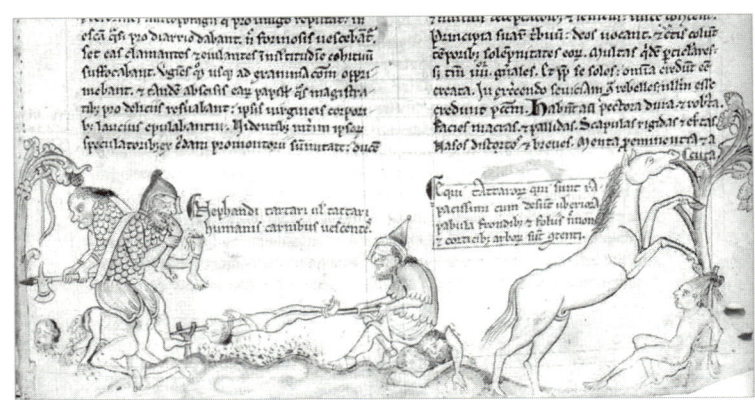

**인육을 먹는 타타르인들,
13세기 매튜 패리스의 『연대기』에 나오는 삽화**

는 구름처럼 대지를 덮고 지나갔다."[1]

당시 무슬림들의 눈에 몽골군을 이끌던 칭기스 칸은 적그리스도보다 더 잔혹한 사람으로 비쳤던 것이다. 그가 처음부터 서아시아를 침공하려고 했던 것은 아니었지만, 도망치던 호레즘Khorezm 왕조(1077~1231)의 국왕을 추격하러 보낸 군대가 이란 지방으로 들어가게 되었고, 저항을 하는 도시에 대해서는 가차없는 응징을 가하였다. 어차피 통치할 생각이 없었던 곳이었기 때문에 살육과 파괴를 자제해야 할 이유도 없었던 것이다.

몽골군의 침공에 대한 이 같은 시각적 묘사는 동서의 기록에서 쉽게 찾을 수 있다. 주베이니Ata-Malik Juvayni(1226~1283)가 쓴 『세계정복자의 역사』Tārīkh-i jahān-gushāī에는 실크로드의 요충지였던 메르브 Merv(현재 투르크메니스탄의 마리)가 맞이한 최후가 기록되어 있다. 성이 함락된 뒤 주민들은 모두 성 밖으로 내몰렸다. 얼마나 많은 사람들이 성 안에 피신해 있었는지, 모두 다 나오는 데에만 나흘 낮밤이 걸렸다고 한다. 들판으로 내몰린 사람들 가운데 먼저 장인匠人과 노예로 쓸 만한 소수의 사람들은 선별되었다. 나머지는 남녀노소를 구별할 것도 없이 몽골 군인과 징집병들에게 300~400명씩 할당하여, 모두 그 자리에서 도륙해 버렸던 것이다.[2] 주베이니에 의하면 이때 메르브에서 살해된 사람의 숫자가 130만 명에 이르렀다고 한다. 물론 이는 상당한 과장임에 틀림없으나 무수한 사람들이 희생된 것만은 사실이다.

몽골군의 이러한 대량학살은 중국 문헌에서도 자주 나타난다. 칭기스 칸이 북중국의 금나라를 공격하기 시작하는 1213~1214년 겨울에만 90여 군을 파괴하고 "하북, 하동, 수천리에서 사람들을 모두 살해한 뒤, 금과 비단, 자녀, 소와 양과 말들을 모두 끌고 갔다. 집은 전부 불태우고 성곽은 흙더미로 폐허가 되었다."[3] 현재 하북성 보정保定에 해당하는 보주保州를 함락한 몽골군은 주민들을 성 밖으로 끌고 나가 남녀노소를 불문하고 모두 도륙하였고, 수십 만에 이르는 시체가 쌓여 성벽과 거의 같은 높이가 되었다고 할 정도였다.[4] 견디다 못한 금의 조정은 1214년 수도를 황하 이남의 개봉開封으로 옮겼고, 그렇게 되자 황하 이북은 몽골군의 무차별적인 파괴에 그대로 노출될 수밖에 없었다. 이때부터 화북은 금이 최종적으로 멸망하는 1234년까지 약 20년간 계속된 전쟁 속에서 완전한 폐허로 변해 버렸고,

『목암집』牧庵集의 저자 요수姚燧는 "인구가 감소한 것이 열에 일곱"이라고 할 정도가 되었던 것이다.[5] 금조 말기 1207년 통계에 의하면 하북 3성과 섬서·하남의 인구는 모두 768만 호 정도였는데, 금이 멸망한 직후 몽골인들이 호구 조사를 한 결과 집계된 숫자는 100여만 호에 불과하였다. 당시 사료에는 몽골인들의 이러한 대량살육을 '도성'屠城, 즉 "도시를 도륙했다"라고 하였다. 북중국의 정복지에 있는 농민들을 모두 쫓아내고 경작지를 갈아엎어서 몽골의 군마가 풀을 뜯을 수 있도록 초목지로 바꾸어 버리자는 제안이 나올 정도였으니, 그 당시 농경지대에 대한 몽골인들의 태도를 짐작할 만하다.

칭기스 칸이나 몽골인들에 대해서 막연하지만 '야만적'이라는 이미지를 떠올리는 까닭도 아마 그들의 전쟁이 가져온 이러한 파괴와 살육 때문일 것이다. 그러나 가만히 생각해 보면 애초부터 전쟁이라는 것에 '인도주의적'인 것이나 '문명적'인 것이 있을 수 있겠는가 하는 의문도 든다. 600만 명 가까운 유태인들을 칼 하나 안 대고 가스실에서 죽이는 행위나, 원자폭탄 하나로 십수만 명을 한순간에 없애 버린 행위가 몽골인들이 화북 지역에서 자행한 '도성'에 비해 덜 야만적이라고 할 수 있을까. 일본군이 자행했던 남경대학살은 또 어떠한가. 한 통계에 의하면 제2차 세계대전으로 말미암아 사망한 사람은 5천만 명, 부상자는 1억 2천만 명이었다고 하는데, 20세기에 가장 문명이 발전한 나라들의 전쟁이 인류 역사상 가장 끔찍한 살육을 저지른 셈이다. 결국 몽골인의 살육도 인간이 저지르는 모든 전쟁이 그렇듯이 '야만적'이고 '잔혹한' 것임에는 분명하나, 그것을 두고 특별히 더 '야만적'이라고 말해야 할 이유는 없는 것이다. 그것은 편견에 불과하다.

몽골에 대한 이러한 편견은, 그들의 세계정복이 어떻게 가능했는지, 유라시아 대륙 대부분을 지배했던 거대 제국은 어떻게 운영되었으며, 그들의 세계 지배가 인류의 역사에 미친 영향은 무엇인가 하는 점들에 대해 왜곡된 이해를 낳았다. 우리는 먼저 그 당시에 농경민들이 가졌던 편견과 악의에서 벗어나 13~14세기라는 상황을 보다 객관적으로 볼 필요가 있다. 한걸음 더 나아가 때로는 몽골인들의 관점에서 사태를 바라보려는 노력도 기울여야 한다. 그럴 때에라야 비로소 몽골 세계제국의 출현이 갖는 세계사적 의미가 드러날 것이다.

물론 이 같은 발상의 전환만으로 갑자기 새로운 사실들이 드러나는 것은 아니다. 몽골제국에 대한 연구는 우리도 무의식중에 사로잡혀 있는 문화적 편견이 주는 질곡뿐만 아니라, 수많은 다른 언어로 쓰였던 자료들을 소화해야 하는 현실적인 난관을 안고 있다. 동쪽의 일본부터 서쪽의 유럽까지, 북쪽의 시베리아에서 남쪽의 자바 섬에 이르기까지, 몽골의 침공을 받은 지역은 동쪽에서는 그야말로 유라시아 대륙 전역에 걸쳐 있다. 그렇기 때문에 그들의 활동에 대한 기록도 허다하게 많은 언어와 문자로 쓰였던 것이다. 어느 한 사람이 이들 언어를 모두 배워서 원문으로 읽어내기는 사실상 불가능한 일이라고 할 수 있다. 그렇기 때문에 이제까지 몽골제국에 대한 연구와 이해는 연구자가 다룰 수 있는 자료의 한계를 벗어나기 어려웠다.

중국문헌을 잘 읽는 사람들은 이슬람 문헌에 어두웠기에 자연스럽게 중국인들이 남긴 글에 영향을 받고 그들의 관점을 자기도 모르는 사이에 받아들이게 되는 것이다. 반면 페르시아나 이슬람의 자료에 밝은 사람은 이슬람권 안에 머무는 경우가 많다. 최근 이러한 한계를 넘어서 다양한 자료들을 종합하여 몽골제국의 전체상을 바라보려는 노력들이 경주되고 있고 상당한 성과들이 나오고 있다.[6] 여기서는 이러한 최근의 연구성과들을 바탕으로 몽골제국의 탄생 과정과 그것이 갖는 의미를 설명하고자 한다.

2. 몽골제국 전사(前史)

(1) 몽골인의 이주

앞에서도 언급했다시피 중국 역사의 큰 흐름을 두고 '일치일란', 즉 통일과 분열이 반복적으로 계속되는 패턴이 있다는 사실에 대해서는 과거에 많은 학자들이 지적한바 있다. 그러나 통일과 분열이 되풀이되는 이러한 역사적 전개는 중국에만 나타났던 특이한 현상이라고 하기는 어렵다. 어느 지역의 역사를 보아도 그러한 패턴은 쉽게 발견되며 유라시아 초원도 예외는 아니었다. 칭기스 칸이 몽골리아를 통일하고 제국의 기틀을 세운 것은 1206년이었지만, 그 전에 아주 오랜 혼란기가 있었다는 사실에 주목할 필요가 있다. 그 혼란은 몽골리아 초원에서 위구르 제국이 무너진 840년 경부터 시작되었으니 거의 3세기 반이나 계속된 셈이었다. 몽골인들이 지금의 몽골리아로 내려온 것도 바로 그러한 혼란의 와중에서였다.

'몽골'이라는 이름이 역사상 처음으로 알려지기 시작한 것은 8세기 경이었다. 『구당서』舊唐書에는 흥안령 산맥 북쪽을 가로질러 동쪽으로 흐르는 아무르 강의 상류, 즉 아르군(에르구네) 강 유역에 거주하

840년 경의 북아시아

는 '실위'室韋라는 이름으로 불리운 여러 집단에 관한 기록이 있는데, 그 가운데 '몽올蒙兀 실위'라는 집단에 대한 언급이 보인다.[7] 당시 이들의 서쪽에는 돌궐이라는 강력한 유목제국이 있었는데, 그들이 고대 투르크 문자로 새겨서 남긴 비문에는 동쪽에 있는 '타타르'Tatar라는 세력과 여러 차례 전쟁을 했던 내용이 기록되어 있다. 타타르는 중국 문헌에 '달단'達靼이라는 이름으로 표기되기도 했으며, '몽올 실위'와 마찬가지로 종족적으로는 몽골어 계통에 속하는 집단이었다. 몽골리아 초원의 패권은 8세기 중반 돌궐에서 위구르로 넘어갔는데, 이 둘은 모두 투르크 계통에 속하는 집단이었다. 말하자면 당시 몽골리아는 엄격히 말해서 몽골인들의 땅이라고 할 수는 없었다.

몽골인들은 아직도 몽골리아의 동쪽 변경 너머에 머물며 대체로 홀룬 부이르 호수 지역을 경계로 하여 서쪽의 투르크 유목 세력과 대치하고 있었던 것이다.

투르크족과 몽골족 사이의 대치 상황은 9세기 중반 위구르 제국의 붕괴와 함께 급격히 무너지고, 새로운 변화의 계기가 찾아왔다. 안사의 난 이후 승승장구하면서 당나라를 협박하여 막대한 비단을 받아가던 위구르도 9세기 들어서면서 정치적으로 내부갈등이 심화되고 자연재해도 계속되면서 약화되었고, 마침내 840년 북방의 키르기즈인들의 공격으로 제국은 붕괴되고 위구르인들은 사방으로 흩어지고 말았다.[8] 일부는 고비 사막을 건너 남쪽 중국 변경 근처로 내려왔지만 기근과 약탈로 시달리다가 역사의 무대에서 사라져 버렸고, 다른 일부는 서남쪽으로 이동하여 지금의 감숙성과 신강성 지역에 자리 잡고 일종의 망명 정권들을 세웠다. 위구르 제국의 붕괴는 그동안 타타르인과 몽골인들의 발목을 묶고 있던 족쇄를 순식간에 풀어 버리는 결과를 가져왔다. 몽골인들의 대대적인 이주가 시작되었으며 몽골리아는 그 이름에 걸맞는 역사적 실체를 갖추기 시작한 것이다.

이동을 먼저 시작한 것은 '타타르'인들이었다. 이들은 이미 10세기 후반에 몽골리아 중앙부 고원지대까지 진출한 것으로 보인다. 이러한 사실은 981년 북송의 왕연덕王延德이 고창高昌(투르판)에 사신을 다녀온 뒤에 남긴 『사고창기』使高昌記에, 지금의 오르콘 강 유역에서 '구족달단'九族達靼과 조우했다는 기록이 남아 있기 때문이다. 그러나 정작 '몽골'이라 불리던 집단의 이주는 그보다 훨씬 더 지체되었던 것으로 추정된다. 이들의 이주 시기에 대해서는 그동안 약간의 논란이 있었지만 최근의 고고학적인 연구에 의해서 12세기 중반부터 후반에 걸친 시기라는 주장이 설득력 있게 제기되었다.[9] 즉 10세기까지는 아르군 강 유역에만 보이던 매장 방식, 즉 머리를 북쪽 방향에 두는 북두위신전장北頭位伸展葬이 11세기가 되면 오논 강 하류역에, 그리고 12세기에는 오논 강 중류역까지 확장되었다. 대신 그 전까지 위구르 제국의 영향이 강하게 드러나는 잉고다형(西頭位)이나 오논형(東頭位)은 사라져 버렸다고 한다.

그렇다면 '몽골'의 이주는 왜 그렇게 지체된 것이었을까. 그것은 아마 먼저 몽골리아로 들어간 타타르의 압박, 그리고 10세기 전반 내몽골에서 강력한 국가를 건설한 거란(遼)의 출현 때문이었던 것으로 보인다. 거란은 몽골리아 초원 깊숙이 진출하여 타타르(저복阻卜이라는 이름으로 기록되기도 하였다) 세력을 저지하면서 동시에 전략적인 요충지에 요새를 건축하고 군대를 주둔시켰다. 1004년에는 톨라 강과 오르콘 강 사이의 지역에 '진주건안군절도'鎭州建安軍節度를 설치하고 진주, 방주, 유주 등 세 개의 성을 쌓았다. 진주 성채의 폐허는 지금도 남북 1250미터, 동서 650미터의 토벽으로 남아 있는데, 그곳은 지금도 '진'鎭이라는 이름에서 기원한 '친 톨고이'Chin Tolgoi(톨고이는 언덕이라는 뜻)라는 이름으로 불리고 있다. 11세기 중반경에 거란은 오논 강 남안에서 훌룬 부이르 호수 북부 초원에 걸쳐 전장 600킬로미터에 이르는 '장성'을 쌓았다. 높이 1.5미터의 토벽과 깊이 1미터 정도의 참호로 된 이 '거란 장성'은 유목민들의 남하를 막기 위해 세워졌던 것이다.

1125년 거란의 붕괴는 몽골의 이주를 막던 커다란 방파제가 무너졌음을 의미했다. 게다가 11세기를 고비로 나타난 기후 변화는 북방 초원의 전반적인 한랭화를 가져왔고,[10] 그렇지 않아도 추운 지역이던 아르군 강 유역의 몽골인들은 그곳에 살기가 더 어렵게 되었다. 결국 대규모 인구이동을 야기시키는 전형적인 패턴, 즉 당기는 힘(pulling power)과 밀어내는 힘(pushing power)이 동시에 작용함으로써 몽골인의 대규모 이주가 발생했다.

(2) 칭기스 칸 등장 이전의 몽골 사회

9세기 중반 위구르 제국이 붕괴된 이후 강력한 유목국가의 부재, 새로운 집단의 계속되는 이주, 한랭화를 수반하는 기후 환경의 악화 등은 10~12세기 몽골리아 초원의 정치·경제 상황을 극도로 피폐하게 만들었다. 약탈과 전쟁이 일상적으로 벌어지는 그야말로 약육강식의 시대였다. 유목민들은 자력으로 생명과 재산을 보호하기 어렵게 되자 강력한 전사 집단에게 의탁할 수밖에 없었고 그 대가로 노동과 물자를 바쳐야 했다. 10세기 유목민 사회는 이미 평등한 사회가 아니었다. 유목민들은 몇 개의 커다란 정치적 블록에 속하게 되었는데, 이 블록을 당시 몽골인들은 '울루스'ulus라고 불렀다. 칭기스 칸 출현 이전의 몽골 유목민 사회를 이해하기 위해서 매우 중요한 키워드라고 할 수 있는 이 '울루스'의 실체는 과연 무엇인가.

이제까지 학자들은 국가 형성 이전 단계의 사회조직의 발전과정을 이해할 때 부족tribe이라는 개념을 즐겨 사용해 왔다. 즉 국가 성립 이전 단계에서는 친족 조직인 씨족·부족들이 하나의 사회 단위로서 정치적 기능을 수행했고, 이들 집단의 '분절적 대항'segmentary opposition에 의해서 그 사회를 구성하는 집단들 사이의 균형이 이루어지고 사회적 안정이 유지되었다고 보았다.[11] 13세기 초 몽골제국 성립 이전의 몽골 유목민 사회에 대한 기존의 이해도 이러한 방식에서 크게 벗어나지 않았다. 즉 당시 몽골인들의 기본적인 사회 단위는 동일한 부계혈통(뼈yasun)을 소유한 '오복'oboq이라고 불리던 씨족이었고, 이 씨족들이 모여서 '울루스'라는 부족을 구성했다는 것이다. 예를 들어 칭기스 칸과 그 조상들이 속했던 오복은 '보르지긴'Borjigin이었고, 그것이 다른 오복들과 함께 모여서 '몽골'이라는 울루스를 구성했다는 것이다.[12]

그러나 최근 이러한 전통적 이론에 대해서 매우 흥미로운 비판이 제기되었다. 즉 씨족·부족이라는 것은 국가에 선행하는 단계에 존재했던 사회조직이 아니라 오히려 그 반대로 국가에 의해서 규정되고 '만들어진' 조직이라는 것이다. 그리고 우리가 흔히 씨족·부족이라는 이름으로 부르는 집단은 사실상 어느 특정한 가족family 혹은 종족lineage이 정치적 지배권을 행사하는 단위였지, 결코 친족 조직이 아니었다는 것이다. 즉 어느 씨족의 지배 가문은 그 씨족 내의 다른 사람들과 혈연적으로 무관한 사람들이었고, 지배 가문에 속하지 않은 일반인들은 성姓조차 갖지 못했다. 따라서 씨족·부족은 동일한 조상에서 나온 친족으로서 구성원 상호 간에 적어도 원칙적으로는 평등이 존중되는 조직이 아니라, 귀족제aristocracy의 원리가 관철되는 조직이었고 중앙집권적 국가의 부재 상황에서도 국가와 유사한 정치적 관계에 의해서 작동되는 조직이었다. 스니스David Sneath는 이러한 상황을 "머리 없는 국가"the headless state라고 부르고, 역사적 현실과 동떨어진 씨족이니 부족이니 하는 용어를 '폐기'하고 대신 레비 스트로스의 용어에서 힌트를 얻은 '가문'家門(house)이라는 개념의 도입을 주장했다. '가문'은 가족 이외에 다른 객식구들도 포함될 수 있는 개념이었기 때문이다.[13] 이렇게 볼 때 칭기스 칸 등장 이전에 씨족 혹은 부족으로 인식되어 왔던 '오복'이나 '울루스'도 실은 이 같은 '가문 사회'로 이해될 수 있으며, 규모와 레벨이 다를 뿐 모두 "머리 없는 국가"라고 부를 수 있을 것이다.

만약 스니스의 주장이 역사적 현실과 보다 부합되는 것이라면 칭기스 칸의 몽골제국이 출현하기까지의 역사적 전개과정에 대한 기존의 설명 방식도 상당히 수정되어야 한다. 즉 기존의 설명을 요약하면 다음과 같다. 12세기까지의 몽골리아 초원에서는 여러 유목 혹은 반유목 씨족·부족들 사이에 격렬한 전쟁이 벌어졌고, 그 결과 기존의 친족 조직은 급속히 내적인 분화를 일으키게 되었으며, 정복되거나 붕괴된 씨족의 성원들은 다른 씨족에게 편입되어 그러한 사회적 분화를 더욱 가속화시켰다. 마침내 평등했던 유목 사회는 영주noyan, 평민qarachu, 노예boghol라는 사회계층으로 나뉘었으며, 다수의 전사들을 거느린 군사 지도자들 간의 싸움에서 최종적인 승리자가 칭기스 칸이었다. 그러나 장기간에 걸친 치열한 부족전쟁의 결과 기존의 씨족 조직은 상당히 와해되어 버렸기 때문에, 칭기스 칸은 친족적 구성원리와 무관한 새로운 사회·군사 조직을 만들었고, 그것이 바로 그가 1206년 건국 직후 조직한 '천호제'千戶制였다는 것이다.

그러나 앞서 소개한 새로운 이론에 의하면 전쟁의 격화에 따라 친족 사회조직 내부에 분화가 생겨 계층 사회로 바뀌었다는 식의 설명 방식은 우리의 상상이 만들어 낸 창작물에 불과하다. 칭기스 칸이 속했던 '보르지긴'이라는 집단도 애당초 우리가 생각하는 친족 조직, 즉 '씨족'은 아니었다. 그것은 칭기스 칸이 속한 가족family과 그 지배를 받는, 그러나 혈연적으로는 전혀 무관한 다종 다양한 유목민들로 구성된 집단이었다. 그것이 '보르지긴 오복'이라고 불리게 된 것은, 스니스의 표현을 빌자면 '가문'의 지배 그룹이 '보르지긴'이라는 이름의 가족이었기 때문이다. 이러한 오복들이 여럿이 모여 하나의 '울루스'를 구성하였기 때문에, 울루스라는 것도 친족 조직과는 거의 무관한 집단이었다. 오복이 그러하듯이 울루스도 일종의 '머리 없는 국가'와 같은 것이었다. 그것은 상호협력하기도 하고 때로는 경쟁하기도 하면서 일정한 지역 안에 공존하는 오복들의 집합체, 그 이상도 이하도 아니었다.

(3) 혼돈의 초원

12세기 몽골리아 초원에는 여러 개의 대형 울루스들이 존재했다.

우선 가장 서쪽인 알타이 산맥 부근에는 나이만Naiman이라는 울루스가 있었는데, 그 군주의 가문과 지배 집단은 몽골계가 아니라 투르크계였던 것으로 보인다. 그들은 남쪽으로 위구르인들과 교류하면서 문자, 행정조직 등을 배워 비교적 높은 수준의 문화를 유지하였다. 나이만의 동쪽에는 케레이트Kereit라는 울루스가 있었다. 이들의 근거지는 오르콘 강의 서쪽에서부터 오논 강과 케룰렌 강에 이르는 지역으로서, 말하자면 몽골고원에서 가장 중심부에 위치해 있었던 셈이다. 단언하기는 어려우나 투르크인들의 영향력은 집단의 지배층에게도 상당했을 것으로 추정된다. 케레이트의 동쪽, 즉 케룰렌 강에서 홀룬 부이르 호수에 이르는 지역에 타타르 울루스가 있었다. 이미 7세기 말 돌궐 비문에도 그 이름이 언급될 정도로 강력한 집단이었고, 서방에서는 몽골초원의 유목민들이 모두 '타타르'라는 이름으로 불리게 된 것도 그들의 세력이 어떠했는지를 말해 준다. 이외에 초원과 삼림이 경계를 이루는 북방에는 오이라트Oirat와 메르키트Merkit라는 이름의 울루스들이 있었다.

　'몽골'은 몽골리아 초원에서 동북방 변두리에 거주하던 집단이었다. 앞에서도 언급했듯이 9세기 중반 위구르 제국 붕괴 이후 몽골리아로 이주해 간 집단들 가운데 가장 뒤늦게 이동의 대열에 참여했기 때문에, 그만큼 중심부로 파고들어 가는 데에 어려움이 있었을 것이다. 몽골은 11세기부터 오논 강을 따라 동쪽으로 이동하기 시작했지만, 오논·케룰렌·톨라 이 세 개의 강이 시작되는 부르칸 칼둔 산 부근의 소위 '삼하三河의 발원지'에 자리를 잡게 된 것은 12세기 중반

이 되어서였다. 그리고 그곳은 후일 칭기스 칸과 그를 추종하는 몽골인들의 '고향'으로 여겨졌다. 그런데 그 당시 초원 지역 여기 저기에 분포한 울루스들은 이미 치열한 대립과 전쟁으로 밤낮을 지새우고 있었고, 몽골인들도 이 싸움에 휘말려 들 수밖에 없었다. 페르시아의 역사가 라시드 앗 딘Rashīd ad-Dīn이 편찬한 『집사』라는 책에는 칭기스 칸의 7대조 두툼 메넨Dutum Menen의 자식들이 잘라이르Jalair라는 집단과 초원의 사용권을 두고 분쟁이 벌어져 거의 몰살되다시피 했던 사건이 기록되어 있다.[14]

유목 집단 사이의 전쟁은 날이 갈수록 격화되었고, 그러한 상황은 바이칼 호 동쪽에서 발견된 화살촉의 종류와 크기의 변화에서도 확인된다. 6~10세기에는 골촉骨鏃과 철촉鐵鏃의 비율이 1 대 1.2 정도로 거의 비슷했으나, 11~12세기에는 1 대 3.7로 철촉이 압도적으로 많아졌다. 뿐만 아니라 철촉의 크기에도 변화가 생겨, 6~10세기에 평균 길이가 3.74센티미터, 폭이 1.87센티미터이던 것이, 11~12세기가 되면 평균 길이 5.42센티미터, 폭 2.55센티미터로 대형화되었다. 이는 적을 제압하는 데에 보다 치명적인 살상무기가 사용되었으며, 동시에 무기의 원료로서 철의 확보가 집단의 운명을 결정짓는 매우 중요한 관건이 되었음을 의미하는 것이다. 그런 면에서 당시 치열하게 벌어졌던 전쟁은 궁극적으로 초원에서의 헤게모니를 두고 벌어진 것이었지만, 보다 직접적으로는 철의 산지産地를 장악하려는 것과 직결되어 있었던 것으로 보인다.[15]

라시드 앗 딘은 『집사』에서 "새해를 맞는 첫날 밤(섣달 그믐날 밤)에

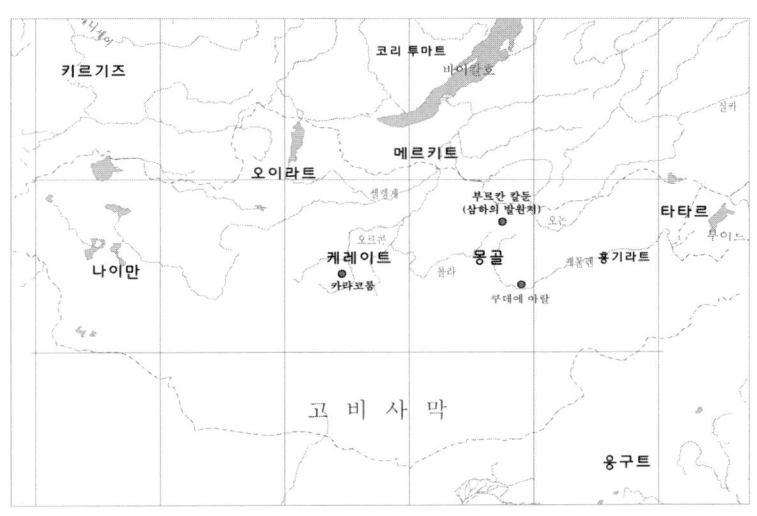

1200년 경의 몽골리아

칭기스 칸 일족의 관습과 의례는 대장장이의 풀무와 화로와 석탄을 준비하고 얼마간의 쇠를 달군 뒤 모루 위에 올려놓고 망치로 때려서 길게 늘이고 감사를 드리는 것이었다"라고 기록하였다. 그들이 이런 의식을 올리는 데에는 나름대로 이유가 있었다. 즉 몽골인들은 원래 '에르구네 쿤'이라는 협곡에 갇혀 있었고 처음에는 거기서 탈출할 방도를 찾지 못했는데, 그곳에는 그들이 항상 쇠를 녹이곤 하던 철광이 있어서 그것을 이용하기로 꾀를 내었다. 그들은 70마리의 소와 말을 잡아 그 껍질로 풀무를 만들고 철광 밑에 많은 양의 장작과 석탄을 쌓고 불을 붙여 풀무를 일시에 불어댔다. 그랬더니 "그 협곡이

녹아내려서 쇠가 거기서 끝도 없이 흘러나왔고 길이 하나 나타나게 되었다." 칭기스 칸 일족은 바로 이 엑소더스를 기념하기 위해 매년 그믐날 밤에 단야鍛冶의 의식을 치렀다는 것이다.16

이 설화는 몽골인들이 에르구네 쿤, 즉 아르군 유역에서 몽골리아로 이주했던 역사적 기억을 응축하여 반영하고 있지만, 동시에 우리는 그들이 일찍부터 야철冶鐵 기술을 알고 있었음을 확인할 수 있다. 칭기스 칸의 본명인 '테무진'은 바로 '대장장이'라는 뜻을 지니고 있다. 14세기 전반의 대여행가 이븐 바투타Ibn Battuta도 그의 여행기에서 "틴키즈 칸Tinkīz Khān은 하타al-Khata(북중국) 지방의 대장장이"였다고 하였다.17 물론 『몽골비사』에는 칭기스 칸의 아버지 이수게이가 타타르족의 수령 테무진 우게를 붙잡았을 때 그가 태어났기 때문에 그것을 기념하기 위해 '테무진'이라는 이름을 붙여 주었다고 하였다. 그러나 테무진의 막내동생이 '테무게', 여동생이 '테물룬'으로서 모두 '쇠'를 뜻하는 '테무르'temür라는 말을 포함하고 있다는 사실은, 그런 사건과의 관련성을 넘어서 당시 유목민 사회에서 '쇠'가 매우 중요했음을 반영하는 것이라고 할 수 있다.

아무튼 몽골인들은 주변 집단과의 전쟁을 통해서 조금씩 세력을 강화시켜 나갔던 것으로 보인다. 거란을 무너뜨린 여진이 금나라를 건설한 뒤 초원에 대한 통제권이 약화된 틈을 타서 변경지대에 대한 약탈전도 감행하였다. 중국 측 기록에 의하면 1135년에는 "맹고사萌古斯(몽골)가 변경을 뒤흔들었다"고 하고, 1139년에는 이들을 치러 갔던 금군이 오히려 패배하였다고 한다. 1143~1146년에는 양측의 전쟁이 격화되면서 케룰렌 강 이북에 있던 20여 개의 요새〔團寨〕들도 함락되었다. 궁지에 몰린 금나라는 1146년에는 서평하西平河, 즉 케룰렌 강 이북의 영토를 포기하고, 몽골 측에 매년 우牛, 양羊, 미米, 두豆를 보냄은 물론 "추장 올룬 베일레Olun Beile(鄂倫貝勒)를 몽고국왕"으로 인정하겠다고 하면서 화평을 제의하였다. 올룬 베일레는 이 제의를 받아들였지만 '국왕'이 아니라 스스로 '조원황제'祖元皇帝를 칭했다고 한다. 이러한 사실은 『몽골비사』(元朝秘史)의 기록에도 반영되어 있다. 칭기스 칸의 중조부였던 카불 칸Qabul Khan이 '전全 몽골' Qamuq Mongol을 지배하는 '칸'으로 추대되었다고 하는데, 카불 칸이 바로 올룬 베일레와 동일 인물을 지칭하는 것으로 추정되고 있다.

그러나 초원의 정치적 혼란은 몽골인들에게 안정된 정치체제를 갖도록 내버려 두지 않았다. 카불 칸이 사망한 뒤 그의 친족 암바가이Ambaghai가 후계자가 되었지만 그는 타타르인들에게 붙잡혀 금나라로 인도되었고, 거기서 나무로 만든 나귀에 못박혀 처형되고 말았다. 『몽골비사』는 그가 죽기 전에 일족들에게 유언으로 다음과 같은 말을 남겼다고 기록하였다. "너희들의 다섯 손가락의 손톱이 다 빠져 달아나도록, 너희들의 열 손가락이 다 닳아 없어지도록, 나의 원수를 갚아라!" 피가 피를 부르는 혈수血讐의 가혹함을 잘 보여 주는 대목이다. 이런 상황은 칭기스 칸이 태어날 때에도 전혀 변하지 않았다. 오히려 칭기스 칸의 출생과 성장과정은 『몽골비사』254절에 나오는 유명한 구절처럼 초원의 극심한 혼란상을 잘 보여 준다.

별이 있는 하늘은
돌고 있었다.
여러 나라가 싸우고 있었다.
제자리에 들지 아니하고
서로 빼앗고 있었다.
흙이 있는 대지는
뒤집히고 있었다.
모든 나라가 싸우고 있었다.
제 담요에서 아니 자고
서로 공격하고 있었다.[18]

3. 제국의 기초

(1) 칭기스 칸

칭기스 칸은 '보르지긴'이라는 이름의 '오복'에 속한 인물이었다. 그러나 앞에서 소개한 이론에 의하면 이 '보르지긴 오복'은 혈연관계를 가진 사람들로 이루어진 '보르지긴 씨족'이라기보다는, '보르지긴'이라는 이름의 가족을 중심으로 하여 그들에게 충성하고 지배를 받는, 즉 혈연적으로는 무관한 유목민들의 집합이었다. 비유해서 말한다면 20세기 마피아 조직이 '패밀리'라고 불렸지만 사실상 그 조직을 장악하고 지배한 가족을 제외한 나머지 구성원들은 혈연적으로 모두 그 가족과는 무관한 사람들로 이루어졌던 것과 유사하다고 할 수 있다. 그리고 '보르지긴'과 같은 오복들이 여러 개가 모여서 '몽골'이라는 울루스를 구성했던 것이다.

이 보르지긴 오복의 리더들은 12세기 중반 경부터 '칸'을 칭하기 시작했다. 카불 칸이 그러했고 그의 뒤를 이어 암바가이 칸, 쿠툴라 칸이 그러했다. 카불 칸에 대해서 『몽골비사』가 '전全 몽골'을 지배했다고 한 기록을 믿는다면, 그들이 '칸'을 칭한 것은 보르지긴 오복이 몽골 울루스 안의 다른 오복들을 압도하고 정치적 헤게모니를 장악했기 때문이었을 것이다. 그러나 쿠툴라 칸이 사망한 뒤에는 보르지긴을 대표하며 '칸'을 칭하는 사람이 나타나지 않았다. 그 원인이 무엇인지는 분명히 알 수 없으나, 당시 보르지긴 오복을 대표하던 두 가문, 즉 카불 칸의 후손들인 키야트Kiyat 집단과 암바가이 칸의 후손들인 타이치우트Taichiut 집단 사이의 갈등과 대립 때문이 아닌가 추정된다. 그 결과 카불 칸의 손자인 이수게이와 암바가이 칸의 손자인 타르쿠타이가 각각 가문을 이끌었고, 때로는 대립하고 때로는 협력하는 어정쩡한 관계를 유지하게 되었던 것이다. 그러나 이수게이가 타타르인들에게 독살당한 뒤 주도권은 타이치우트 집단의 타르쿠타이에게 넘어갔고, 이수게이의 큰 아들인 테무진, 즉 칭기스 칸과 그 일가족은 외면당하고 버려졌다. 수많은 전사와 추종자들을 거느린 가문이 한순간에 아무런 보호도 없이 외톨이가 되어버린 것이다. 그것이 당시 몽골초원의 현실이었다.

여기서 칭기스 칸이 어떻게 그 역경을 딛고 일어서 통일을 성취했는가를 자세히 설명할 필요는 없다. 뿐만 아니라 그의 생애와 경력에 관해서는 이미 많은 글들이 있기 때문에[19] 그의 생애를 표에서 보는 바와 같이 약전略傳의 형태로 정리해 두는 것으로 그치고자 한다. 그런데 그의 생애를 연대기식으로 설명하지는 않는다 하더라도, 한 가지 중요한 문제는 생각해 볼 필요가 있을 듯하다. 그것은 아버지가 사망한 뒤, 문자 그대로 "그림자말고는 동무도 없고, 꼬리말고는 채찍도 없던" 그가 어떻게 유목민 전체의 군주가 될 수 있었을까 하는

칭기스 칸의 생애	
1167	출생.
1175~1176	아버지 이수게이 독살.
1182	케레이트 울루스의 군주 토오릴 방문하여 의부자 관계 확인.
1184	메르키트 울루스를 공격하여 약탈당한 처 부르테를 탈환. 의형제 자무카와 동거하기 시작.
1186	자무카와 결별하고 몽골 울루스의 '칸'으로 즉위.
1187	자무카와 달란 발주트에서 전투.
1196	금·케레이트와 연합하여 타타르 원정.
1196~1197	주르킨 가문의 수령들(사차 베키, 타이추) 처형.
1198~1199	케레이트와 연맹하여 나이만 울루스 원정.
1201	자무카가 '구르 칸'으로 즉위. 쿠이텐의 전투.
1202	달란 네무르게스의 전투로 타타르 전멸.
1203	케레이트와 카라칼지트에서 전투하여 패배. 발주나의 맹약.
1204	케레이트 습격과 승리. 나이만과 메르키트 정벌.
1205	자무카 처형.
1206	'칭기스 칸'으로 즉위. 천호제 조직. 나이만 정복.
1207	키르기즈 복속.
1208	오이라트 복속.
1209	탕구트(西夏) 원정.
1211	위구르·카를룩 부속. 금나라와 전쟁 시작.
1218	나이만의 왕자 쿠출룩 응징.
1219	호레즘과 서방원정 시작.
1225	서방원정에서 귀환.
1226	탕구트 원정.
1227	원정 도중 사망.

것이다. 이에 대한 해답은 1206년 몽골의 통일과 제국의 건립 이후에 전개되는 상황을 보다 명확하게 이해하는 데에도 큰 도움이 될 것이다. 그의 성공의 이면에는 물론 탁월한 리더십이 있었음은 부인할 수 없다. 라츠네프스키P. Ratchnevsky는 칭기스 칸이 지녔던 '인간적인 친화력' 때문에 "주위에 사람들을 끌어모을 수 있었고 그들의 충성과 복종과 희생심"을 발휘할 수 있게 했다고 보았다. 그런가 하면 적에 대해서는 가차없이 잔인한 복수를 서슴지 않았다. 그러나 무엇보다도 그는 강력한 '권력에의 의지'를 지니고 있었고, 그에게 도전하는 사람은 누구나, 심지어 친형제일지라도 용서하지 않았다.[20]

그런데 이 같은 포용력과 단호함 등의 특성은 칭기스 칸뿐만 아니라 성공적인 지도자의 '리더십'에서 거의 공통적으로 보이는 것이기 때문에, 그 같은 특징을 지적하는 것만으로는 그의 성공을 충분히 설명할 수 없다. 문제의 초점은 칭기스 칸의 개인적인 리더십이 12세기 몽골리아 초원의 유목민 사회라고 하는 구체적인 시공의 조건과 부딪치면서 어떻게 발휘되고 견고해졌는가 하는 점을 이해할 필요가 있을 것이다.

(2) 통합의 힘

앞에서도 지적했듯이 안정된 정치체제가 자리 잡히지 않고 국가라는 것조차 존재하지 않는 상황에서 유목 집단들 사이에 벌어지던 대립은 날로 격렬해졌고, 친족이라는 것도 그다지 믿을 만한 존재가

되지 못했다. 칭기스 칸의 부친 이수게이가 사망한 직후 동족들은 그의 일가를 야멸차게 내던져 버리고 떠나갔으며, 그가 조금 장성하자 후환을 없애기 위해 기습적으로 그의 가족을 공격하여 그를 포로로 잡아가기까지 하였다. 물론 기적적으로 탈출에 성공하긴 했지만, 어렸을 때부터 그가 겪은 일련의 사건들은 친족이라는 것이 어떠한 존재인가를 그의 뇌리에 각인시켜 주기에 충분했을 것이다. 따라서 곤경에 처한 칭기스 칸 일가에게 친족이 아닌 '이족'異族(jad)의 도움은 절실한 것이었다. 칭기스 칸은 초원의 군사 지도자로 명성을 쌓고 마침내 최고의 군주가 되기까지 여러 가지 방식으로 이족과 동맹을 맺을 수밖에 없었다.

'혼인'은 그러한 동맹의 가장 중요한 형식의 하나였다. 양가는 혼인을 통해서 '쿠다'quda라는 관계를 맺게 되는데, 우리 식으로 말하자면 '사돈'—만주어로도 이러한 관계를 '사둔'sadun이라 부르는데 우리 말의 '사돈'과 동일한 어원에서 나왔음이 분명하다—이 되는 셈이다. 칭기스 칸은 콩기라트라는 집단 출신의 부르테와 혼인을 하였는데, 콩기라트는 케룰렌 강 중하류 지역에 살던 유목민들로서 중국과 근접한 곳에 살았기 때문에 중국의 각종 물자를 입수하여 경제적 풍요를 누림은 물론, 전쟁에서 중요한 물자인 철을 들여오는 데에도 용이한 위치에 있었다. 칭기스 칸이 혼수품으로 받은 모피 코트를 케레이트의 군주 옹 칸에게 선물로 바침으로써 그의 호의를 사게 되었다는 기록은 콩키라트의 이러한 경제적 부유함을 활용한 예라고 할 수 있다. 뿐만 아니라 후일 칭기스 칸은 칸의 자리에서 쫓겨난 옹 칸을 후원하여 칸의 지위를 되찾게 해준 뒤 양가의 혼인을 제의하였다. 물론 제의는 거절당했고 그 결과 양측의 전쟁과 케레이트의 멸망으로 끝나긴 했지만, 혼인이 정치적 동맹의 한 형태로서 기능했음을 보여 주는 또 하나의 사례라고 할 수 있다.

당시 유목민들 사이의 동맹의 또 다른 형식은 상호 맹약을 통해서 의형제를 맺는 것인데 몽골어로는 '안다'anda라고 불렀다. 일찍이 칭기스 칸의 부친 이수게이는 케레이트의 군주 옹 칸과 '안다'의 관계를 맺었고, 칭기스 칸 자신도 자지라트라는 집단의 수령인 자무카 Jamuqa 그리고 망쿠트 집단의 쿠일다르Quildar와 '안다'가 되었다. 이렇게 의형제를 맺게 되면 서로 곤경에 처했을 때 도와주어야 할 의무를 지니게 된다. 실제로 이수게이가 동족에게 쫓겨난 옹 칸을 도와주었으며, 칭기스 칸이 부인을 약탈당했을 때 자무카가 그를 도와 되찾게 해주었고, 칭기스 칸이 케레이트 부와 결전을 벌일 때 쿠일다르가 적진을 향해 몸을 던져 순사殉死함으로써 위기를 벗어날 수 있게 했던 것이다. 그런데 흥미로운 사실은 『집사』에 '안다-쿠다'라는 표현이 하나의 복합어를 이루며 자주 등장한다는 것인데, 이는 아마 '안다'라는 의형제 관계가 '쿠다'라는 사돈 관계와 많은 경우 동시에 이루어졌기 때문이 아닌가 추측된다.21

이처럼 인척관계 혹은 의사擬似 친족관계를 맺는 것 이외에 몽골어로 '누케르'nöker라고 부르는 '친구·벗·동무'라는 연맹 형식이 있었다. 칭기스 칸이 젊었을 때 말떼를 도둑맞는 사건을 당했는데, 그때 그는 보오르추라는 젊은이와 누케르의 관계를 맺고 말 도둑을 추격하여 잃어버린 말들을 되찾아 오는 데 성공했다. 이처럼 누케르는 단순히 인정적인 차원의 친밀함을 넘어서, 약탈과 방어가 일상적으로 일어나는 당시 초원 사회에서 일종의 군사동맹적 성격도 가졌던 것이다. 이 둘이 누케르가 된 뒤 보오르추의 아버지는 "너희들은 두 젊은이들이다. 서로를 돌봐라! 이후에 서로 버리지 마라!"라고 당부하였다.22 그리고 누케르의 관계를 맺은 유목 전사들은 상호 간의 신뢰를 바탕으로 강고한 결속력을 지닌 '전사단'戰士團을 만들어 냈다. 칭기스 칸이 '칸'으로 추대된 뒤에는 원래 평등한 동맹관계였던 누케르가 지배·종속의 상하관계로 바뀌게 되지만, 그의 누케르들은 신생 제국에서 중요한 역할을 맡았다. 그의 첫 번째 누케르였던 보오르추는 제국 초기에 구성된 세 가지 만호 가운데 하나인 우익 만호의 사령관으로 임명되었다.

누케르와는 달리 처음부터 주인과 노비라는 주종관계로 맺어지는 형식도 있었다. 그러나 당시 '보골'boghol이라고 불린 노비는 개인적인 자유를 박탈당한 채 하나의 재산으로 취급당하는 고전적인 형태의 '노예'와는 달랐다. 물론 그들도 타인에게 양도되고 세습의 대상이기도 하였지만, 평화시나 전쟁시 주인을 도와 중요한 역할을 수행하기도 하였다. 사실 칭기스 칸 일가의 '세습 노비'emchü boghol 혹은 '집의 아이들'ev oghlan은 정복전에서 지휘관을 맡고 또 제국의 경영에서도 최고의 지위를 차지하였다. 이들 누케르와 보골들이 칭기스 칸의 신변을 보호하는 '친위병'keshigten을 구성하였던 것이다.

칭기스 칸은 이러한 다양한 연맹 방식을 최대한 활용하였다. 초기에 그가 역경에서 벗어나 초원의 영웅으로 명성을 얻기까지 인족姻族인 콩기라트 부의 도움, 아버지의 의형제 옹 칸의 지원, 자신의 의형제인 자무카의 도움은 필수적인 것이었다. 그리고 그 뒤 이들 옹 칸이나 자무카와 대결하게 되었을 때, 그를 도와 승리를 거두게 했던 것은 '네 마리의 준마'와 '네 마리의 개'라는 별명으로 상징되는 그의 용맹하고 헌신적인 부하들, 즉 누케르와 보골 출신의 가신들이었다.

그런 면에서 칭기스 칸이 속했던 친족 집단은 오히려 그의 성장을 방해하는 존재였다. 역설적이긴 하지만 사실이 그러했다. 1186년 그는 친족들의 대표가 모인 자리에서 그들의 지지를 받고 '칸'이 되었다. 흔히 이것은 '1차 즉위'라고 불리는데 그의 지위는 그야말로 이름뿐이었다. 그러한 사실은 얼마 지나지 않아서 드러났다. 칭기스 칸은 자무카 진영 및 타이치우트 일족과 일대 격전을 벌이게 되었는데, 이 전투는 그의 휘하에 있는 13개의 진영陣營, 즉 '익'翼(küriyen)이 참전했기 때문에 '13익의 전투'라는 이름으로 널리 알려진 것이다. 이 13개의 진영 가운데 제1진은 칭기스 칸의 모친을 위시하여 직계 가족과 '집의 아이들'이 핵심을 이루었고, 제2진은 칭기스 칸 자신과 휘하의 누케르 및 친위병들로 이루어졌다. 나머지 11개의 진영은 모두 칭기스 칸의 친족들이 지휘하는 부대였다. 이 전투는 칭기스 칸 측의 패배로 끝났고, 그를 추대했던 사람들은 대부분 떠나거나 후일 반기를 들었다. 결국 13개의 진영 가운데 칭기스 칸의 직계 가족과 그 추종자들로 이루어진 제1익과 제2익이 남았고, 나머지 11개 진영 가운데 제8익을 제외하고는 모두 떠나가 버린 것이다.[23]

따라서 칭기스 칸은 자기 일족의 도움 혹은 자신이 속한 씨족이나 부족의 도움이 아니라, 아무런 혈연관계는 없지만 자신을 위해 헌신하고 충성하는 사람들을 조직하고 그들과의 강고한 결속력을 통해서 창출되는 파워를 바탕으로 몽골리아의 여러 유목 집단들을 하나씩 격파하고 복속시켜 나갔고, 마침내 1206년에는 '칭기스 칸'으로 즉위할 수 있었던 것이다. 이러한 과정은 거란(요)제국을 건설한 야율아보기耶律阿保機의 경력과 너무도 흡사해 보인다. 야율아보기 역시 제1차 즉위 이후 형제들의 반란에 직면했고, 그것을 진압한 뒤 제2차 즉위를 통해서 최고의 군주가 되었다. 야율아보기나 칭기스 칸은 모두 자신이 속한 씨족이나 부족의 군사력을 배경으로 통일을 성취한 것이 아니었다. 그런 의미에서 일반적으로 유목국가의 형성과 구조를 설명할 때 '부족 연맹체' 혹은 '부족 연합국가' 등의 표현을 사용하는데, 그것이 과연 역사적 현실과 얼마나 부합되는가는 심각하게 재고할 필요가 있다. 칭기스 칸의 국가건설의 원동력은 혈연과는 무관한 사람들과의 다양한 연맹관계 속에서 나왔으며, 그러한 관계는 그 후로도 제국을 운영하는 가장 중요한 토대를 이루게 된 것이다.

(3) 천호제(千戶制, minggan): 제국의 뼈대

1206년 몽골인들은 오난 강 발원지 부근에 모여 9개의 흰 깃발을 세우고 '칭기스 칸'을 군주로 추대하였다. 몽골제국이 탄생된 것이다. 그러나 칭기스 칸은 자신이 건설한 나라를 칭하는 특정한 이름을 짓지는 않았다. 중국이라면 새로운 왕조가 들어설 때 반드시 '칭제건원'稱帝建元, 즉 스스로 황제를 칭하고 새로운 연호를 선포하는 의식을 치렀겠지만, 칭기스 칸은 새로운 국호를 만들지 않았다. 전부터 사용되어 오던 '몽골 울루스'Mongol Ulus라는 표현을 그대로 사용했던 것으로 보인다. 오늘날 몽골이라는 나라의 정식 국호도 '몽골 울루스'이며, 울루스라는 말은 '나라, 국가'를 뜻한다. 13세기에 울루스라는 단어는 오늘날과 같은 추상화된 의미도 어느 정도 내포하지만 그것보다는 '백성, 사람, 부민'의 뜻이 보다 강하게 배어 있는 말로 이해되었다. 따라서 칭기스 칸과 그 일족이 '몽골 울루스'를 통치했다는 표현은 '몽골이라는 나라·국가'를 통치했다기보다는 '몽골이라는 백성'을 통치했다는 뉘앙스에 보다 더 가깝다. 13~14세기 몽골인들의 관념에서 볼 때 '백성'과 '국가'라는 것 자체가 분명히 구분되지 않았다고 보는 것이 정확할지도 모르겠다.

그런데 칭기스 칸의 통일 이후 언젠부터인가 분명치는 않지만 '크다'는 뜻을 지닌 '예케'yeke라는 말을 붙여서 '예케 몽골 울루스'Yeke Mongol Ulus라는 표현이 사용되기 시작하였다. 그 같은 명칭의 사용이 가장 먼저 확인되는 예는 제2대 군주인 우구데이Ögödei(치세 1229~1241)가 사망한 뒤 그의 부인 투레게네Töregene가 섭정할 때인 1244~1245년에 서아시아의 카프카즈 지방에서 주조된 화폐에 '울룩 망쿨 울루스'Ulugh Manqul Ulus라는 표현이 나타난 것이다.[24] 'ulugh'은 투르크어로 '큰'을 뜻하는 말이기 때문에, '울룩 망쿨 울루스'라는 구절은 '예케 몽골 울루스'를 투르크어로 번역한 것임이 분명하다. 그리고 우구데이의 뒤를 이은 구육Güyük(치세 1246~1248)이 교황에게 보낸 서한의 모두冒頭와 그의 인장에도 '예케 몽골 울루스'라는 표현이 보인다.25 여기서 '예케'라는 말이 '몽골'을 수식하는 것인지 아니면 '울루스'를 수식하는 것인지에 대해서는 논란이 있다. 만약 전자의 경우라면 '위대한 몽골의 백성·국가'가 되고, 후자의 경우라면 '몽골의 위대한 백성·국가'가 된다.26 그런데 그 어느 쪽일지라도 '예케 몽골 울루스'라는 표현은 『몽골비사』에 보이듯이 그 전부터 사용되던 '카묵 몽골 울루스'Qamugh Mongol Ulus 혹은 '쿠르 몽골 울루스' Kür Mongol Ulus라는 표현 — 둘 다 '몽골의 모든 백성'을 의미 — 의 연장선상에 있는 것이며, 그런 의미에서 '예케 몽골 울루스'는 처음부터 일종의 국호로 확정되어 사용된 것은 아니었다. 물론 후일 이 말은 일종의 국호로 인정되어 한자로도 '대몽고국' 大蒙古國이라고 번역되어 사용되기에 이르렀다.27

아무튼 1206년 '건국' 직후 칭기스 칸이 가장 먼저 한 일은 "울루스를 함께 세우며, 함께 행하던 자들에게 1천 호씩 나누어 천호를 맡기는 상을 내리겠다"고 하면서 몽골 울루스를 구성하는 95개의 천호千戶를 조직하고 그것을 지휘할 88명의 천호장을 임명한 것이었다.28 각각의 천호는 다시 백호百戶로, 백호는 다시 십호十戶로 나뉘어, 각각 백호장과 십호장도 임명되었다. 95개의 천호는 크게 3개의 만호萬戶로 묶여, 무칼리Mugali 휘하의 좌익 만호는 만주와의 경계인 흥안령 방면에, 보오르추Bo'orchu 휘하의 우익 만호는 중앙아시아와의 경계인 알타이 방면에, 그리고 보로굴Boroghul 휘하의 중군 만호는 몽골리아 본지에 배치되었다. 칭기스 칸이 조직한 천호들은 신생 몽골국의 근간이 되는 사회·군사 조직이었으며 장차 정복전의 수행에서도 군사력의 핵심을 담당하며 중요한 역할을 수행하였다.

  칭기스 칸의 천호제는 외형적인 조직원리로 볼 때 전혀 새로운 것은 아니었다. 이미 흉노 이래로 그러한 십진제적인 원리에 의한 군대의 편성은 매우 일반적이었다. 몽골이 흥기할 당시 북중국과 초원을 지배했던 금나라가 채택한 맹안모극제猛安謀克制도 동일한 십진제적 원리에 기초한 것이었다. 그렇다면 천호 조직의 외적 측면이 아니라 내적 측면은 어떠한가. 이에 대해서 학자들은 이제까지 칭기스 칸 천호제의 '혁명적'인 요소를 지적해 왔다. 즉 오랜 동안의 격렬한 '부족 전쟁'의 결과 기존의 씨족·부족 체제가 와해되었고, 그 결과 1206년에 만들어진 천호들 가운데 상당수는 혈연집단이 아니었다. 천호장도 칭기스 칸에게 충성을 바쳤던 사람들에게 임명되었기 때문에, 이 새로운 조직은 칭기스 칸에게 강력하고 중앙집권적인 권력을 줄 수 있었다는 것이다.

  그러나 유목 사회에서 씨족·부족이라는 것을 친족 조직으로서 상정하는 것에 대한 비판론을 앞에서 소개했듯이, 과거에는 존재했던 씨족 집단이 전쟁을 통해서 와해된 것이 아니었다. 왜냐하면 12~13세기 몽골리아에는 동질적인 혈연 집단으로서의 '씨족'은 존재하지 않았을 가능성이 더 크기 때문이다. 칭기스 칸이 자무카Jamuqa와 전쟁을 벌일 때 휘하에는 13익의 군단이 있었다고 하는데, 수백에서 천여 개에 이르는 일종의 이동식 텐트 군영軍營인 '익'küriyen은 그 내

칭기스 칸이 임명한 천호장들의 명단 「五族譜」

부를 들여다보면 소수의 보르지긴 일족을 중심으로 구성된 비혈연 집단일 뿐이었다. 따라서 칭기스 칸이 조직한 95개의 천호도 그 내적인 구성원리에서 1206년 이전의 '익'과 크게 다를 바가 없었을 것이다.

그러나 1206년 칭기스 칸의 통일 이전의 '오복' 혹은 '익'과, 통일 이후의 '천호' 사이에는 한 가지 중요한 차이점이 존재한다는 사실을 잊어서는 안 된다. 그것은 천호의 수령으로 임명된 사람들이 그때까지 몽골초원에서 주도권을 발휘하던 지배 가문들에 속했던 사람들이 아니라 칭기스 칸을 도와 싸웠던 누케르와 보골들, 즉 그의 충직한 추종자들이었다는 점이다. 『몽골비사』에 기록된 88명의 천호장들의 소속을 가만히 살펴보면, 앞서 언급한 13익 가운데 제8익을 지휘했고 끝까지 칭기스 칸에게 충성을 바쳤던 두 명의 지휘자 무게투 Mögetü 와 게우기 Geügi만이 보르지긴 가문에 속하는 사람이고, 나머지 86명은 모두 칭기스 칸과는 혈연관계가 없는 인물들이다.[29] 다시 말해서 칭기스 칸의 천호 편성이 갖는 의미는 그때까지 존재하던 '씨족'의 붕괴가 아니라, 유목 집단의 구성원리는 동일하되 그 집단을 지배하던 기존의 '가족'들이 제거되고 대신 칭기스 칸과 동맹했거나 그를 추종했던 사람들로 교체되었다는 데에서 찾아야 할 것이다.

  그렇다면 이렇게 해서 구성된 칭기스 칸 휘하의 군대, 즉 95개 천호는 어느 정도의 병력을 가졌는가. '천호'라고 하면 문자 그대로 1천 명의 병력을 배출하는 집단이라는 뜻인데,[30] 오늘날의 군대 조직과 비교해 볼 때 백호는 중대(약 100명) 규모이고, 천호는 대대(약 450명)보다는 크고 연대(약 2천 명 미만)보다는 작은 규모이다. 그렇다면 95개의 천호에서 9만 5천 명의 병력이 배출된다고 하면, 1개 사단이 1만 5천명 정도이므로 대략 6~10개의 사단 규모인 셈이다. 말하자면 순전히 기마병으로만 구성된 6~10개 사단이 출현한 것이다. 13세기의 기준으로서는 실로 막강한 파워가 아닐 수 없다. 이들 95개의 천호부대는 좌익·중군·우익 3개의 만호에 배속되어 몽골리아 전역에 배치된 것이다.

(4) 친위대(keshig)와 법령(jasaq)

칭기스 칸은 각지에 주둔하여 군사적 임무를 수행하는 이들 천호 조직 이외에 자신의 개인적 신변보호를 담당할 특수한 친위부대를 조직할 필요가 있었다. 물론 그 당시에는 전쟁이 일상적으로 벌어지고 있었기 때문에 칭기스 칸의 통일 이전에도 몽골리아 초원의 유목 수령들은 이미 그런 친위부대를 갖고 있었다. 예를 들어 칭기스 칸과 최후까지 대결했던 옹 칸은 1천 명 규모의 호위병을 유지했던 사실이 확인된다. 칭기스 칸 역시 정식으로 즉위하기 전인 1203년에도 비록 소규모이긴 하지만 친위병들을 두었는데, 주간에는 79명, 야간에는 80명으로 구성되었다고 하니, 제국을 호령하는 군주의 근위대라고 말하기에는 미흡한 규모임이 분명하다. 이것이 1206년 몽골의 통일과 함께 대대적으로 확장되어 1만 명이라는 거대한 조직으로 변모한 것이다.

친위대에 속한 전사들은 천호장, 백호장, 십호장의 자제를 충원함으로써 편성되었다. 이 유목 집단의 수령들은 각각 자기 아들 한 명을 '인질'turqaq(禿魯花)로 보내고 동시에 그를 수행하고 다닐 종사從士도 제공해야 했다. 95개의 천호에 소속된 십호·백호·천호의 수령들이 각자 아들 1명씩 차출해서 보낸다면 단순 계산만으로도 1만 명에 달한다는 사실을 알 수 있다. 이들은 직무상 크게 세 종류로 구분되는데, 야간에 군주의 천막 부근에 머물며 호위 임무를 수행하는 숙위宿衛(kebte'ül) 1천 명, 주간에 배치되어 호위 임무를 수행하는 산반

散班(turqa'ud) 8천 명, 군주의 주위에 활통을 차고 호위 임무를 수행하는 전통사箭筒士(qorchi) 1천 명이 그것이다. 『몽골비사』에 의하면 숙위를 제외한 나머지 산반과 전통사는 각각 4개의 조로 나뉘었고, 각 조의 수령들의 지휘 아래 3일 연속 근무한 뒤 다음 조로 임무를 인계하였다. 이것이 후일 소위 '4케식'이라는 이름으로 알려진 친위 조직의 기원이 된다.

『원사』元史 권97 「병지」兵志에 의하면 칭기스 칸은 "네 마리의 준마" dörben külü'üd(四駿)라는 별명으로 불린 보로굴, 보오르추, 무칼리, 칠라운Chila'un 등에게 4케식의 지휘를 맡겼다고 한다. 보로굴이 지휘하는 제1케식은 12지支 가운데 신申·유酉·술戌 날에 들어와 근무하고, 그 다음에는 보오르추가 지휘하는 제2케식이 교대해서 해亥·자子·축丑 날에 근무하는 방식이었다. 제1케식은 후일 보로굴이 일찍 사망하고 그 후손들이 끊어져 군주가 직접 지휘하게 되었기 때문에 '대大 케식' yeke keshig이라고도 불렸다고 한다.[31]

몽골어로 '케식'keshig이라는 말은 두 가지 의미를 갖고 있다. 하나는 원래 '제사 때 드렸다가 나누어 주는 고기〔肉〕'를 가리켰는데 거기서 발전하여 '은총, 사여'를 뜻하게 된 것이다. 또 하나는 '순번, 차례, 당번'의 의미이다. 칭기스 칸의 친위병들을 '케식'이라고 한 것은 아마 그들이 사흘씩 들어와 당직을 섰기 때문에 '당번'이라는 의미에서 그렇게 부른 것으로 보이지만, 동시에 '은총을 입은 사람'이라는 의미로도 받아들였을 가능성이 있다.[32] 왜냐하면 칭기스 칸은 1만 명에 달하는 친위병들에게 일반 천호장들 이상의 특권을 부여했을 뿐만 아니라, 자기의 허락 없이는 그들에 대한 처벌도 금지할 정도였기 때문이다.

케식은 칭기스 칸의 신변을 보호하는 친위병으로서의 임무뿐만 아니라 그의 일상적인 필요를 돕는 여러 가지 직무들을 수행했다. 예를 들어 요리를 담당하는 '바우르치'ba'urchi, 양떼를 치고 감독하는 '코니치'qonichi, 활통을 찬 '코르치'qorchi, 칼을 든 '울두치'üldüchi, 양산을 든 '수구르치'sügürchi, 통역을 맡는 '켈레메치'kelemechi, 문서를 담당하는 '비체치'bichēchi 등이 그러하다. 그러나 이들이 자기 직함이 뜻하는 임무만 수행한 것은 아니었다. 충성과 신뢰를 바탕으로 칭기스 칸과 강고한 개인적 유대관계를 형성했기 때문에, 그들은 국가의 운영에 필요한 각종 중요한 사무를 담당했던 것이다.

칭기스 칸이 정착시킨 이 친위대 제도는 몽골제국 군주권의 확립에 매우 중요한 의미를 지닌다. 만일 천호제가 새로운 국가체제 안으로 흡수된 많은 유목민들을 조직하여 군주의 명령에 순응하는 신민臣民으로, 또한 장차 벌어질 대대적인 원정과 정복전을 수행할 용맹한 전사戰士로 전환시킨 것이었다면, 친위대는 신생 제국의 대칸에게 절대적인 충성을 맹세함으로써 그의 은총을 보장받고 장차 그와 함께 제국 통치에 동참하는 엘리트 집단의 탄생을 의미했다. 그러나 친위 조직은 대칸 한 사람이 독점적으로 운영하는 제도는 아니었다. 제국 여러 곳에 주둔하던 칭기스 일족의 제왕諸王들도 비록 규모는 그렇게 크지 않았어도 모두 케식을 보유하고 있었다. 『고려사』는 고려의 국왕도 '4케식'을 두었다는 사실을 기록하고 있다.[33]

'천호제' 및 '케식제'와 함께 칭기스 칸의 신생 국가의 토대를 이룬 것은 '자삭'jasaq(札撒)이라 불렸던 법령이었다. 약탈과 전쟁이 횡행하던 시대를 뒤로 하고 새로운 통치체제 아래에서 정치적·사회적 안정을 유지하기 위해서 법령의 제정과 시행은 불가피한 조치였을 것이다. 그러나 칭기스 칸의 이 법령이 과연 어떤 과정을 통해서 만들어지고 또 어떤 내용과 체제를 갖추었는지에 대해서는 불분명한 점들이 아직도 많이 남아 있다. 어떤 학자는 심지어 칭기스 칸 시대에는 문서로 기록된 법령이 없었을지도 모른다고 하면서, '자삭'의 존재 자체를 부인하기도 한다.[34] 물론 필자도 '칭기스 칸의 자삭'이라는 것이 오늘날의 법전과 같이 어떤 체계적인 형식을 갖춘 법령집은 아니었을 것이라고 생각한다. 그러나 '자삭'은 칭기스 칸이 내린 법적인 구속력을 지닌 명령과 훈시들을 지칭하는 말이었고, 그 명령은 서기들에 의해 문서화되어 남겨지고 축적되어 일종의 판례 법전 같은 역할을 했던 것으로 보인다. 이러한 법적 명령을 기록한 문서들은 최종적으로 그가 사망한 뒤 후계자인 우구데이가 1229년 즉위하면서 하나의 책자로 만들어져, 『대자삭』大札撒(대법령)이라 불리게 되었고 국가의 중요한 행사가 있으면 그것을 펼쳐서 낭독하는 전통이 생겼던 것이다.[35]

현재 칭기스 칸의 '자삭' 가운데 일부 단편적인 내용들만 다른 글 속에 인용되어 전해지고 있는데, 그것을 살펴보면 특히 군율에 관한 조문과 사회질서의 안정에 관한 조문들이 눈에 띄고 있다. 예를 들어 앞사람이 행군 시 짐을 떨어뜨렸는데도 그것을 주워 주지 않으면 사형을 당한다든가, 적과의 교전시 동료가 붙잡혔는데도 구출해 오지 않으면 마찬가지로 사형을 당한다는 규정이 보인다. 그런가 하면 도적질, 약탈, 간음 등 사회와 가정의 질서를 문란케 하는 행위 역시 사형으로 처해졌다. '자삭'이라는 말은 중앙아시아와 서아시아에서는 '야사'yāsā라는 이름으로 알려져 유명해졌고 후에 이 말은 '사형'과 동의어로 사용되기에 이르렀는데, 아마 '자삭'에 규정된 그와 같은 엄격한 형벌 때문이 아닐까 생각된다.

(5) 분봉(分封)

칭기스 칸이 도입한 세 가지 제도, 즉 '천호', '케식', '자삭'은 제국의 안정과 발전을 담보하는 중요한 토대였고, 이를 통해 그는 분권적인 경향이 강한 유목 세력들을 제압하고 강력한 군주권을 확립했으며, 오랜 전쟁과 혼란의 시대가 낳은 사회적 불안정을 극복하는 계기를 마련하였다. 이제까지 약탈 전쟁에만 익숙해 있던 유목 기마민들을, 법령을 준수하며 엄격한 군율에 따라 질서정연하게 움직이는 제국의 군대로 탈바꿈시키는 데에 성공한 것이다. 그러나 이에 못지않게 제국의 운명을 결정한 중요한 조치가 후일 취해졌으니 그것은 휘하의 95개 천호들 가운데 일부를 자기 가족들에게 나누어 준 것이다. 칭기스 칸의 이러한 천호 분봉은 자기 지배하에 들어온 유목민들을 자신의 재산처럼 간주하는 관념의 연장선상에 있는 것이며, 그런 의미에서 칭기스 칸의 몽골국은 일종의 '가산제적' patrimonial 국가라고 할 수 있다.

그가 언제 자제 분봉을 단행했는지 확실히 말해 주는 자료는 없지만 통일을 이룩한 1206년에서, 북중국의 금나라에 대한 원정을 단행하는 1211년 사이의 일인 것으로 추정된다. 『몽골비사』 242절에 의하면 칭기스 칸이 가족에게 분배해 준 내역은 아래와 같다.

전체 인원	95,000 (명)
어머니 + 막내동생 테무게	10,000
장자 주치	9,000
차자 차가타이	8,000
삼자 우구데이	5,000
말자 톨루이	5,000
큰 동생 카사르	4,000
둘째 동생의 아들 알치다이	2,000
이복 동생 벨구테이	1,500
나머지(칭기스 칸)	50,500

전체 95개의 천호(9만 5천 명) 가운데 절반 정도를 가족에게 나누어 준 셈이었다. 천호들을 분배받은 칭기스 칸의 동생과 아들들은 제국의 동서로 나뉘어, 동생들은 흥안령 산맥의 동서에 걸쳐서, 아들들은 알타이 방면에서 준가리아 초원에 걸쳐서 배치되었다. 그리고 칭기스 칸이 지휘하는 50여 개의 천호들은 제국 전체의 강역에 걸쳐서

좌익·중군·우익으로 나뉘어 분포하였다. 칭기스 칸 자신과 자식·동생들이 소유하며 지배하는 유목민과 그 영역은 모두 '울루스'라고 불렸다. 이렇게 해서 신흥 몽골국은 중앙에 칭기스 칸이 지배하는 '중앙 울루스'ghol-un ulus를 중심으로, 동방에는 4개의 제제諸弟 울루스가, 서방에도 역시 4개의 제자諸子 울루스가 분포하는 모습을 취하게 된 것이다.[36]

칭기스 칸이 건설한 몽골국은 자제 분봉을 통해서 위와 같이 복수의 울루스들로 구성된 체제로 변용되었다. 이 체제의 외형은 제국의 영역이 팽창되면서 변화를 겪게 된다. 동방으로의 팽창은 이미 한계점에 도달했기 때문에 제제 울루스는 크게 변하지 않은 반면, 중앙

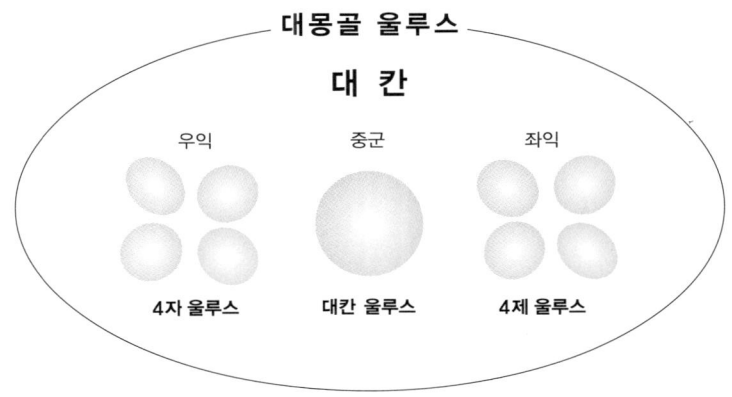

건국 초기 몽골 울루스의 구조

아시아와 서아시아 및 킵착 초원으로 영역이 확장되면서 서방의 제자諸子 울루스는 원래의 모습에서 커다란 변화를 겪게 되는데, 그 변형된 모습은 뒤에서 살펴볼 것이다. 아무튼 정복전의 진행에 따른 제국 영역의 확장과 또한 계승 분쟁의 격화로 인한 제국의 분립화 등은 이러한 울루스들에 영향을 미쳐, 어떤 것은 사라지고 또 어떤 것은 새로 생겨나기도 했으며, 울루스들의 영역과 경계에도 변화가 생겨났다. 그러나 몽골제국이 여러 울루스들의 복합체로 구성되었다는 내적인 조직원리는 그러한 변화에도 불구하고 변하지 않고 지속되었던 것이다.

4. 몽골제국의 탄생

(1) 칭기스 칸 원정의 특징: 응징과 약탈

칭기스 칸은 1206년 몽골고원의 유목민들을 통일하고 '대몽골 울루스'의 기틀을 세우긴 했지만, 여전히 초원의 주변에는 그의 패권에 반대하는 세력들이 존재하고 있었다. 뿐만 아니라 유목민들은 더 이상 다른 집단에 대해서 약탈전을 벌일 수 없게 되었기 때문에, 칭기스 칸은 그들에게 필요한 물자를 어떤 방식으로든 공급해 주어야만 했다. 그런 의미에서 대외원정과 정벌은 그에게 선택의 문제가 아니었다. 그것은 신생 몽골국의 생존과 번영을 가져다 줄 수 있는 거의 유일한 활로였다. 그동안 서로에게 소모적인 약탈전으로 날을 지새긴 했지만, 실전 경험 면에서는 고도로 단련된 유목민들은 이제 칭기스 칸의 엄격한 군율과 조직에 따라 일사분란하게 움직이는 10만 명의 기마군단으로 다시 태어나, 몽골고원 너머에 있는 국가들을 향해 그 힘을 분출시킬 준비를 모두 마쳤다.

몽골의 세계정복은 그 자체가 하나의 거대한 연구 테마이며, 수많은 기록과 연구들이 있기 때문에 여기서 그 내용을 다시 길게 정리한다는 것은 의미가 없을 것이다. 다만 1210년을 전후한 시기부터 시작된 농경 세계와의 전쟁은 칭기스 칸의 뒤를 이어 그 아들 및 손자의 시대에 이를 때까지 계속되었다. 이렇게 거의 1세기에 걸쳐 지속된 그들의 세계정복전은 크게 몇 단계로 나눌 수 있는데, 여기서는 각 단계의 특징과 양상을 간략하게 정리하여 설명하는 것으로 대신하기로 한다.

먼저 주의해야 할 것은 우리들의 일반적인 통념과는 달리 칭기스 칸은 처음부터 '정복'을 위한 전쟁을 하지 않았다는 점이다. 그런 의미에서 칭기스 칸을 두고 몽골 세계제국의 '건설자'라고 부르는 것은 약간의 오류가 있다고 할 수 있다. 아마 북중국이나 중앙아시아에 대한 원정을 감행했을 때조차도 그는 자신이 세운 유목국가가 유목민과 농경민을 모두 포괄하는 유라시아급 대제국으로 발전하리라고는 상상조차 하지 못했을 것이다. 그는 어디까지나 유목민의 군주였다. 그가 바라본 정치적 지평은 초원의 세계에 머물고 있었으며, 그 너머 농경 지역의 주민까지도 당연히 그의 지배 아래에 들어와야 한다는 생각을 하지는 않았다. 그런 의미에서 그는 중국의 '황제'와는 달랐다. 물론 그가 농경 지역의 국가들과 전쟁을 하긴 했지만 그 국가들을 멸망시키고 그들의 영토를 차지하여 그 주민들을 지배하기 위해서는 아니었다.

그는 농경민들과의 전쟁을 시작하기 전에 먼저 몽골초원의 인근 지역을 경략하기 시작했다. 처음에는 북방 삼림지대에 살던 키르기즈Qirghiz, 오이라이트Oirat와 같은 수렵·유목민들을 복속시켰다. 그 뒤 중앙아시아의 위구르인과 카를룩인들이 1209년과 1211년에 각각 자발적으로 복속을 청해 왔기에 칭기스 칸은 그들의 군주에게 자기 딸을 부인으로 삼아주었다. 이에 비해 탕구트(서하)는 냉담한 태도를 취했기 때문에, 1209~1210년에는 탕구트 원정을 감행하였다. 왕국의 수도가 포위되어 위기에 빠진 탕구트는 결국 몽골에 조공을 바치고 복속하겠다는 약속을 하였다. 이에 칭기스 칸은 군대를 몽골리아로 철수시켰다. 이와 같은 일련의 사건들은 칭기스 칸의 목표가 주변 왕국들의 정복이 아니었음을 잘 보여 준다. 그가 필요로 했던 것은 정치적인 복속과 그것을 입증하기 위한 조공품의 상납이었다.

그가 초원의 남쪽 너머에 있던 북중국의 강적 금나라에 대해 취했던 군사작전도 이와 크게 다르지 않았다. 그것은 금나라를 정벌하여 그 영토를 차지하기 위해서가 아니라, 이제 갓 건설된 대몽골국의 발전에 필요한 막대한 재화를 얻을 수 있는 곳이 중국밖에 없었기 때문에 시작된 것이었다. 물론 개전의 명분은 금나라가 과거 칭기스 칸의 조상들에게 저지른 만행에 대한 복수였다. 그는 출정하기 전에 산 위에 올라가 이렇게 말했다고 한다. "오래된 신이시여! 알탄 칸(금국 황제)이 먼저 분란을 일으키고 우리에게 증오를 불러일으켰다는 것을 당신은 알고 계십니다. 타타르 종족들이 오킨 바르칵과 함바카이 카안을 붙잡아 그에게로 보냈습니다. 그들은 저의 조부와 부친의 형들이었는데, 〔알탄 칸은〕 무고한 그들을 죽였습니다. 나는 그들이 흘린 피에 대한 복수를 하려는 것입니다. 만약 당신께서 저의 이러한 생각이 정당하다고 생각한다면, 위로부터 저에게 힘과 도움을 내려주시고, 천사와 사람과 요정과 정령들에게 저를 돕고 지원하라고 명령을 내려주십시오."37

금에 대한 원정은 1211년 3월 케룰렌 강가에서 열린 쿠릴타이에서 결정되었다. 그러나 그 해 봄부터 시작된 금국과의 전쟁은 생각만큼 원활하게 진행되지는 못했다. 금은 몽골의 거센 공격에 직면하여 심각한 균열을 보이긴 했지만, 북방 여진족 정권답게 쉽게 굴복하지는 않았다. 몽골군은 화북 여러 지역을 초토화시켰는데 정작 수도인 중도中都(현재 북경)를 오랫동안 포위하면서도 함락시키지는 못했다. 몽골인들은 평원에서의 기마전에는 능했지만 견고한 성채를 공격하는 데에는 무력했다. 결국 1214년 초 양측은 화약을 맺기로 합의했고, 칭기스 칸은 황실 여자와 황금, 비단 등을 공물로 바치겠다는 금의 약속을 믿고 몽골리아로 회군했던 것이다.

그러나 몽골군이 돌아간 직후 금의 조정은 화평조약을 깨고 수도를 황하 이남, 즉 현재의 개봉으로 옮겨 버렸다. 전쟁을 계속하겠다

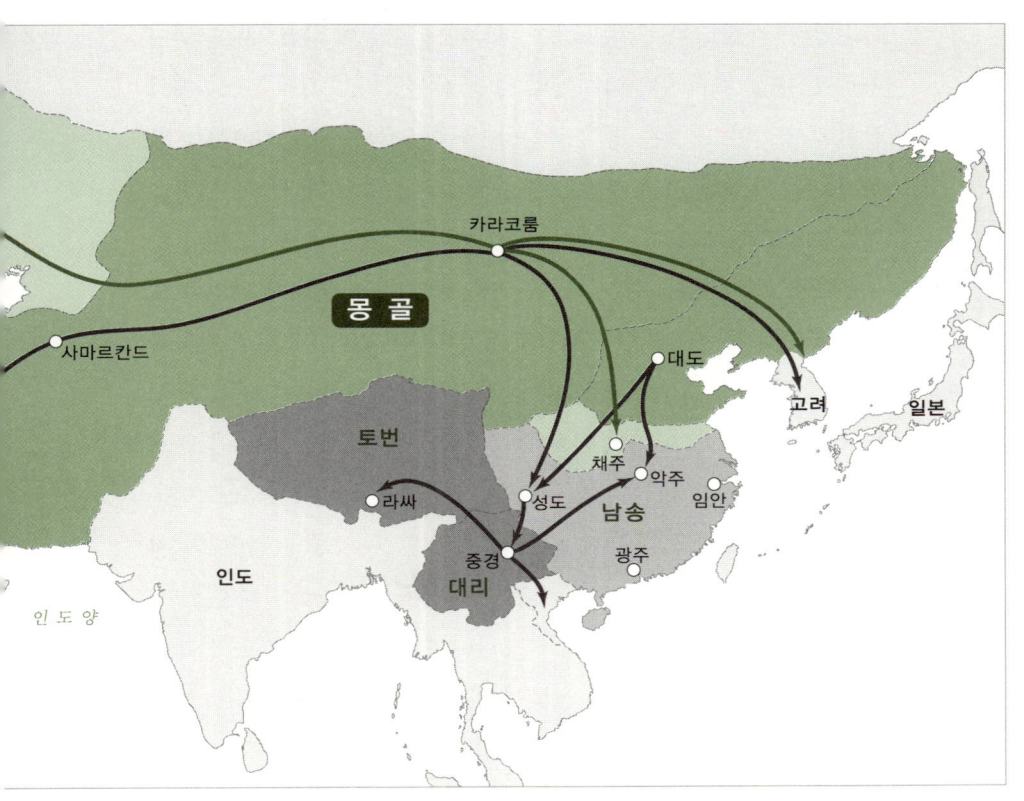

몽골제국의 세계정복전

는 의지의 표현이었다. 이렇게 되자 칭기스 칸은 본래의 계획과는 달리 다시 출정할 수밖에 없게 되었다. 1215년에 전쟁은 재개되었고, 금이 포기한 황하 이북 지역은 몽골군의 공격 앞에 순식간에 폐허로 변해 버렸다. 옛 수도였던 중도 역시 오랜 포위 끝에 식량이 떨어져 항복하고 말았다. 그러나 여진족 금의 저항은 예상외로 끈질기게 계속되었다. 바로 그때 칭기스 칸을 경악케 한 사건이 터졌으니 그것이 바로 1218년 그가 중앙아시아로 보낸 사신단이 오트라르Otrar에서 몰살된 것이었다. 그는 당시 중앙아시아와 서아시아를 지배하던 강국 호레즘에 대한 보복 전쟁을 할 수밖에 없었고, 이렇게 해서 그 유명한 서방원정이 시작된 것이다.

칭기스 칸은 북중국에서 작전을 담당할 소수의 군대를 제외한 모든 몽골군을 동원하여 대대적인 원정을 시작하였다. 그의 네 아들과 주요 장군들이 모두 참가하였다. 동원된 병력의 총수는 15~20만 정도로 추산되며, 1219년에 시작된 이 원정은 1225년 몽골리아 본토로 귀환할 때까지 6년에 걸쳐 계속되었다. 몽골군의 침공으로 인하여 이슬람권의 신흥 세력이던 호레즘은 멸망했고, 중앙아시아와 서아시아에서 번영을 구가하던 많은 도시들이 잿더미로 변해 버렸다. 곳곳에서 승리를 거두고 심지어 몽골군의 일부는 카프카즈 산맥을 넘어 흑해 북안에서 러시아 군대까지 격파했음에도 불구하고 칭기스 칸은 이들 지역을 지배할 의사가 없었기 때문에 전군을 그대로 철수시켰던 것이다.

우리는 흔히 칭기스 칸을 역사상 보기 드문 '정복자'라고 여긴다. 이 같은 인상은 그 당시 사람들에게도 크게 다르지 않았다. 『원사』元史 「태조본기」는 "그의 용병술은 마치 신과 같았기 때문에 나라를 멸망시킨 것이 40개에 이른다"고 적었고, 이슬람권의 역사가는 그를 가리켜 '세계정복자'jahān-gushāī라고 불렀다. 그러나 역사적 사실을 가만히 들여다보면 그는 농경지대를 '정복'하고 통치할 의도를 갖고 있지 않았다. 그는 어디까지나 유목 세계의 군주였다. 초원 너머에 있는 농경민들의 국가는 유목민들에게 위해를 가하지 않는 한 굳이 없애야 할 이유는 없었다. 칭기스 칸이 몽골리아를 통일한 뒤 농경지대에 대해서 감행한 원정들은 대부분 응징과 복수를 명분으로 하면서, 동시에 재정적 요구를 충족시키려는 목적에서 이루어졌다. 그러나 이러한 전쟁의 성격은 칭기스 칸 사후 항구적인 지배를 지향하는 정복전으로 바뀌게 되었다.

(2) 정복전으로의 전환

칭기스 칸의 뒤를 이어 몽골 울루스의 군주가 된 사람은 셋째 아들 우구데이였다. 테무진이 즉위하면서 '칭기스 칸'이라는 칭호를 받았던 것처럼, 우구데이는 '카안'qa'an이라는 칭호를 받았다. '카안' 혹은 '카간'qaghan이라는 칭호는 과거에 초원 사회에서 최고의 군주를 가리키는 말로 사용되었던 것이지만, 칭기스 칸이 활동하던 당시나 그 직전의 몽골리아에서는 사용되지 않던 칭호였다.[38] 12~13세기에는 유목 사회의 군주를 부르는 칭호에 두 가지 방식이 있었다. 하나는 본명 뒤에 '칸'qan, khan이라는 호칭을 붙여서 같이 부르는 방식이고, 또 하나는 본명과는 무관하게 새로운 칭호를 붙여서 '모모某某 칸'이라고 부르는 방식이었다. 예를 들어 칭기스 칸의 선조였던 카불, 쿠툴라 등이 '카불 칸' 혹은 '쿠툴라 칸'이라 불렸던 것은 전자의 형식인 반면, '칭기스 칸' 혹은 '옹 칸' 등은 후자의 형식에 속하는 것이다. 이런 면에서 볼 때 우구데이가 '카안'이라는 칭호를 취한 것은 이 두 형식 가운데 어느 것에도 속하지 않는 새로운 방식이라고 할 수 있으며, 그것은 몽골제국의 최고 군주는 기존의 다른 유목국가의 군주와는 다르다, 즉 여타의 '칸'들과는 질적으로 다른 차원에 있는 군주라는 관념이 반영된 결과가 아닌가 추측된다.

흥미로운 사실은 처음에 우구데이를 가리키는 고유명사로 채택된 '카안'이라는 칭호가 우구데이 사후에 일반명사로 바뀌었다는 것이다. 아제르바이잔 지방의 트빌리시Tbilisi라는 곳에서 1247년에 주조된 은전 하나가 발견되었는데, 거기에는 "Kūyuk Qā'ān"이라는 구절이 새겨져 있었다. 이는 구육이 자신을 "구육 카안"이라 칭했음을 시사한다.[39] 구육의 뒤를 이은 뭉케Möngke 역시 자신을 '뭉케 카안'이라고 칭하였다. 이처럼 몽골제국의 군주들은 제3대 구육의 시대부터는 앞에서 말한 첫째 형식, 즉 '본명+칸'이라는 조합에서 '칸'을 '카안'으로 대체한 방식을 사용하였다. 이제 '카안'은 여러 명의 '칸'들을 휘하에 거느리는 군주를 가리키는 칭호가 되었다.

이처럼 '칸'과 '카안' 칭호의 변화는 몽골제국의 군주가 표방하는 정치적 이념의 변화와 맞물려 있었다. 즉 '카안'은 '황제'와 마찬가지로 지상에서 유일무이한 최고 군주이며, 그가 지배하고 통치하는 지역적 범위는 초원지대와 농경지대를 모두 포함하는 것으로 이해되었다. 그런 의미에서 12~14세기 몽골제국의 시대에 사용된 '카안'과 6~9세기 돌궐·위구르 제국 시대에 사용되던 '카간'은 비록 동일한 어원을 갖고 의미상으로도 유사한 것이지만 중대한 차이가 있음을 간과해서는 안 된다. 즉 과거에는 복수複數의 '카간'이 동시에 존재할 수 있었지만,[40] 이제 몽골의 시대에 복수의 '카안'이란 있을 수 없는 것이 되었다. '카안'이 지상에서 유일무이한 최고 군주라는 의미의 용례는 교황 인노센트 4세가 파견한 사신 카르피니Carpini가 돌아갈 때 구육이 보낸 서한에 잘 드러나 있다. 그는 자신을 "모든 위대한 백성들을 지배하는 사해四海의 군주"Kūr ūlugh ūlūs-nung tālūī-nūng khān"라고 부르면서, 칭기스 칸과 카안(우구데이)과 자신은 영원한 하늘의 신이 내린 명령을 집행하는 대리인이기 때문에 교황은 유럽의 여러 왕들을 데리고 직접 찾아와 머리를 조아리고 복속의 뜻을 표하라고 명령한 것이다.[41]

이러한 변화는 칭기스 칸이 건국한 '몽골 울루스'가 초원지대를 통치하는 유목국가로서의 성격을 벗어나 이제는 정주민들이 거주하는 농경지대까지 정복하고 지배하는 것을 지향하는 '세계제국'으로 변화되었음을 의미하였다. 그들의 눈에 이제 세계는 칭기스 일족의 지배를 받아들인 '속민'屬民(il)과 '반민'叛民(bulgha)으로 구분되었고, '반민'에 대한 정복전은 불가피한 것이 되었다. 칭기스 칸 사후 몽골인들이 수행한 전쟁은 단순히 응징이나 약탈이 아니라 정복을 통해 세계제국을 건설하려는 의지의 표현이었다.

전쟁의 목표가 변화함에 따라 전쟁의 양상도 조금씩 달라져 갔다. 농경지대를 약탈하거나 그곳의 국가를 위협해서 필요한 물자를 확보하는 것으로 만족할 수는 없었다. 몽골의 지배를 받아들이는 정권에 대해서는 일단 그 명맥을 보존시키되 일련의 의무조항들을 이행

할 것을 요구하였다. 이 요구조건은 그동안 학계에서 '육사'六事라고 흔히 불렸지만, 꼭 여섯 가지의 특정 항목으로 정해진 것은 아니었다. 대체로 ①국왕 친조, ②질자 파견, ③호적 제출, ④역참 설치, ⑤병력 파견, ⑥물자 공출, ⑦다루가치darughachi 주재 등으로 구성되었다.42 물론 이 조건을 받아들이지 않는다면 그것은 곧 전쟁을 의미했고, 그 전쟁은 그저 응징이 아니라 정복을 통한 몽골제국 영역의 확대를 목표로 한 것이었다.

이렇게 해서 몽골제국의 정복전은 전 세계를 대상으로 펼쳐졌다. 새로운 군주가 즉위하면 칭기스 칸의 일족과 부마, 고관, 장군들이 모두 참석하는 거대한 쿠릴타이가 열렸고, 여러 날에 걸친 연회가 끝나면 새로 정복할 지역과 지휘관들이 결정되었다. 그리고 나서 각자 자기 지역으로 돌아간 뒤 병력을 징발하여 연합군을 편성하여 정복전을 시작하였다. 우구데이 시대에는 이미 진행되고 있던 북중국의 금나라와의 전쟁에 박차를 가하는 한편, 서부 유라시아 초원에 대한 원정을 새로 시작하여 바투Batu가 이끄는 군대는 러시아와 동유럽까지 유린하였다. 뭉케의 시대에는 남송과의 전쟁이 시작되었고 동시에 서아시아 원정군도 출정시켰다. 이 두 전선을 지휘한 것은 뭉케의 동생들인 쿠빌라이와 훌레구Hülegü였다. 뭉케 사후 그 뒤를 이은 쿠빌라이는 마침내 1276년 남송을 함락시킴으로써 몽골제국은 그 최대 판도를 이룩하게 된 것이다.

(3) 몽골제국의 구조와 그 변용

칭기스 칸이 세운 '대몽골 울루스'는 그 성격이 처음에는 유목국가였다가 나중에는 초원지대와 농경지대를 모두 지배하는 세계제국으로 그 성격이 바뀌었는데, 그 과정에서 제국의 구조에도 변화가 발생하였다. 일반적으로 그 변화는 몽골제국의 '분열'이라는 말로 표현되어 왔다. 즉 성공적인 정복전의 결과, 영토가 급격하게 확대되면서 지리적으로 어느 한 곳을 중심으로 효율적으로 통치하기가 어려워지게 되었고, 이와 더불어 대칸의 지위를 누가 계승하느냐 하는 문제를 둘러싼 분쟁이 격화되면서, 1인의 최고 군주가 지배하는 단일한 제국 체제가 무너지고 여러 개의 지역 정권, 즉 '칸국'khanate(汗國)으로 분열되었다는 것이다. 그리고 분열의 분수령으로는 1259년 제4대 뭉케 카안이 사망한 뒤 벌어진 격렬한 내전과 쿠빌라이의 집권이 지목되어 왔다. 그 과정에서 중앙아시아와 서아시아에 있던 칭기스 칸의 후손들이 각각 독립하였고, 쿠빌라이도 제국의 수도를 몽골리아에서 북중국으로 옮겼으며 1272년에는 '원'元이라는 중국식 왕조명을 채택함으로써, 원, 차가타이 칸국, 킵착 칸국, 일 칸국 등 소위 '4개의 칸국'이 나뉘어 정립하게 되었다는 것이다.

그러나 이러한 방식의 이해는 몽골제국의 본질을 올바로 파악하지 못했기 때문에 생겨난 결과이다.[43] 이 문제에 관해서는 뒤에서 보다 상세히 논의하기로 하겠다. 그런데 앞에서도 지적했듯이 칭기스 칸이 건설한 국가 '대몽골 울루스'는 이미 초기부터 여러 개의 울루스들로 이루어진 복합체였다. 각각의 울루스는 칭기스 칸이 나누어 준 유목민들로 구성되어 있고 그 지배자는 칭기스 칸의 일족, 즉 자식과 동생들이었다. 아직 이 단계에서는 농경지대를 정복하고 그 주민들을 지배하지는 않았다. 그 뒤 전쟁이 확대되고 북중국과 중앙아시아와 같은 정주지대가 제국의 영역 안으로 들어오게 되자, 대칸은 칭기스 칸의 일족에게 정복의 성과를 나누어서 공동으로 향유한다는 정신에 따라 이들 피정복 정주민들을 일족들에게 분배해 주었다. 그러나 정주지대의 주민들을 관할하고 그들로부터 세금을 걷는 것은 대칸의 독점적인 권한이었다. 정주민들은 제왕諸王의 관할권 밖에 있었던 것이며, 제왕들은 대칸이 거둔 재정 수입 가운데 자신의 몫을 건네받을 뿐이었다.

　이제 몽골제국은 유목민과 농경민이라는 두 종류의 이질적인 집단으로 이루어지게 되었다. 유목민들은 칭기스 일족이 지배하는 여러 개의 울루스로 나뉘었지만, 농경민은 대칸의 일원적인 지배 아래 있었다. 그것은 다수의 울루스라는 분권적 측면과 농경지대에 대한 단일 지배라는 집권적 측면이 공존하는 지배 형태였다. 그러나 이러한 구조는 농경민에 대한 지배권을 둘러싸고 대칸과 각 울루스의 지배자들 사이에 갈등을 낳았다. 울루스의 지배자들은 인접한 농경지대를 직접 장악하고 거기서 나오는 재화를 독점하기를 원했고, 이러한 경향은 시간이 흐를수록 강해졌다. 뭉케 카안 사후 누가 후계자가 되느냐를 둘러싸고 벌어진 갈등은 그 같은 경향을 더욱 강화시켰다.

　일종의 '쿠데타'를 통해서 집권한 쿠빌라이는 정통성에 심각한 문

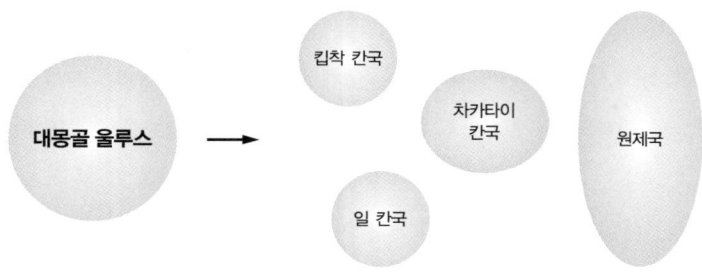

몽골제국의 분열: 기존의 설명

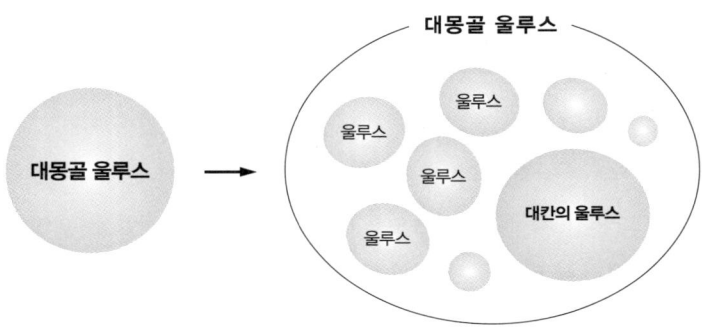

몽골제국의 변용: 새로운 가설

제를 지니고 있었기 때문에 자신의 지지세력을 확보하기 위해 중앙아시아와 서아시아에 주둔하던 제왕들에게, 이제까지는 대칸의 고유권한이던 정주지대에 대한 관할권을 위임해 주기로 약속을 한 것이다.[44] 이에 따라 농경지대 관할권의 일체성이 붕괴되고 각 지역에 분포된 울루스들에게 분할 위임되자, 몽골제국은 유목민과 농경민을 동시에 장악하고 지배하는 여러 개의 울루스로 나뉘었다. 아울러 방대한 정주지대에 대한 지배권을 갖게 된 대형 울루스들은 재정적 독립성의 증대와 비례해서 대칸에 대한 정치적 독자성도 강화되었다.

그러나 이러한 현상을 두고 과연 '제국의 분열'이라고 부를 수 있을까. '대몽골 울루스'는 여전히 여러 울루스들의 복합체라는 성격을 유지했고, 서방의 대형 울루스들 이외에도 다른 중소형의 울루스들이 다수 분포하고 있었다. 예를 들어 만주지방에 분포한 동방의 세 울루스는 1287년 나얀의 반란이 진압될 때까지는 쿠빌라이의 직할령이 아니었다. 또한 유라시아 서부 초원에는 칭기스 칸의 장자 주치의 후손들이 통치하는 울루스들이 있었다. 소위 '금장 칸국'으로 알려진 바투의 울루스는 그 가운데 하나에 불과했다. 중앙아시아에도 차가타이와 우구데이의 후손들이 지배하는 울루스들이 분포했다. 따라서 단일한 제국이 1260년을 기점으로 4개의 칸국으로 분열했다는 것은 역사적 사실과 전혀 맞지 않는 주장이다.

물론 시간이 흐르면서 각각의 울루스들 사이의 유기적인 통합성이 약화된 것은 사실이다. 대형 울루스에서는 자기들 나름대로 '칸'을 추대했고, 카안은 특별한 이유가 없다면 그를 추인하였다. 그러나 여전히 울루스들 사이에는 상당한 정도의 '연대성'이 존재했고 그것을 지속시키는 장치들이 작동했다. '카안'은 여전히 한 사람에 불과했고 여러 울루스의 '칸'들은 비록 명목상일지라도 그의 정치적 우위를 인정하였다. 그래서 새로운 카안이 즉위하면 그는 제국의 여러 울루스에 사신들을 파견하여 그 사실을 알렸고, 울루스의 칸들도 즉

위하면 카안에게 사신을 보냈다. 뿐만 아니라 카안은 중국에서 거두어지는 재정수입의 일부를 여전히 칸들에게 보내주었고, 칸들 역시 각 울루스에서 거두어지는 수입의 일부를 카안에게 보냈다. 무엇보다도 중요한 것은 제국의 통치자들이 모두 '칭기스 칸의 일족'이라는 관념을 강하게 갖고 있었다는 사실이다.

　이렇게 볼 때 몽골제국은 1260년 이후 몇 개의 '계승 국가'로 분열된 것이 아니라 일종의 느슨한 울루스들의 연맹으로서 제국적 연대감과 일체성을 상당 부분 보존하고 있었다고 보아야 할 것이다. 그리고 그것을 배경으로 울루스들 사이에 활발하고 빈번한 정치·경제·문화적 교류가 이루어지게 되었고 '팍스 몽골리카Pax Mongolica'를 탄생시킨 배경이 되었던 것이다.

주

1 이것은 그의 유명한 『역사의 완결』(Al-Kāmil al-tārīkh)이라는 책에 나오는 구절로서, Edward G. Browne, *A Literary History of Persia*, vol. 2(Cambridge: Cambridge University Press, 1902), 427~431쪽에서 인용했다.
2 Ata-Malik Juvaini, *Genghis Khan: The History of the World-Conqueror*, J. A. Boyle (tr.), (Manchester: Manchester University Press, 1958; 1997 new edition), 161~162쪽.
3 李心傳撰, 『建炎以來朝野雜記』乙集 卷19, 「韃靼款塞」.
4 韓儒林 主編, 『元朝史』上(北京: 人民出版社, 1986), 115쪽.
5 姚燧, 『牧菴集』卷23, 「故從仕郎眞州路總管府經歷呂君神道碑銘幷序」, "金貞祐, 河朔干戈弗靖者, 皆二十年, 生齒耗亡十七".
6 이용규, 「몽골제국사 연구동향」(1995~2008), 윤영인 외, 『10~18세기 북방민족과 정복왕조 연구』(동북아역사재단, 2009), 85~120쪽.
7 『舊唐書』卷199 下, 「北狄·室韋傳」. 실위에 관한 보다 상세한 내용은 장지우허, 『몽골인 그들은 어디서 왔나?』(북방사연구팀 역, 소나무, 2010)을 참조.
8 위구르 제국 붕괴에 관한 최근의 상세한 연구로 M. R. Drompp, *Tang China and the Collapse of the Uighur Empire: A Documentary History*(Leiden: Brill, 2005)를 참조.
9 이하 몽골인의 이주와 관련된 내용은 주로 白石典之의 『チンギス=カンの考古學』(東京: 同成社, 2001)과 『モンゴル帝國史の考古學的硏究』(東京: 同成社, 2002)를 참고하였다.
10 G. Jenkins, "A Note on Climatic Cycles and the Rise of Chinggis Khan," *Central Asiatic Journal*, vol. 18, no. 4 (1974), 217~226쪽.
11 이 이론은 E. E. Evans-Pritchard의 고전적인 저작 *The Nuer: A Description of the Modes of Livelihood and Political Institutions of a Nilotic People*(Oxford: Oxford University Press, 1940)에서 처음 제기된 이래 많은 인류학자들의 지지를 받아, 국가 형성 이전 단계 사회의 작동 메커니즘을 설명하는 중요한 준거들이 되었다.
12 이러한 방식의 설명은 V. Ia. Vladimirtsov의 고전적인 저서 *Obshchestvennyi stroi Mongolov: Mongol'skii kochevoi feodalizm* (Leningrad: Izd. AN SSSR, 1934), 『몽골사

회제도사』(주채혁 역, 대한교과서주식회사, 1990); E. E. Bacon의 *Obok: A Study of Social Structure in Eurasia* (New York, 1958);岩村忍의『モンゴル社會經濟史の硏究』(京都: 京都大學人文科學硏究所, 1968) 등에서 쉽게 찾아볼 수 있다.

13 David Sneath, *The Headless State: Aristocratic Orders, Kinship Society, and Misrepresentations of Nomadic Inner Asia* (New York: Columbia, 2007).
14 라시드 앗 딘,『집사 2: 칭기스 칸 기』(김호동 역주, 사계절, 2003), 30~33쪽.
15 白石典之,『チンギス=カンの考古學』(東京: 同成社, 2001) 27~30쪽.
16 라시드 앗 딘,『집사 1: 부족지』(김호동 역주, 사계절, 2002), 254~255쪽. 이 설화에 대한 흥미로운 해석은 村上正二,『モンゴル帝國史硏究』(東京: 風間書店, 1993); 原刊『史學雜誌』73~78(1964), 257~263쪽 참조.
17 이븐 바투타,『이븐 바투타 여행기』제1권(정수일 역주, 창작과 비평사, 2001), 526쪽.
18 『몽골비사』(유원수 역주, 사계절, 2004), 261~262쪽.
19 그 동안의 학술적인 성과를 토대로 칭기스 칸의 생애를 잘 정리한 글로는 라츠네프스키,『칭기스 칸』(김호동 역, 지식산업사, 1992)을 꼽을 수 있다. 좀 더 통속적인 버전으로는 국내에서도 많은 저·역서가 있었으나, 최근에 출간된 잭 웨더포드,『칭기스칸, 잠든 유럽을 깨우다』(정영목 역, 사계절, 2005)가 읽을 만하다.
20 라츠네프스키,『칭기스칸』(김호동 역, 지식산업사, 1992), 127~150쪽.
21 '안다-쿠다'라는 용어는 한문 자료에서도 발견된다. 즉『國朝文類』권23「駙馬高唐王忠獻碑」에 의하면 칭기스 칸 일가의 인족(姻族)이 된 옹구트의 알라쿠시 일족에 속하는 진국(鎭國)이 안달홀답(按達忽答)이라고 불렀다고 하는데, 이 역시 '안다-쿠다'를 옮긴 말이다.
22 『몽골비사』(유원수 역주, 사계절, 2004), 93절, 60쪽.
23 本田實信,「チンギス・ハンの十三翼」,『モンゴル時代史硏究』(東京: 東京大學出版會, 1991), 1~16쪽.
24 T. T. Allsen, *Culture and Conquest in Mongol Eurasia* (Cambridge: Cambridge University Press, 2001), 18~19쪽.
25 P. Pelliot, *Les Mongols et la Papauté* (Paris: Librairie Auguste Picard, 1923), 15~25쪽.
26 Igor de Rachewiltz, "Qan, Qa'an and the Seal of Güyüg." *Document Barbarorum: Festschrift für Walther Heissig zum 70. Geburstag* (Wiesbaden: Otto Harrassowitz,

1983), 274~275쪽.

27 몽골인들이 1276년 한자식 국호를 '대원'(大元)으로 통일·확정하기 전, 고려나 일본에 보낸 국서(國書)에는 스스로를 '대몽고국'(大蒙古國)이라 불렀다. 이외에도 '대조'(大朝)라는 명칭도 사용되었다. 이에 관해서는 蕭啓慶, 「說〈大朝〉: 元朝建號前蒙古的漢文國號」, 『蒙元史新硏』(臺北: 允晨, 1994), 23~47쪽 참조.

28 『몽골비사』, (유원수 역주, 사계절, 2004), 202절, 197~198쪽.

29 本田實信, 「チンギス·ハンの十三翼」, 14쪽. 칭기스 칸의 천호제에 관해서는 本田實信의 「チンギス·ハンの千戶制」, 『モンゴル時代史硏究』, 17~40쪽; 拙稿, 「칭기스 칸의 子弟 分封에 대한 再檢討: 『集史』 千戶一覽의 分析을 중심으로」, 『중앙아시아연구』 제9호 (2004), 29~66쪽을 참조.

30 물론 실제로 그랬는지는 확실치 않다. 『元史』 卷91, 「百官志·七」, 2310~2311쪽의 기록으로 미루어 볼 때, 1개 천호가 동원했던 병력은 300~700명 정도였을 가능성도 있다.

31 『元史』 권97, 「兵志」, 中華書局本, 2524쪽. 그러나 최근에 학자들은 각 케식의 지휘관과 근무 일자 및 4케식 제도의 기원 등에 대하여 새로운 견해들을 제시하고 있다. 예를 들어 洪金富, 「元朝怯薛倫値史料攷釋」, 『中央硏究院歷史語言硏究所集刊』 74-2(2003), 325~388쪽; C. Atwood, "Ulus Emirs, Keshig Elders, Signatures, and Marriage Partners: The Evolution of a Classic Mongol Institutions," *Imperial Statecraft: Political Forms and Techniques of Governance in Inner Asia, Six-Twentieth Centuries,* D. Sneath(ed.), (Bellingham: Center for East Asian Studies, West Washington University, 2006), 141~173쪽 참조.

32 小澤重男, 『元朝秘史全釋·中』(東京: 風間書房, 1985), 16~17쪽; 『元朝秘史全釋續攷·上』(東京: 風間書房, 1987), 282~284쪽.

33 『高麗史』 권 82, 「兵二·宿衛」.

34 David Morgan, "The 'Great *Yāsā* of Chingiz Khan' and Mongol law in the Īlkhānate," *Bulletin of the School of Oriental and African Studies,* 49-1(1986), 163~176쪽; David Morgan, "The 'Great *Yāsā* of Chinggis Khan' Revisited," R. Amitai and M. Biran (ed.), *Mongols, Turks, and Others* (Leiden: Brill, 2005), 291~308쪽.

35 라츠네프스키, 『칭기스칸』, 156~163쪽; Igor de Rachewiltz, "Some Reflections on Činggis Qan's Jasaγ," *East Asian History* 6 (1993), 91~104쪽.

36 그러나 필자의 이러한 견해는 칭기스 칸의 자제 분봉과 울루스의 배치에 관한 다른 학자들의 입장과 차이가 있다. 예를 들어 일본의 杉山正明은 『몽골비사』에 나오는 자제 분봉의 기사를 불신하였고, 그 대신 라시드 앗 딘의 『집사』에 보이는 기사를 근거로 소위 '몽골제국의 原像'을 재구성한바 있다. 중앙에 대칸이 위치하고 서쪽에 자식들의 울루스가, 동쪽에 동생들의 울루스가 분포한다는 점에서는 필자의 주장과 일치하지만, 울루스의 숫자와 규모에서는 차이가 있다. 여기서는 이 문제에 대해서 자세히 논의하기 어려우므로 필자의 「칭기스 칸의 子弟分封에 대한 再檢討: 『集史』 千戶一覽의 分析을 중심으로」, 『중앙아시아연구』 제9호(2004), 29~66쪽을 참조할 것.
37 라시드 앗 딘, 『집사 2: 칭기스 칸기』, 433쪽.
38 Igor de Rachwiltz, "Qan, Qa'an and the Seal of Güyüg," 272~273쪽.
39 David M. Lang, *Studies in the Numismatic History of Georgia in Transcaucasia*(New York: American Numismatic Society, 1955), 37쪽; T. T. Allsen, *Culture and Conquest in Mongol Eurasia* (Cambridge: Cambridge University Press, 2001), 118~119쪽.
40 이에 관해서는 필자의 「北아시아 遊牧國家의 君主權」, 『東亞史上의 王權』(한울, 1993)을 참조할 것.
41 Paul Pelliot, *Les Mongols et la Papauté* (Paris: Librairie Auguste Picard, 1923), 4~28쪽.
42 '六事'의 문제에 관한 가장 최근의 논의는 森平雅彦, 「事元期高麗における在來王朝體制の保全問題」, 『北東アジア研究』 제1호(2008), 138~143쪽 참조.
43 이 문제에 대해서는 필자의 「몽골제국과 大元」, 『歷史學報』 192집(2006), 221~251쪽 참조.
44 이에 관한 보다 구체적인 내용은 필자의 『몽골제국과 고려』(서울대출판부, 2007)를 참조.

3장

—

팍스 몽골리카

1. 서론

몽골제국의 건설은 결코 짧은 시간 안에 이루어진 것이 아니었다. 칭기스 칸이 오논 강가에서 깃발을 세운 것이 1206년이고 쿠빌라이가 항주를 함락함으로써 남송을 무너뜨린 것이 1276년이라면, 적어도 70년의 세월이 흐른 셈이다. 그동안 세계 각지에서 진행된 전쟁이 얼마나 많은 파괴와 피해를 가져왔을지는 충분히 상상하고도 남는다. 번영하던 도시가 파괴되고 주민들은 흩어졌으며 농경지는 황폐하게 되었다. 특히 천연 강우가 부족한 중앙아시아와 서아시아의 건조지대에서는 운하와 수로를 굴착하고 그것을 정기적으로 보수하지 않으면 안 되는데, 몽골군은 도시를 공격하기 위해 강둑을 막고 제방을 터뜨리는 전술까지 마다하지 않았다.

초기의 대대적인 정복전이 끝난 뒤에도 작은 규모의 약탈과 파괴는 쉽게 가라앉지 않았다. 유목민과 농경민은 경제적으로 상보적인 관계에 있었지만 공간적으로 격리되지 않으면 갈등을 일으킬 소지가 많았다. 더구나 이 시대에는 유목민들이 정치적인 우위를 점하고 있었기 때문에 유목민들은 농경민의 입장을 무시한 강압적 행동을 서슴지 않았던 것이다. 서아시아를 지배했던 일 칸들 가운데 가잔 칸

Ghazan Khan(치세 1295~1304)이라는 인물은 농촌지대에 대한 몽골인들의 약탈과 파괴를 경고하면서 이렇게 말했다고 한다.

> 나는 타작 농민의 편이 아니다. 만약 그들을 약탈하기로 한다면 나보다 더 나은 입장에 있는 사람도 없을 것이고, 그러면 우리가 함께 약탈할 수 있을 것이다. 그러나 너희들이 앞으로도 식량과 물자를 징발할 생각이라면 나는 너희들을 엄하게 처벌하겠다. 너희들이 만약 농민을 모욕하고 그들의 소와 종자를 빼앗고 전답을 짓밟아 버린다면 장차 어떻게 하겠는가?[1]

특히 중앙아시아에서는 정주지대에 대한 정복이 끝난 뒤에도 몽골 지배층 내부의 헤게모니 전쟁이 끊이지 않았고 그와 함께 농경지에 대한 약탈도 계속되었다. 그들은 곧 그러한 상황이 어느 누구에게도 이롭지 않다는 것을 깨닫게 되었다. 마침내 1269년 주치·차가타이·우구데이 가문에 속한 세 울루스의 대표들이 탈라스 강가에 모여서 협약을 맺고 다음과 같이 합의했다. 즉 금후 제왕과 그에게 속한 군대 및 부민들은 산지와 초원에만 머물 것이며 도시로 들어가면 안 되고 농경지에 가축을 방목해서도 안 되며 농민에게 과도한 요구를 해서도 안 된다는 것이었다.[2]

이처럼 유목민 출신의 몽골 지배층도, 농경민들을 보호하고 그들의 생산활동을 방해하지 말아야 자기들이 필요로 하는 물자와 식량을 제대로 공급받을 수 있다는 사실을 깨닫게 되었다. 1276년 항주를 함락시키기 직전 쿠빌라이가 몽골군에 대해서 일체의 약탈과 방화를 금지하는 엄명을 내린 것도 바로 그러한 인식 때문이었다. 이는 과거에 도시를 점령하게 되면 전투에 참여한 유목민들에게 며칠 동안은 마음대로 약탈할 수 있는 기간을 주었던 관행과는 정면으로 배치되는 것이다.

프랑스의 저명한 중국사 연구자인 자크 제르네Jacques Gernet의 『전통 중국인의 일상생활』은, 남송 시대의 수도였던 항주가 얼마나 번영했는지, 그 주민들의 생활상 및 경제 발전의 실상은 어떠한지를 생동감 있게 묘사했다. 그런데 역설적인 사실은, 이를 묘사하기 위해 인용한 글의 상당 부분이 몽골의 군주 쿠빌라이가 다스렸던 시대에 항주를 방문했던 마르코 폴로가 남긴 기록에 근거했다는 것이다. 남송의 수도였던 항주는 남송의 몰락으로 인하여 피폐를 경험하기는커녕, 오히려 몽골 지배기에 들어와 더욱 눈부신 번영을 계속하였다.

몽골제국은 초기의 정복전이 끝난 뒤에도 울루스들 간의 무력 충돌, 혹은 농경민에 대한 투르크·몽골 유목민들의 억압적 행위가 있었던 것은 사실이지만, 그것이 다른 시대에 비해서 특히 더 심각했다고 말하기는 어렵다. 오히려 중국은 오랫동안의 분열기를 끝내고 정치적 통일과 안정을 바탕으로 놀라운 경제적 번영을 구가하게 되었다. 더욱이 서방의 울루스들이 정치적으로 독립하는 경향을 보이긴 했지만 모두가 칭기스 칸의 후손이라는 일체감과 연대감을 갖고 있었고 그것은 제국의 일체성을 상당 정도 유지시켜 주었던 것이다. 이렇게 해서 동쪽의 태평양에서 서쪽의 지중해에 이르기까지 유라시아 대륙 거의 대부분이 단일한 정치질서 속에 편입되고 안정을 구가하게 되었으니, 몽골인들에 의해 실현된 이러한 질서, 그리고 그것을 바탕으로 이루어진 동서 대교류가 바로 '팍스 몽골리카'였던 것이다.

2. 제국의 기간망: 역참 제도

(1) '잠'(jam)의 네트워크

인류 역사상 초유의 대제국을 통치하기 위해서는 여러 지역을 신속하고 원활하게 연결해 주는 교통과 통신의 네트워크를 만드는 것이 무엇보다도 필요하였다. 그런 점에서 몽골인들은 당시 다른 어떤 민족들보다 유리한 조건을 갖고 있었다. 왜냐하면 그들은 '기동성' mobility을 생명처럼 여기는 유목민이었기 때문이다. '가축을 기르며 수초를 찾아다니는' 유목민의 일상생활은 그 자체가 이동의 연속이었다. 자동차가 발명되기 전까지 인간이 활용할 수 있던 가장 빠른 교통수단이었던 말(馬)은 유목민들에게 기동성을 담보해 주었다. 따라서 몽골인들이 말을 활용하여 매우 신속하고 효율적으로 교통 네트워크를 창출·운영했던 것은 결코 의외의 일은 아니다.

그렇지만 기마의 방법을 사용한다고 해도 수백 킬로미터가 넘는 장거리를 한 번에 주파하기는 어려운 일이었기 때문에, 중간 중간에 휴식을 취하거나 말을 갈아탈 수 있는 일종의 릴레이 시스템으로서 역참이라는 것을 두었는데, 그것을 몽골어로는 '잠'jam이라고 불렀다. 물론 역참이라는 제도 자체를 몽골인이 처음 고안해 낸 것은 아니었지만, 그들이 세운 제국 방방곡곡에 역참이 세워져 운영되었기 때문에, 몽골의 역참 제도는 제국이 무너진 뒤에도 여러 지역에 깊은 영향을 남겼다. 예를 들어 오늘날 중국에서는 '정거장, 역'을 '짠'(站)이라고 부르는데, 이 단어는 바로 몽골어의 '잠'에서 비롯된 것이다.[3]

몽골인들의 역참이 언제 처음으로 건립되었는가를 밝히기는 용이하지 않으나, 이미 칭기스 칸 시대에도 역참이 활용되었다는 기록들이 보인다. 예를 들어 구처기丘處機라는 도교의 장로가 칭기스 칸의 부름을 받고 중국에서 중앙아시아를 거쳐 아프간 지방까지 여행을 한 적이 있는데, 그가 '역기'驛騎, 즉 '역참의 말'을 이용했다는 기록이 보인다. 또한 중앙아시아를 지나면서 시를 지었던 야율초재耶律楚材의 글에도 역마驛馬를 언급한 구절이 보인다. 뿐만 아니라 당시에 역마를 사용하기 위해서는 패부牌符를 소지해야 했는데, "하늘이 내려주신 칭기스 칸의 성지聖旨. 급행[疾]!"이라는 구절이 새겨진 유물이 지금도 남아 있다.[4] 아무튼 이러한 것들은 칭기스 칸 시대에 역참이 존재했음을 보여 주는 증거이긴 하지만, 그것이 포괄하는 지역이나 노선, 그리고 효율적인 운영을 위한 규정 등은 비교적 초보적인 단계에 머물렀던 것으로 보인다.

그런 의미에서 역참 제도를 제국의 기간교통망으로 확립시킨 장본인은 제2대 군주 우구데이였다고 할 수 있다. 『몽골비사』 279절에 나오는 그의 말은 다음과 같다.

우리는 사신들이 달릴 때 백성들(이 사는 곳을) 따라 달리게 한다. (그렇게 되면) 달리는 사신의 이동도 지체된다. 나라 백성들에게도 고통이다. 이제 우리는 완벽하게 정비하여 방방곡곡의 천호로부터 역참지기와 역마지기를 내어, 자리자리마다 역참을 두어 사신이 쓸데없이 백성을 따라 달리지 않고 역참(jam)을 따라 달리게 하면 옳지 않겠는가?[5]

과거에는 사신들이 여행을 할 때 유목민들이 사는 곳을 따라가면서 그들로부터 필요한 말을 공출하고 음식과 숙소를 제공받았는데, 그러한 방식이 유목민들에게 많은 폐해를 끼치기 때문에 앞으로는 별도의 루트를 따라 역참을 설치하고 사신들은 역참을 이용해서 이동하도록 하겠다는 것이다.

뿐만 아니라 우구데이는 역참 루트를 확장하여 제국 전역을 포괄하는 광역적 교통 네트워크로 변모시켰다. 그의 치세에는 제국의 영토가 서쪽으로 더욱 확대되어 러시아까지 그 지배 아래에 들어오게 되었기 때문에, 역참망도 중앙아시아를 거쳐 저 멀리 흑해 연안의 초원까지 연장되었다. 또한 중국과의 전쟁을 원활하게 수행하고 그곳에서 거두어들이는 공납 물자를 몽골리아로 이동시키기 위한 역참망도 만들어졌다. 이러한 네트워크는 우구데이가 새로이 건설한 제국의 수도 카라코룸 Qaraqorum으로 집중되었던 것이다. 예를 들어 북중국과 카라코룸 사이에는 30킬로미터마다 역참 하나씩을 설치하여 모두 37개의 역참을 두었고, 이것을 이용하여 매일 500량의 수레가 식량과 음료를 가득 싣고 카라코룸으로 들어왔다고 한다.[6]

이처럼 몽골제국이 정복전을 통해 영토를 넓혀감에 따라 역참 네트워크의 범위도 더욱 확장되어 갔고, 결국 유라시아 대륙의 거의 대부분을 포괄할 정도로 역사상 초유의 거대 교통망이 탄생되었다. 1240~1250년대에 몽골리아를 방문했던 프란체스코파 수도사들은 자신들이 역참을 이용해서 빠른 속도로 초원을 통과했다고 기록하였다. 역참을 이용하기 위해서 반드시 지참해야 하는 패자의 실물이 현재까지 18개 정도 발견되었는데 이 가운데 11개는 중국 영내에서 발견되었지만, 나머지 7개 가운데 출처 미상의 1개를 제외한 나머지는 모두 구소련 영내에서 발견되었다. 그 분포를 살펴보면 서쪽으로는 볼가 강 서안에서부터 시베리아를 거쳐 만주의 흥안령 부근까지 미치고 있다.[7] 한 연구에 의하면 고대 페르시아 제국의 저 유명한 '제왕의 길'에는 총 2천 757킬로미터에 111개의 역참이 설치되었고, 에집트의 맘룩 왕조는 3천 킬로미터의 간선도로에 약 200개의 역참을 두었으며, 15세기 후반 프랑스의 루이 11세는 불과 2천 킬로미터의 도로에 72개의 역참만을 두었다고 한다. 이에 비해서 몽골제국의 경우는 중국을 중심으로 하는 대칸의 직할령에서만 모두 6만 킬로미터의 도로에 1천 400개소 이상의 역참이 설치되었으니, 그 규모의 차이를 쉽게 알 수 있다.[8]

대칸이 제국을 일원적으로 통치하던 시대가 끝나고 서방의 울루스들이 각각 농경지대를 직접 지배하게 된 뒤에도 역참제는 그대로 운영되었다. 대칸의 직할령인 중국에 관해서는 물론 많은 기록들이 남아 있는데, 그 가운데에서도 마르코 폴로는 다음과 같이 생생하게 묘사하고 있다.

> 각 지방으로 가는 주요 도로들 연변에 25마일이나 30마일마다 이 역참들이 설치되어 있다. 이 역참에서 전령들은 명령을 기다리며 대기중인 300~400마리의 말들을 볼 수 있다. (……) 이러한 방식으로 대군주의 전령들은 온 사방으로 파견되며, 그들은 하루 거리마다 숙박소와 말들을 찾을 수 있다. 이것은 정말로 지상의 어떤 사람, 어떤 국왕, 어떤 황제도 느낄 수 없는 최대의 자부심과 최상의 웅장함이라고 할 수 있다. 여러분들은 그가 이들 역참에 특별히 자신의 전령들이 쓸 수 있도록 20만 마리 이상의 말들을 배치시켜 놓았다는 사실을 알아야 할 것이다. 또한 내가 말했듯이 멋진 가구들이 갖추어진 숙사들도 1만 개소 이상에 이른다.

내륙 지방에는 말과 수레가 준비된 마참馬站과 차참車站이, 바다와 강이 있는 곳에는 배가 준비된 해참海站과 수참水站이, 그리고 북방의 눈 덮힌 지방에는 개가 끄는 눈썰매가 준비된 구참狗站이 설치되었다. 현재 제국 전역에 얼마나 많은 역참들이 있었고, 그 운영을 위하여 투입된 인력이 어느 정도였는지 정확하게 파악하기는 어렵다. 다만 『참적』站赤이라는 문헌에 의하면 원대 중국의 경우 전국에 1천 400개소의 역참이 있었고, 말 5만 필, 노새 6천 700필, 수레 4천 량, 배 6천 척이 준비되어 있었다고 한다.[10] 그런데 그 기록에는 요양행성과 토번 지구가 빠져 있으므로 그것을 포함한다면 1천 500개소를 상회할 것으로 추산된다.

파스파 문자가 쓰여 있는 패자[9]

훌레구 울루스가 지배하는 서아시아 지방에서도 거의 동일한 제도가 도입되었다. 아르메니아 출신의 한 역사가는 훌레구가 원정이 끝난 직후 "조그만 촌락에서는 1호를, 비교적 큰 촌락에서는 2호를 선발하여 그들을 '얌'iam이라 부르면서 황폐화된 지역으로 보내어 재건의 임무를 맡겼다. 그들은 세금을 전혀 내지 않았고 오로지 타타르 여행자들에게 빵과 국만을 제공했다"고 기록하였다.[11] 이는 훌레구 울루스에서도 중국에서처럼 면세의 혜택을 받는 '잠치' jamchi(站赤)를 지정하여 역참을 운영케 했음을 입증한다. 그러나 여기에서도 역참의 남용으로 말미암아 참호제가 그대로 유지되기 어려워지자, 가잔 칸은 개혁을 통해서 역참 운영에 필요한 재원은 국가에서 부담하기로 하였다.[12] 현재 13~14세기 이란 지방의 역참 노선에 관한 구체적인 기록을 찾아보기는 어렵다. 다만 일 칸국 말기인 1340년 경에 함둘라 카즈비니Hamd-Allāh Qazvīnī가 편찬한 『마음의 기쁨』Nuzhat al-qulub이라는 책에는 울제이투Öljeitu 칸(치세 1304~1316)의 시대에 존재했던 6개 노선의 '왕도'王道(shāh-rāh)에 대해 상세한 기록이 보이고 있는데, 그가 비록 명시적으로 말한 것은 아니지만 오랫동안 일 칸의 궁정에서 '회계관'會計官(mustawfī)으로 일했던 사실을 생각한다면, 그가 기록한 상세한 도로 정보는 일 칸국의 역참제에 관한 자료를 토대로 했을 가능성이 매우 높다.[13]

제국을 구성하는 여러 울루스들 사이에 정치적 대립이 격화되거나 전쟁이 벌어져 울루스 네트워크에 지장이 초래될 때도 있었지만 곧 다시 정상을 회복하곤 하였다. 예를 들어 중앙아시아를 근거로 대칸에 반기를 들었던 카이두Qaidu의 세력이 꺾이고 여러 울루스들 사이에 대대적인 평화가 도래한 직후인 1305년, 이란의 울제이투 칸은 프랑스의 '미남왕' 필립에게 편지를 보내 "낭기야스 지방(남중국)에서부터 탈루 바다에 이르기까지 울루스들이 서로 연결되고 '잠'들을 연결시켰다"고 과시했던 것이다.[14] 이렇게 해서 몽골제국의 역참망은 동서 간의 교통을 활성화시키는 데에 크게 기여를 하게 되었다. 1318~1321년에 유럽에서 중국까지 여행했던 수도사 오도릭Odoric da Pordenone은 '얌' 제도에 깊은 인상을 받았다고 기록하였고, 술타니야의 대주교 존John of Cori 역시 역참을 이용하여 1330년 중국에 도착했다. 마침내 1340년 경에 쓰였던 페골로티Francesco Balducci Pegolotti의 『상업지남』商業指南(Practica della Mercatura)은 흑해 북쪽 아조

프 해 연안에 있는 타나Tana에서 '카타이'(북중국)에 이르기까지 여행자들은 안전하게 여행할 수 있다고 기록하기에 이른 것이다.[15]

(2) 몽골 역참제의 특징

역참이라는 제도는 고대 페르시아 제국이나 중국의 진한제국에서도 운영되었다. 따라서 몽골제국의 역참제가 그 자체로 새로운 것은 아니었지만 그 규모나 운영방식에 있어서 다른 시대나 국가의 제도와는 분명한 차이가 있었다.

몽골제국의 역참제가 보여 주는 첫째 특징은 그 규모의 방대함이다. 역전제가 고도로 발달되었던 중국에서, 특히 당대唐代 전기에는 전국에 걸쳐 모두 1천 639개소의 수역水驛과 마역馬驛이 있었다고 한다. 역참의 숫자만으로 보면 이는 약 1천 400개 정도로 추정되는 원대의 역참 수를 상회하는 것이다. 그러나 당대에 역참과 역참 사이의 거리가 30리(15킬로미터)였기 때문에 총연장은 약 2만 5천 킬로미터가 되지만, 원대에는 역참 사이의 평균 거리가 그 두 배인 60리(30킬로미터)였기 때문에 역로의 길이는 훨씬 더 늘어나게 된다. 원대 역로의 총 연장이 6만 킬로미터에 이르렀다는 추정도 결코 엉뚱한 것은 아닌 것으로 보인다. 한편 명나라의 경우는 수역과 마역의 총수가 1천 36개소로 추산되어, 원대에 비해 전체 숫자가 3분의 2로 감소되었음을 알 수 있다.[16] 뿐만 아니라 이 숫자 자체도 대칸의 직할령만을 대상으로 한 것이기 때문에, 몽골제국 전체를 놓고 본다면 역참의 숫자나 역도의 총연장도 훨씬 더 늘어날 것은 자명한 일이다.

둘째 특징은 역참이 공적公的 인원과 물자의 운송을 담당하는 포괄적 운송 체제였다는 점이다. 과거 중국에도 정亭, 우郵, 역驛, 전傳과 같은 것이 있어 문서의 전달 및 사신·관리들의 이동을 위해 사용되었다. 그러나 물자의 수송은 극히 제한적으로만 이용되었으며, 수레나 말을 비치했다가 제공하는 전傳도 비용의 부담으로 인하여 축소되거나 폐지되기 일쑤였다. 그러나 몽골의 경우에는 서신·문서의 전달, 관원·사신·군관들의 이동은 물론, 그 밖에도 황실에서 소비되는 물자들의 수송, 제왕들의 투하投下에서 거두어진 물자의 수송, 기타 관부의 물자 운송 등 매우 폭넓게 활용되었다. 따라서 몽골시대 역참의 기능은 제국의 운영을 위해 필수적인 역할을 했던 셈이다.

셋째 특징은 역참의 운영을 전담하는 특별한 호구, 즉 '참호'站戶를 두었다는 점이다. 과거에는 역참의 운영비를 중앙 혹은 지방 정부의 조세수입의 일부에서 충당하여 국가에서 지급했다. 역참을 지키고 관리하는 사람 역시 국가에서 임명한 하급관리들이었다. 그러나 몽골의 경우는 역참의 설치 범위와 기능을 대폭 확장시켰기 때문에 그렇게 제한된 재정적 지원이나 소수의 인원만으로는 임무를 적절히 수행하기 어려웠고, 따라서 각 역참을 관리할 수십 혹은 수백 개의 가호를 지정하여 그들에게 면세의 혜택을 주는 대신 자기가 맡은 역참의 운영에 필요한 모든 인력과 물자를 충당하도록 한 것이다. 이들 참호에서 차출되어 역참을 관리하는 전담 인력을 '잠치'라고 불렀다. 몽골제국 전체를 놓고 볼 때 참호의 숫자가 얼마나 되었는지 확인하기는 어려우나, 중국의 경우만 보면 최대 75만 호에 이르렀던 것으로 추산된다. 남송 병합 이후 남북 중국을 모두 합해서 전체 호구의 숫자가 1천 300만을 약간 상회했으므로, 전체 인구의 6퍼센트 정도가 역참에 매달렸던 셈이다.[17]

넷째 특징은 몽골제국의 역참제는 인원, 정보, 물자의 원활한 수송을 위해 역참과 참호를 설치한 것 이외에도, 특별히 문서의 전달을 위해 '급체포'急遞鋪라는 전령傳令 시스템을 운영하였다. 이 제도의 기원은 사실상 금나라 때로 거슬러 올라간다. 즉 장종章宗 태화泰和 6년(1206) "처음으로 급체포를 설치하였다. 요령腰鈴을 차고 전체轉遞하니 하루에 300리를 가며, 군기軍期나 하방河防이 아니면 기마起馬를 허용하지 않았"던 것이다.[18] 즉 도보로 달릴 경우 1일 300리(150킬로미터)를 주파하였으니 군무나 치수와 같은 급한 사무가 발생했을 경우 역마로 전달했다면 그보다 훨씬 더 신속했을 것이다.[19] 몽골인들은 이 제도를 더욱 더 정교하게 완성시켰다. 문자 그대로 'Express Post'를 뜻하는 이것은 특수복장을 하고 역과 역 사이를 구보로 달려서 다음 주자走者에게 문서를 전달함으로써 목적지까지 짧은 시간 안에 도달케 하는 제도이다. 그러한 전령을 몽골어로 '구이치'güyichi(貴赤 혹은 貴由赤)라 불렀는데 이는 '건각'健脚이라는 의미이다. 나라에서는 그러한 건각들을 장려하기 위해 매년 한 차례씩 대도 부근의 하서무河西務와 상도 부근의 니하아泥河兒라는 곳 사이의 180리(90킬로미터)의 거리를 6시간(三時) 넘게 달려서 주파하는 마라톤 시합 '방주'放走

를 실시했다고 한다.[20]

역참을 담당하는 참호들은 말이나 나귀 혹은 수레나 배 같은 운송 수단은 물론이거니와, 정돈된 숙소와 침구를 준비해야 하고, 나아가 행인이 필요로 하는 음식을 제공해야 할 의무가 있었다. 음식으로는 양·돼지·닭 같은 육류, 면류와 곡류, 술까지 마련해 놓아야 했다. 물론 관리나 사신이라고 해서 누구나 이런 편의를 제공받는 것은 아니었다. 역참을 이용할 수 있으려면 특별한 증빙물을 소지하고 제시해야만 했다.

이러한 증빙물에는 몇 가지 종류가 있는데, 먼저 역참을 사용할 수 있는 권한을 부여하는 패부牌符와 문서文書가 있었다. 패부는 다시 임무수행의 신속성 여부 그리고 소지자의 지위 고하에 따라 해청패海青牌·금패金牌·은패銀牌 등으로 나뉘었고, 문서에는 중서성에서 발행한 포마찰자鋪馬札子와 황제의 이름으로 내려진 포마성지鋪馬聖旨가 있었다. 뿐만 아니라 관원은 이러한 패부·문서와 함께 '벨게'belge(別里哥)라고 불렸던 또 다른 문서 포마차찰鋪馬差札을 갖고 있어야 하는데, 그것에는 여행의 사유, 인원, 노선 등을 기재하였다.

역참을 관리하는 참호는 사신이나 여행자에게 갈아탈 말(역마)을 제공하는 것 이외에도, 숙박을 하게 되면 음식과 숙소를 마련해 주어야 했는데, 그것에 관해서도 엄격한 규정이 있었다. 예를 들어 1264년의 규정에 따르면 사신은 매일 백미白米 1되, 면麵 1근, 술酒 1되, 고기肉 1근, 유렴잡지초油鹽雜支鈔(잡비 혹은 용돈) 10문文, 겨울(음력 11월 1일부터 1월 말까지)에는 석탄 5근 등을 지급받을 수 있었고, 그를 따라가

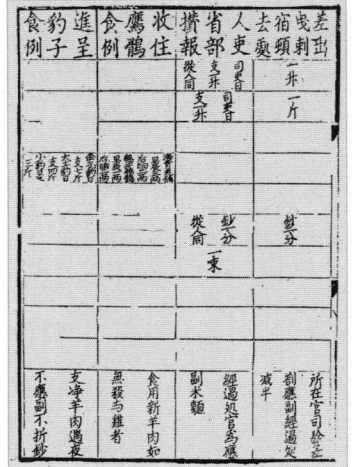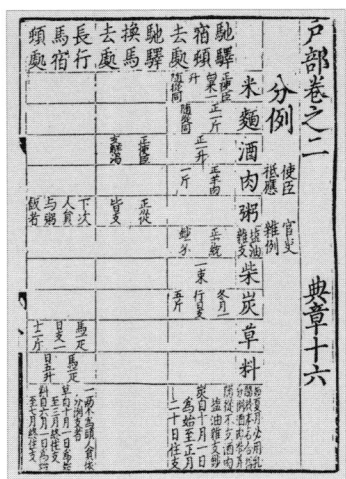

역참에서 지급하는 물품의 내역을 규정한 「원전장」의 기록

는 시종들에게는 백미 1되와 면 1근만 주어졌다. 이렇게 주어지는 보급 물자를 몽골어로는 '수시'susi(首思), 한문으로는 '지응'祗應이라고 불렀다.

몽골제국은 이처럼 합당한 증명서만 보여 주면 아무리 먼 곳이라도 역참 루트를 따라가면서 운송수단과 식량과 숙소를 제공받을 수 있는 포괄적 교통 네트워크를 만들었다. 어떤 면에서는 오늘날 고도로 발달된 교통·여행 서비스와 유사해 보이지만, 몽골의 역참 네트워크는 어디까지나 황실의 정치·재정을 위해 설계되었기 때문에 일반인이나 상인들이 마음대로 사용할 수 있는 것은 아니었다. 그러나 실제로 역참은 남용되기 일쑤였다. 즉 적법한 증명서도 없이 직위를 이용하여 역참 서비스를 강요한다든가, 아니면 사적인 영리를 추구하는 상인들이 고관과 결탁하여 역참을 이용하는 일이 비일비재했던 것이다. 또한 『원전장』元典章이라는 법전을 보면 사신들이 공무로 여행하면서 도중에 기녀를 징발하여 역참에 장기간 투숙했던 사건이 적발되었고, 지방의 관리들이 위세를 이용하여 참호들에게 전물錢物을 강요한 사례들도 보고되고 있다.[21] 물론 국가도 누차 그러한 관행을 금하는 칙령을 내렸지만 좀처럼 시정되지 않았고, 결국 곤경에 처한 많은 수의 참호들이 도망쳐 버림으로써 역참의 정상적인 운영에 심각한 차질을 낳게 되었다.

몽골제국의 역참 제도는 이제까지의 어떤 교통·통신 네트워크보다 더 발달되고 포괄적인 것이었지만, 오히려 바로 그런 이유로 인하여 제국의 인적·물적 유통을 지나치게 역참 시스템에 의존하는 결과를 낳았고, 그것은 결국 역참 운영을 책임지고 있던 참호들의 부담을 가중시켰다. 또한 몽골제국 특유의 문서 행정도 역참의 사용빈도를 극대화시키는 결과를 낳았다. 예를 들어 지방의 어떤 현縣에서 사건이 벌어졌을 경우 그에 대한 문서가 중앙에 보고되었다가 다시 해당 현으로 내려오기까지 최대 16회에 걸친 문서 전달이 요구되었다.[22] 그러한 문서를 소지·전달하는 전령과 사신들은 역참을 이용하여 이동했기 때문에 참호들의 부담이 그만큼 클 수밖에 없었던 것이다. 결국 몽골제국 말기에 이르러 역참제는 초기의 활력을 상실하고 사실상 그 기능이 중단되었다.

(3) 영향과 유산

　13세기부터 14세기 중반에 이르기까지 몽골제국 전역에 설치되어 유라시아의 기간교통망의 기능을 하던 역참제가 후대에 깊은 영향을 남긴 것은 하등 이상한 일이 아니다. 중국에서 몽골 세력을 축출하는 데 성공한 명나라의 경우, 비록 그 강역은 축소되었지만 교통과 통신을 위해 각 지역에 배치한 역참은 사실상 몽골시대의 역참 제도와 거의 비슷하였다. 즉 사신들의 이동을 원활하게 하기 위해 마역馬驛과 수역水驛을 설치하고 해당 지점의 중요도에 따라 말과 선박의 숫자를 차등적으로 배치하였다. 또한 물자의 운송을 위해서 체운소遞運所를 설치하고 수레와 소 그리고 인부를 배치하였다. 뿐만 아니라 신속한 정보 전달을 위해 급체포를 설치한 것도 원대와 동일한데, 10리마다 포鋪를 세우고 거기에 한명의 지휘관과 수명 내지 십여 명의 포병鋪兵을 배치하였다. 다만 원대와 차이가 있다면 참호站戶를 별도로 설정하지 않고 일종의 역役의 형태로 인원을 징발한 것이다.[23]

　몽골인들이 복속국에 대해서 강요했던 여러 가지 의무사항 가운데 빠지지 않고 요구되었던 항목이 바로 역참의 설치였다. 따라서 고려, 러시아, 베트남과 같은 간접적인 지배를 받게 된 나라들도 역참의 설치를 요구받았다. 그런데 고려의 경우는 몽골 측으로부터 역참 설치를 강요받기 이전에 이미 역驛들이 설치되어 있었기 때문에, 13세기 후반 이후 몽골의 압력에 의해서 비로소 체계적인 역참 제도가 정비되었다고 보기는 어려울 것이다. 그렇지만 몽골 측의 집요한 요구와 함께 몽골적인 요소들이 새롭게 도입되고 고려의 역전 제도에 영향을 끼쳤던 사실도 부인하기 어렵다. 특히 참 혹은 참적 같은 몽골식 명칭이 사용되기 시작한 것이라든지, 역참 이용시 지참해야 하는 문서인 포마차자의 도입, 역참의 관리와 여행자의 취체取締를 담당하던 토드카순todqasun(脫脫禾孫)이라는 명칭의 관원, 수참水站의 설치, 급체포의 경우 허리띠에 차는 방울인 현령懸鈴의 사용 등이 좋은 예라고 할 수 있다.[24]

이에 비해서 러시아의 경우는 몽골 지배기에 처음으로 역참이 설치된 것으로 보인다.[25] 현재 그 운영의 구체적인 실태는 알 수 없으나 문헌을 통해 확인할 수 있는 한, 러시아에서 '얌'iam은 처음에 일종의 세금을 가리키는 명칭으로 등장한다. 그것은 아마 역참 운영에 필요하다는 명분으로 세금을 징수했기 때문에 생겨난 것으로 추측되는데, 15세기 말부터 '얌'은 점차 국가의 주요 도로에 설치된 역참 그 자체를 가리키는 말로 사용되기 시작하였다. 역참을 이용할 수 있는 문서인 '여행 허가증'podorozhnaia gramota을 소지한 사람은 '얌'에서 숙박, 식량, 운송수단을 제공받을 수 있었다. 식량은 '코름'korm이라 불렸으며 양, 닭, 빵 등의 형태로 지급되었고, 운송수단은 마차 telega와 말이었다. 고위 신분일 경우에는 특별히 포도주가 제공되기도 하였다. 또한 '사니'sani라고 불리는 썰매 혹은 강을 이용할 수 있는 보트가 준비되기도 했으니, 말하자면 러시아에도 중국의 마참, 수참, 구참, 차참이 모두 존재했던 셈이다. 역참은 '얌시키'iamshchiki—몽골어의 '잠치'jamchi에 대응하는 말이다—라고 불리던 역참지기가 책임지고 관리하였다. 이렇게 해서 전국 주요 간선도로를 따라 역참이 설치되었고, 몽골의 지배가 끝난 16~18세기에 들어와 유럽인들에게 그것은 일종의 경탄의 대상이 되었다. 예를 들어 16세기 초 합스부르크 왕가의 사신의 보고에 의하면, 모스크바에서 노브고로트까지 약 600킬로미터의 거리를 사흘만에 주파하여 하루 평균 200킬로미터 정도의 속도를 냈는데, 같은 시기 영국에서는 하루 평균 100킬로미터 남짓한 속도가 고작이었다고 한다.

에집트의 맘룩 왕조에서 '바리드' barid라고 불렸던 통신 제도가 있었는데, 그 기원을 둘러싸고 논란이 없는 것은 아니지만 학자들은 대체로 그것이 몽고제국의 역참제를 본딴 것이라고 보고 있다.[26] 시리아 및 팔레스타인 지방에 대한 지배권을 두고 이란의 몽골 정권과 빈번한 전쟁을 벌이던 맘룩 왕조로서는 군사적 정보의 신속한 전달체제를 확보할 필요가 있었고, 그 점에서 몽골의 역참 제도를 모델로 삼고 현지 사정에 맞는 체제를 수립했다는 것이다.

그런가 하면 유럽에서 역참제의 출현도 몽골제국의 영향과 무관하지는 않은 듯하다. 중세 이후 유럽에서 국가가 주도하고 경영하는 역참제가 처음으로 도입된 것은 14세기 후반 밀라노의 비스콘티 G. G. Visconti 공작(1351~1402)이 1385년 권력을 장악한 직후의 일이었는데, 1387년에 밀라노와 파르메 사이에 세 개의 역참이 설치된 것이다. 그 후 15세기 말 스포르자 G. G. Maria Sforza(치세 1469~1494) 집권시에 밀라노에서 시행되던 역참제를 모델로 삼아 밀라노에서부터 오스트리아의 막시밀리안의 궁정에 이르는 역참 루트가 설치되었다.

이와 거의 때를 같이 하여 프랑스에서도 루이 11세의 치세 아래 1477년에 처음으로 역참이 설치되었고 이후 계속 여러 구간으로 확대되어 그가 사망한 1483년에는 총연장 2천 킬로미터의 도로에 234개소의 역참이 설치되었다고 한다. 루이 11세는 밀라노의 공작과 긴밀한 정치적 연맹을 맺고 있었고 그의 역참 제도 역시 밀라노에서 배운 것이었다. 그렇다면 애당초 밀라노의 역참제는 어디서 기원한 것일까. 최근의 한 연구는 몽골인들이 지배하던 흑해 북부의 도시들과 맘룩 왕조 치하의 레반트 지역에 자주 출입하던 이탈리아 상인들이 몽골제국의 역참제 혹은 그것을 모방한 맘룩 왕조의 제도를 알게 되었고, 그들의 정보와 견문을 기초로 해서 밀라노에 역참제가 도입된 것이라는 가설을 제시하였다.[27] 그렇다면 몽골의 역참제에 기원을 둔 교통·통신 시스템이 유라시아 대륙의 동쪽 끝인 고려에서부터 서쪽 끝인 프랑스까지 확산되었던 셈이다.

3. 다양성과 통합을 공존시킨 제국

(1) '색목인'(色目人)

몽골제국은 상이한 여러 민족들이 서로 만나고 뒤섞이며 살아가던 '다민족'의 제국이었다. 제국이 형성되던 시기에 대규모 정복전으로 인해 좋든 싫든 수많은 사람들이 이동할 수밖에 없었다. 그러한 미증유의 인적 교류와 이동은 각 지역의 문화들이 자연스럽게 교류되는 결과를 낳았는데, 몽골인은 자신들의 고유한 문화와 풍습을 복속민들에게 강요하지 않았다. 정복당한 농경민들이 그들보다 더 높은 문화 수준을 가졌기 때문에 그랬던 것이라고 말할 수만은 없다. 아마 그들이 갖고 있던 유연한 세계관 때문이었을 것이다. 몽골제국의 통치자들은 복속민들이 칭기스 일족의 정치적 권위를 인정하는 한 각자의 고유한 풍속을 인정해주는, 소위 '본속주의'本俗主義를 채택했던 것이다. 다시 말해 그들은 '다원적 세계관'의 소유자들이었다.

따라서 몽골제국은 인종이나 언어와 상관없이 다양한 배경의 사람들을 통치의 협력자로 받아들이는 데에도 전혀 거리낌을 두지 않았다. 칭기스 칸이 처음 통일의 위업을 달성했을 때 휘하의 몽골인들의 숫자는 모두 합해 봐야 70만~100만 명 정도밖에 되지 않았다.[28] 그 정도의 인구로 유라시아를 지배하는 대제국을 운영한다는 것은 사실 상상하기 어려운 일이다. 그들은 제국을 함께 경영하고 통치할 파트너를 필요로 했고, 어떤 특정한 민족으로 그 파트너를 제한하지는 않았다. 특히 초기에 대외원정과 정복전쟁을 수행할 때 매우 많은 수의 투르크계 유목민들이 합류해 들어왔다. 한 학자는 뭉케에서 쿠빌라이로 정권이 넘어가는 1260년 경을 기준으로 할 때 몽골제국 안에 살던 유목민들의 총인구는 대략 425만 명 정도였을 것이고, 그 가운데 5분의 1에 해당되는 85만 명은 훌레구 휘하의 서아시아에, 5분의 2는 고비사막 이북 몽골리아에, 5분의 1은 쿠빌라이 휘하의 내몽골에, 나머지 5분의 1은 중앙아시아에 있었던 것으로 추정하였다.[29] 물론 이는 몽골인들의 자연적인 인구증가 이외에 다수의 투르크 유목민들의 존재를 감안한 통계이다.

몽골인들은 투르크 유목민들 이외에도 다양한 사람들과 손을 잡았다. 예를 들어 중국을 통치할 때에는 당연히 중국인들의 도움을 필요로 했다. 그렇다고 협력의 대상이 중국인들로만 한정된 것은 아니었다. 당시 중국 문헌에는 '색목인'이라는 명칭으로 불리던 사람들이 보이는데 이들은 몽골인도 중국인도 아닌 제3의 집단이었다. '색목인'이란 '눈에 색깔이 있는 사람'을 뜻하는 것이 아니라 '제색목인' 諸色目人의 준말로서 '여러 종류의 사람들'이라는 의미이다. 이 범주에 속하는 집단으로는 티베트, 위구르, 킵착, 캉글리, 알란 등이 있었고, 이란·아랍 계통의 무슬림들도 많았다. 유럽인들도 없지는 않았으나 다수는 아니었다.

　색목인이라는 존재의 정치적·사회적 지위와 역할에 대해서 이제까지 많은 사람들은 일종의 '민족 등급제'와 관련해서 이해해 왔다. 몽골인들은 중국 통치를 효율적으로 하기 위하여 민족들 사이에 등급을 매겼고, 가장 상층에 몽골인, 그 다음에 색목인, 그 밑에 한인(북중국), 마지막으로 남인(남중국)으로 등급을 매겼다는 것이다. 고려인은 셋째 등급인 한인과 동급에 위치했던 것으로 여겨진다. 그러나 이러한 구분은 어디까지나 앞에서 지적한 '본속주의'를 존중하기 위해서 고안된 것에 불과했다. 다시 말해 제국 전체에 통용되는 단일한 법령이 있었던 것이 아니라, 몽골인은 자삭jasaq이라는 몽골의 법규에 따라, 중국인은 중국 법규에 따라, 색목인들은 각자 귀속된 집단의 법규에 따라 처리되었다. 위에서 말한 네 가지 구분은 바로 사법적 처리의 기준을 정하기 위해서 필요했던 것이다.[30] 만약 두 종류의 상이한 집단에 속한 사람들 사이에 일어난 사건인 경우, 각 집단을 대표하는 수령들과 국가를 대표하는 관원이 한자리에 모여서 합의를 통해서 판결을 내렸다. 고려 후기 이제현李齊賢과 안축安軸 같은 지식인들이 원의 조정에 대해서 고려인을 '한인'과 같은 부류가 아니라 '색목인'으로 취급해 달라고 요구한 것은 고려가 한인과는 구별되는 독자적인 풍습과 법규를 갖고 있다는 인식에 기초한 것이었다.[31]

　쿠빌라이가 중국문화에 대해서 많은 관심을 갖고 있었고, 한인 지식인들을 기용하여 그들의 견해를 경청했다는 사실은 잘 알려져 있다. 그럼에도 불구하고 문화적으로 '저급한' 몽골인이 중국인과 중국문화에 대해 편견을 갖고 차별적인 정책을 취했다는 주장이 쉽게 사라지지 않고 있다. 그것을 보여 주는 상징적인 표현이 '구유십개' 九儒十丐 라는 말이다. 이것은 원래 정사초鄭思肖가 『대의략서』大義略敍라는 글 속에서 "타타르인들의 법〔韃法〕에는 일관一官, 이리二吏, 삼승三僧, 사도四道, 오의五醫, 육공六工, 칠렵七獵, 팔민八民, 구유九儒, 십개十丐……"라고 한 데에서 시작되었는데, 당시 제색호諸色戶를 나열한 것에 불과할 뿐 사회적 신분의 서열과는 사실상 무관한 것이었다.[32] 그런데 '사초'思肖, 즉 '송왕조의 조趙(肖) 씨를 그리워한다〔思〕'라는 그의 이름이 시사하듯이 강렬한 반몽 감정을 가졌던 그의 글 전체에 스며들어 있는 논조를 여과 없이 받아들이면서, 위와 같은 구분을 두고 '야만적인' 몽골인들이 유학을 천시하여 유자儒者를 거지와 함께 사회적으로 가장 비천하게 대우했다고 해석하는 것은 결코 온당치 못한 일이다.

  몽골제국은 이처럼 단일한 민족과 문화를 고집하지 않았고, 다양한 배경을 가진 사람들에게 각자의 고유한 풍습과 문화를 보장하면서 제국의 통치에 동참할 수 있는 기회를 넓게 열어 주었다. 물론 그것이 오늘날 우리가 표방하는 인종차별의 철폐와 기회균등의 보장과 같이, 자유와 평등의 정신에 기초한 것은 아니었다. 중국을 통치하던 몽골인들은 인구비율에서 압도적인 다수를 점하던 중국인들에 대해 경계심을 갖지 않을 수 없었고, 한인·남인들에게는 무기 휴대를 금지시켰던 것이다. 따라서 몽골의 통치자들이 색목인들을 중국 통치에 있어서 중국인보다는 더 신뢰할 만한 파트너라고 생각했다고 해도 그다지 이상한 일은 아닙니다. 사실 중국을 통치하는 중요한 정부 조직, 예를 들어 행정을 총괄하는 중서성, 국방을 담당하는 추밀원, 감찰 업무를 책임지는 어사대 등의 최고위 자리는 거의 몽골·색목계가 독점하다시피 하였다. 그러나 그 지위가 아래로 내려갈수록 중국인들의 참여도가 높아졌다.

색목인들이 대칸 치하의 동아시아에서 활동했던 분야는 실로 다양했다. 킵착, 알란, 캉글리 출신 사람들은 군사 분야에서 많은 역할을 했고, 위구르인들은 재정과 문서행정 분야에서, 티베트인들은 불교 분야에서 활약했다. 물론 어느 집단에 속한 사람이 반드시 특정한 분야에서만 활동했던 것은 아니었다. 특히 다양한 민족적 배경을 가진 무슬림들은 정치·경제·문화 각 분야에서 골고루 활동을 보여 주었다. 이들은 이슬람권에서 발달된 의학, 천문학, 지리학 방면의 지식을 전달해 주었다. 수적으로는 많지 않았지만 기독교도, 특히 네스토리우스 교단에 속하는 사람들의 활동도 주목할 만하였다.

색목인이라는 용어는 중국 문헌에만 보이는 것이었지만, 중앙아시아, 서아시아, 킵착 초원 등지에서도 이처럼 색목인에 비견될 만한 사람들, 즉 토착 주민이 아닌 외지인들이 다수 유입되어 활동했음을 알 수 있다. 특히 투르크 계통의 유목민들은 소수의 몽골인들을 도와 군사적으로 든든한 지지세력이 되어 주었다. 또한 이란을 통치했던 몽골인들은 후일 이슬람으로 개종하기 전에는 기독교와 불교를 믿었는데 이러한 종교와 관련된 인물들도 다수 활동했다. 내몽골 출신의 네스토리우스 교도가 서아시아에 있던 교단 본부에서 총주교로 선출되기도 하고, 그의 동료였던 랍반 사우마Rabban Sauma라는 인물이 유럽에 사신으로 파견되었던 것은 유명한 사례이지만, 불교 방면에서도 '박시'bakhshi라 불리던 카시미르나 티베트 출신 승려들 다수가 일 칸의 조정에서 활동했다. 또한 중국 출신의 기술자, 화가, 학자들도 몽골인들에 의해 기용되어 동아시아 문화를 전파하는 데 기여하였다.

(2) 언어와 문자

이처럼 여러 민족이 함께 살 때 상호 간의 교류가 원활하게 이루어지기 위해서 가장 중요한 선결 조건은 언어와 문자의 소통이었다. 예를 들어 쿠빌라이의 궁정에서 대화가 어떻게 이루어졌을까 상상해보자. 아무래도 다수의 한인들과 오랫동안 접촉했던 그가 약간의 중국어를 알았으리라는 것은 충분히 짐작할 수 있는 일이다. 그러나 그에게 익숙한 언어는 어디까지나 몽골어였고 궁정에서의 대화도 몽골어가 제1언어였을 것이다. 만약 몽골어를 알지 못하는 신하가 그 자리에 있었다면 상당한 소외감을 느꼈을지도 모른다.[33]

더구나 몽골의 군주들은 중국의 황제들처럼 문무 조정대신이 정기적으로 모여서 회의를 갖는 소위 '상조'常朝를 열지 않았다. 겨울에는 대도(북경), 여름에는 상도(내몽골)를 오가며 잦은 이동을 했기 때문에 그때 그때 중요한 문제가 생기면 어전에 보고하고 결재를 받는,

일종의 어전주문御前奏聞 제도를 운영했던 것이다. 즉 중요한 사무가 생기면 보고서(上奏)를 갖고 군주가 머무는 텐트로 들어와야 했고, 텐트 안에는 그 날 당직을 맡은 케식 조의 지휘관들이 배석해 있었다.34 물론 그들 대부분은 중국어를 모르는 몽골인들이었다.

그러나 다양한 종족으로 구성된 지배층이, 다양한 민족들을 통치하는 구조를 지닌 몽골제국의 궁정에서 몽골어 하나로 모든 것이 획일화될 수는 없는 일이었다. 중국이나 이란 각지의 지방 행정에는 아무래도 현지의 사정을 잘 알고 일반 백성들과 언어도 쉽게 소통이 되는 현지인들이 관리로 기용될 수밖에 없었고, 그들 가운데 상당수는 몽골어를 몰랐기 때문에 그들이 작성하는 행정문서라든가 중앙으로 올라가는 보고서는 현지의 언어, 즉 중국어나 이란어로 만들어질 수밖에 없었다. 그러나 궁정으로 올라가는 보고서나 어전에서 사용되는 구두 언어는 몽골어였기 때문에 그러한 문서들은 중국어·이란어의 본문과 함께 몽골어 번역문이 첨부되지 않으면 안 되었다. 반면 몽골인들이 작성하는 몽골어 문서들은 군주가 읽고 이해할 수 있었기 때문에 별도로 중국어·이란어 번역문을 만들 필요가 없었다. 현재 몽골사 연구에 긴요한 자료인 『원사』元史에서 몽골 군주들의 통치 내용을 연월일年月日의 순서에 따라 자세하게 기록한 「본기」本紀는 위에서 말한 두 부류의 문서 가운데 중국어로 된 것들만 정리해서 편찬한 것이기 때문에 지극히 일면적이라고 말할 수밖에 없다.35

아무튼 군주를 위시해서 지배층의 명령과 의사를 현지어로 옮기거나 그 반대의 작업이 필요하였고, 때문에 몽골제국은 통·번역을 전담하는 인원을 광범위하게 활용할 수밖에 없었던 것이다. 위에서 언급한 '어전주문' 회의에서도 만약 보고자가 몽골어를 못하는 사람이라면 반드시 통역을 대동하고 텐트 안에 들어가야 했다. 한 연구에 의하면 당시 중국의 각급 행정기관에서 근무하던 통·번역 인원들의 총수는 중앙에 555명, 지방에 592명으로 모두 1천 147명에 이르렀다고 한다. 대덕大德 연간(1297~1307)을 기준으로 정부의 유무품급 관리들의 총수가 2만 6천 728명이었기 때문에, 전체의 4.29퍼센트를 점했던 셈이다.[36] 서로 다른 언어를 소통케 하는 통역원은 '켈레메치'kelemechi(通事)라 불렸고, 다른 언어로 된 문서를 옮기는 번역원은 '비체치'bichēchi(譯史)라 불렸다. 이처럼 통역 인원의 광범위한 존재는 다민족·다언어의 제국으로서 몽골제국의 특징을 잘 보여 주고 있다.

이러한 환경 속에서 만들어진 것이 여러 언어의 원활한 소통을 위한 사전 및 교재들이었다. 예를 들어 쿠빌라이 치세에 몽골어와 중국어 단어사전이라고 할 만한 『지원역어』至元譯語가 편찬되었다. 22개의 주제에 따라 분류된 541개의 몽골어 단어에 대해서 한자로 그 음을 표기하고 뜻을 설명해 놓은 것이다.[37] 1308년에는 『몽고자운』蒙古字韻이라는 책이 편찬되었다. 이것은 쿠빌라이 시대에 만들어진 '국자'國字, 즉 파스파 문자로 한자를 표기하기 위해서 한자의 정확한 음가에 대응하는 파스파 문자들을 순서대로 나열한 것이었다.[38] 『사림광기』事林廣記 안에 들어가 있는 『팔사파자백가성』八思巴字百家姓이라는 것도 중국의 100가지 성씨의 정확한 음을 파스파 문자로 어떻게

표기하는지를 적어서 리스트로 만든 것이다.³⁹

몽골과 긴밀한 관계를 갖게 된 고려도 역관의 양성과 통·번역 업무를 위해서 1276년 사역원司譯院을 설치하였다. 이 관청은 고려 말까지 존속하다가 조선이 건국된 뒤 1393년 동일한 이름으로 다시 세워졌다. 1998년 대구에서 『노걸대』老乞大의 원대 간본이 발견되었는데 이것은 고려 말기 사역원에서 중국어 학습을 위해 편찬·간행된 것이었다. 『박통사』朴通事라는 책도 역관들의 양성을 위해 만들어진 것이다.⁴⁰

뿐만 아니라 하나의 문서에 여러 개의 언어와 문자가 동시에 사용되기도 하였는데, '합벽'合璧 비문 같은 것이 좋은 예이다. 몽골의 종교 정책은 상당히 유연하고 개방적이어서 기독교, 이슬람, 유교, 불교, 도교를 막론하고 종무자들에게는 면세의 혜택을 부여했고, 군주들은 그러한 특권을 명시한 명령문을 내려 주었다. 그것을 부여받은 사원이나 도관은 지방의 관리나 주민들에게 그 사실을 널리 알리기 위해 그 내용을 커다란 비석에 새겨두었는데, 위구르 문(혹은 파스파 문)과 한문이 비석의 앞뒤 양면에 동시에 새겨져 있는 경우도 적지 않다. 또한 거용관居庸關 과가탑過街塔에는 『다라니경』陀羅尼經 가운데 여행자들의 안전을 기원하는 구절이 위구르, 파스파, 한문, 산스크리트, 티베트, 서하 문자로 새겨져 있다.

유라시아 서부 지역에서도 다언어 사전들이 편찬되었다. 가장 대표적인 것이 『무카디마트 알 아답』Muqaddimat al-adab이라는 이름의 사전이다. 이것은 원래 12세기의 페르시아 학자인 알 자막샤리al-

Zamakhshari(1075~1144)가 아랍-페르시아-투르크어 사전으로 만든 것인데, 후일 몽골어가 추가되었다.[41] 그런가 하면 주치 울루스의 영내에서 13세기 후반과 14세기 전반에 걸쳐 만들어진 『코덱스 쿠마니쿠스』Codex Cumanicus가 있다. 당시 주치 울루스 안에 있던 '타타르인'들의 대부분은 사실상 킵착 계통의 투르크인들이었는데, 바로 그들의 언어 쿠만Cuman어로 된 단어들을 페르시아어, 이탈리아-라틴어, 중세 고지高地독일어의 해당 단어들과 병렬시켜 놓은 사전이다.[42]

또한 지중해 동부 지역에서 통용되던 여러 언어들을 한꺼번에 모아 놓은 6개국어 사전도 만들어졌다. 예멘의 라술Rasulid 왕조의 왕인 알 말릭 알 아프달al-Malik al-Afdal al-Abbas b. 'Alī,(치세 1363~1377)이 편찬한 것인데, 아랍어, 페르시아어, 투르크어(세 가지 방언), 그리스 구어(비잔틴 방언), 아르메니아어(길리기아 방언), 몽골어로 되어 있다. 이 6개국어로 된 단어들이 주제별로 분류되어 있는데, 당시 중국에서 만들어진 다언어 사전에서 채용된 주제들과 매우 흡사하다는 사실이 주목된다. 올슨T. T. Allsen이라는 학자는 이러한 현상이 우연이라기보다는 어떤 공통의 모델이 존재했을 가능성을 지적한바 있다.[43]

이처럼 13~14세기는 유라시아 동쪽 끝의 한반도에서부터 서쪽 끝 지중해 세계에 이르기까지 다양한 언어와 문자가 동시에 통용되면서 상호 문화가 교류되던 시대였는데, 그 핵심에는 다양성을 인정하고 존중하던 몽골제국의 정책이 있었다. 그러나 몽골의 지배층은 그러한 다양성 속에서도 번역과 통역의 정확함을 강조했다. 그것은 어떤 학구적인 태도에서 비롯된 것이라기보다는 지배자의 명령을

라술 왕조의 6개국어 사전

정확히 전달함으로써 제국 행정에 차질을 빚지 않게 하기 위함이었다. 예를 들어 1245~1247년 몽골리아를 방문했던 프란체스코 수도사 카르피니John Carpini는 교황에게 보내는 몽골 대칸의 칙서가 어떤 과정을 거쳐 번역되는지를 잘 보여 주고 있다. 먼저 대칸의 서기관들이 몽골어로 된 칙서 원본을 갖고 와서, 카르피니 앞에서 한 단어 한 단어씩 번역을 해주면 카르피니는 그것을 라틴어로 적었다. 그 다음에 라틴어로 옮긴 편지를 다시 몽골어로 번역을 시키고 원본과 대조하였다. 마지막으로 원본과 라틴어 번역본 편지를 두 차례에 걸쳐 한 구절씩 서로 읽어 가면서 누락된 것이 없나 확인하였다.[44] 몽골인들은 그래도 못미더워 '사라센어'로 된 사본을 하나 더 준비해서 주었는데, 그것은 서아시아와 빈번한 접촉을 갖던 유럽에서 페르시아어로 된 편지라면 쉽게 읽을 수 있으리라 생각했기 때문이다. 이렇게 해서 카르피니는 몽골어 원본, 라틴어 번역본, 페르시아어 사본 등 모두 세 통의 편지를 갖고 돌아갔다. 그 가운데 페르시아어 사본만이 교황청 비밀서고에서 발견된 것이다.

현존하는 한문 자료들 가운데에는 당시 대칸의 칙령을 이런 방식으로 한 단어씩 직역해서 작성한 것들이 상당수 존재한다. 『원전장』元典章, 『대원통제』大元通制, 『지정조격』至正條格 등 행정적 규정과 사법적 판결 등이 담겨 있는 문헌들은 물론이지만, 사찰이나 도관에 하사되어 비문으로 새겨진 석각 자료들에도 그러한 직역문들이 남아 있다. 이처럼 대칸이 몽골어로 내린 구두 명령을 '자를릭'jarligh이라 불렀고 그것을 한문으로 직역한 것을 '성지'聖旨라고 칭하였다. 반면 직역이 아니라 우아하고 고급스러운 한문으로 옮긴 것을 '조칙'詔勅이라고 불렀다. 대칸의 명령만을 '성지'라고 하였고, 황후의 명령은 '의지'懿旨, 제왕의 명령은 '영지'令旨, 고승高僧의 명령은 '법지'法旨라고 불렀다.

(3) 교역과 화폐

몽골 지배 시대의 중국에는 '알탈전'斡脫錢이라는 것이 있었는데, 일종의 고리대금으로서 복리複利로 이자를 계산하기 때문에 마치 양이 새끼를 낳아 번식하듯이 단시간 안에 원금의 몇 배에 도달한다고 해서 '양고아전'羊羔兒錢이라는 이름으로도 불리던 것이다. 여기서

'알탈'이란 원래 오르톡ortoq이라는 위구르어를 옮긴 말이고, 그것은 '(상업상의) 파트너, 공동사업자'를 뜻한다. 대체로 몽골 귀족들은 권력과 지위를 바탕으로 많은 재산을 갖고 있었으므로 이재理財에 밝은 무슬림 상인들이 그들과 손을 잡고 출자금을 잘 운영하여 거기서 생겨나는 이익을 나누었던 것이다. 최근의 한 연구에 의하면 이 같은 '오르톡'이라는 용어와 제도는 10세기 경까지 소급된다고 한다.[45]

과거 유라시아의 중심지를 통과하는 실크로드를 무대로 활동하던 국제상인은 중앙아시아의 거주민이던 이란계의 소그드인들이었으나, 10세기 전후한 시기부터 이들은 점차 북방에서 남하한 투르크계 주민들에 의해 동화되었고, 이렇게 해서 오늘날 중국 서북 지역의 신강에 위구르라고 불리는 사람들의 집단이 형성되었다. 이들은 원래 몽골고원에서 유목 생활을 했으며 유목국가를 건설했을 당시에는 마니교를 받아들이기도 했지만, 중앙아시아로 이주한 뒤에는 점차 불교로 개종하였으니, 돈황이나 투르판 혹은 쿠차 등지에 석굴 사원을 짓기도 하고 또 그 안의 벽화에 묘사되기도 했다. 그러나 이슬람의 물결이 동쪽으로 확산되면서 주민들은 불교에서 이슬람으로 또다시 개종하기 시작했고, 몽골 세계제국이 완성되는 13세기가 되면 이슬람권과 불교권은 투르판과 하미를 중심으로 마주하는 형세였다. 따라서 타림분지는 물론, 파미르 서쪽의 트란스옥시아나 지방과 서아시아로 연결되는 국제교역은 사실상 중앙아시아의 무슬림 상인들의 수중으로 넘어가게 되었다.

13세기 초 칭기스 칸에 의해 이제 갓 만들어진 유목국가 몽골은 몇 가지의 기본적인 제도와 법령을 제외하고는 아직 고도의 정치적·경제적·문화적 체계를 갖추지 못한 상태였다. 칭기스 칸 사후 제국의 규모는 빠른 속도로 확대되어 농경지대까지 그 영역 속에 들어오기 시작하였다. 따라서 이제는 과거와 같은 초보적인 제도만으로는 제국을 운영하기 어려워졌고, 정주지대의 발달된 제도를 배우고 받아들이지 않으면 안 되었다. 이때 몽골인들과 비교적 가까우면서 그런 역할을 할 수 있었던 사람들이 바로 중앙아시아의 무슬림 상인들이었던 것이다. 그들은 다방면에 걸쳐서 몽골인들을 도왔다. 외국에 파견되어 협상에 임하는 사신으로, 정복지를 통치하는 지방 총독으로, 또는 조세와 재정을 책임지는 행정 장관으로 기용되기도 하였다.

무슬림들의 상업활동은 내륙 실크로드에만 국한된 것이 아니었다. 인도양을 거쳐 말라카 해협을 건너서 중국의 동남 해안으로 와서 교역에 종사하는 아랍·페르시아의 상인들도 상당수에 이르렀다. 특히 나침반의 발명, 조선술의 발달, 해도의 제작 등으로 인한 원양 항해의 비약적인 발전은 이미 송대 이후 계속되어 온 해상교역을 더욱 번영케 하였다. 해안의 주요 항구들에는 상선들의 출입을 조사하여 관세를 물리는 사무를 담당했던 시박사市舶司라는 관청이 있었다. 특히 천주泉州, 광주廣州, 경원慶元, 항주杭州, 상해上海 등지에는 많은 외국 선박〔番舶〕과 상인〔舶商〕들이 몰려들었다. 국가에서는 인도양 무역에 밝은 무슬림들을 시박사의 책임자로 임명하였으니, 예를 들어 포수경蒲壽庚과 같은 인물이 그러하다.[46]

몽골 통치자들은 과거 한인 지배층과는 달리 해외무역에 많은 관심을 갖고 직접 투자하여 참여하기도 했다. 그래서 해상무역에서도 '관본선'官本船이라는 독특한 제도가 시행되었다. 그것은 국가가 선박을 제공하고 자본을 댄 뒤 적당한 상인을 고용하여 해외에서 무역을 하게 하고, 거기서 발생되는 이익이 있으면 국가에서 70퍼센트, 상인이 30퍼센트를 취하는 방식이었다. 이것도 말하자면 '오르톡', 즉 알탈 무역의 한 형태였다. 때로는 국가가 아예 민간 선박의 출항은 금지하고 해외무역은 관본선을 통해 독점하려고도 시도했다.47 이처럼 정부와 상인의 '오르톡' 관계는 비단 중국에서뿐만 아니라 이란에서도 발견된다. 예를 들어 키쉬Kish 섬의 영주 가문은 일 칸의 조정이 인도양 무역을 할 때 그 사업 파트너가 되어 인도·중국 등지에 대리인(wakil)을 주재시키고, 가잔 칸이 중국에 사신을 파견할 때에는 교역 자금을 위탁받아서 가기도 했다.48

내륙과 해양을 통한 원거리 교역은 다양한 상품들을 유통시켰다. 육상교역을 좌우했던 무슬림 상인들은 무엇보다도 몽골 귀족층이 좋아하는 사치품들을 취급했고, 그중에서도 보석류는 막대한 이윤을 보장해 주었다. 특히 이란어로 '랄'lāl이라 불리던 루비는 중국에서도 '랄'〔剌〕이라고 하여 매우 고가로 거래되었다. 성대한 쿠릴타이가 열릴 때 대칸이 썼던 관모에 달린 260캐럿의 홍랄紅剌은 현재 가격으로 추산하면 20~30억 원을 호가할 정도였다. 당시 이슬람 문헌에는 몽골 귀족들에게 보석을 판매하여 막대한 수입을 올린 상인들의 일화가 다수 발견된다.

한편 해상을 통해 거래되는 상품들은 훨씬 다양했다. 곡식과 같은 농산물도 포함되긴 했지만 무엇보다도 직물, 자기, 금속 제품 및 일상용품들이 거래되었다. 그중에서도 가장 주목할 만한 것은 자기였다. 1976년 전라남도 신안 앞바다에서 발견된 선박에서 모두 2만 2천 여 점의 물건이 발견되었는데, 그 가운데 1만 8천 점이 청자, 백자, 청백자 등의 도자기들이었다. 이 배는 대략 원대 후반에 해당되는 1323~1350년 사이에 중국의 경원慶元(寧波)을 출발한 선박이었다. 특히 원대에는 서아시아인들의 기호에 맞추어 송대에는 사용되지 않던 코발트블루 염료를 사용하여 청화백자를 만들어서 인도양을 통해 대량으로 수출하기도 했다.[49]

이처럼 육·해상을 통한 국제교역의 증대는 기존의 화폐 제도에도 변화를 가져다 주었다. 중국은 원래 동전銅錢을 주된 화폐로 사용하는 동본위銅本位 제도를 채택해 왔다. 그런데 동銅은 무거웠기 때문에 고액의 광역적인 결제수단으로서는 문제를 안고 있었다. 그래서 이미 송대부터는 일종의 약속어음과 같은 '교자'交子라는 것이 상인들 사이에 사용되기 시작했고, 남송과 금나라 시대에는 교자 혹은 교초交鈔라고 불리는 지폐의 사용이 확대되기 시작했다. 그러나 여전히 동전은 가장 주요한 화폐였다. 그런데 몽골인들은 중국을 정복한 뒤 교초를 유일한 유통 수단으로 정하고 동전을 법적으로 금지함으로써 역사상 최초로 지폐에만 의존하는 화폐 정책을 실시하게 된 것이다.[50]

몽골제국이 발행한 교초는 원칙적으로 은銀과의 태환이 가능했다. 후일 국가 비용의 증대를 충당하기 위해 교초를 남발하게 되었고 이로 인해 사실상 태환은 어려워지고 극심한 인플레가 초래되긴 하였지만, 몽골 시대의 화폐 제도는 과거의 동본위가 아니라 은본위에 입각한 것이었고, 그런 면에서 이미 오래 전부터 은본위 제도를 채택해왔던 이슬람권과 공통된 기반을 갖게 되었다. 중국, 중앙아시아, 서아시아 등 유라시아 대부분의 지역은 이제 모두 은을 근간으로 삼는 화폐경제 체제 안에 통합된 것이다. 이를 표로 나타내 보면 아래와 같다.

	중국	중앙아시아	몽골리아	페르시아
銀 2000g	錠	yastuq('베개')	süke('도끼')	balish('베개')
銀 40g	兩=貫	sītīr	sijir	sir/ser
銀 4g	錢	baqïr	bakir	

이렇게 해서 몽골제국은 유라시아의 동서를 막론하고 단일한 은본위 제도에 입각한 거대한 통상권을 만들어 냈다. 몽골의 통치자들 자신이 교역에 지대한 관심을 갖고 오르톡이라 불리는 '파트너'를 고용하여 적극적으로 통상활동을 하였다. 몽골인들의 이러한 적극적이고 개방적인 정책을 배경으로 중앙아시아 및 서아시아의 무슬림들은 내륙과 해상을 통한 국제교역을 더욱 발전시켰다. 이에 따라 과거에는 생각하기 힘들었던 원거리 교역과 여행이 가능하게 된 것이다.

4. 대여행의 시대

(1) '대여행의 시대'의 도래

몽골이 세계를 지배하던 13~14세기는 '대여행의 시대'였다. 15~16세기의 '대항해의 시대'는 바로 그것에 선행했던 대여행의 시대가 있었기 때문에 가능했던 것이다. 물론 그 전에도 지역 간 거리의 벽을 넘어 여행했던 사람들은 있었다. 이미 서기전 2세기에 '서역'을 답파한 저 유명한 장건張騫을 위시하여 지중해 연안의 '조지'條支(시리아 지방)를 다녀간 감영甘英, 그 후 인도로 구법 여행을 갔던 수많은 불승들이 있었다. 또한 서방에서 중국을 방문했던 사람들도 있었다. 중앙아시아는 말할 것도 없지만 저 멀리 서아시아 지방에서 온 상인과 종교인들이 있었다. 7세기 전반에 장안을 찾은 네스토리우스파 기독교 선교단이 그러했고, 해로를 통해 중국에 들어와 상업활동에 종사하던 대식大食(아랍)과 파사波斯(페르시아) 상인들이 그러했다. 그러나 몽골 시대의 여행과 그 이전 시대의 그것과는 몇 가지 중대한 차이점을 보여 준다.

첫째, 유라시아 대륙의 끝에서부터 끝까지를 포괄하는 원거리 여행이 처음으로 시작되었다는 점을 들 수 있다. 즉 유럽인들이 몽골리아와 동아시아를 방문한 것이다. 카르피니Carpini, 루브룩Rubruck, 몬테 코르비노Monte Corvino와 같은 선교사들이 그러했고, 마르코 폴로와 같은 인물들이 그러했다. 반대로 동아시아에 살던 사람이 유럽을 방문한 경우도 있었으니, 내몽골의 웅구트 부部 출신의 랍반 사우마Rabban Sauma가 그러했다. 그런가 하면 시리아 출신의 이사 켈레메치Isa Kelemechi라는 인물은 중국에 와서 대칸 쿠빌라이를 모시다가 그 특명을 받고 중앙아시아와 이란에 사신으로 갔고, 거기서 다시 유럽을 방문하고 중국으로 귀환하였다. 한편 이븐 바투타의 대여행은 아시아·아프리카·유럽의 3대륙 10만 킬로미터를 종횡무진으로 누빈 결과였다. 이들은 과거 어떤 시대 어느 누구도 하지 못했던 원거리 여행을 한 것이다.

둘째로는 이들이 남긴 기록과 여행기가 지리적 지견을 확대시켜 종래의 협소한 관점을 극복하고 유라시아와 아프리카를 시야에 넣는 새로운 세계관을 낳았다는 사실이다. 장건이 서역 사행을 다녀온 뒤 올린 보고가 『사기』「대완열전」에 기록되어, 고대 중국인들의 세계관을 확장시켰던 것은 사실이다. 그러나 그후 남북조 시대나 수당대에 쓰였던 글들을 보면 서방세계에 대한 중국인들의 관점이 여전히 「대완열전」의 수준에서 크게 벗어나지 못하였음을 알 수 있다. 현장의 『대당서역기』나 혜초의 『왕오천축국전』조차도 세계관의 근본적인 변화를 가져오지는 못했던 것이다. 그러나 몽골 시대에 중국은 유럽과 아프리카에 대해서 알게 되었고, 이슬람권에서는 중국의 역사, 의학, 농업 분야의 서적들이 번역되었으며, 무엇보다도 유럽은 처음으로 지중해권 너머의 동방세계에 눈을 뜨게 되었다.

셋째로는 이러한 원거리 여행의 이면에 몽골제국의 정치적 통합성, 즉 그것이 만들어낸 '몽골의 평화'Pax Mongolica가 존재했다는 사실이다. 그것은 역사상 전례가 없는 일이었다. 유라시아 전체가 하나의 정치적 시스템으로 포괄되었던 적은 없었다. 더구나 유목민 출신이었던 몽골 지배층은 '이동'에 대해서 별다른 제약을 가하지 않았다. 쿠빌라이와 카이두 사이에 벌어진 전쟁처럼 때로는 몽골 세력들 사이의 군사적 충돌이 내륙을 통한 장거리 이동에 불편을 주기도 했지만, 그렇다고 서로 적대하는 두 국가가 그러하듯이 국경을 닫고 통행 자체를 금지하지는 않았다. 뿐만 아니라 해상을 통한 여행은 언제나 열려 있었다.

이처럼 몽골 시대의 여행은, 참가한 사람들의 숫자는 물론이거니와 거리라는 측면에서도 과거와는 비교가 안될 정도로 비약적인 발전을 보였다. 그 결과 많은 여행기들이 쓰였던 것이고, 그것은 종래 사람들이 갖고 있던 외부세계에 대한 관념을 바꾸기 시작했다. 지역에 따라 세계관의 변화는 큰 폭의 편차를 보였다. 가장 큰 변화를 보였던 것은 유럽이었고, 유럽인들은 13~14세기 몽골의 시대가 남긴 유산을 토대로 대항해의 시대를 열 수 있었던 것이다.

(2) 『동방견문록』의 진실

마르코 폴로가 중국을 향해 떠난 것은 1269년이다. 그로부터 26년 뒤인 1295년 비로소 고향인 베네치아로 돌아왔다. 오고가는 사이에 보낸 몇 년을 빼면 중국에 체류한 기간은 모두 17년이었다. 그가 고향에 돌아온 뒤 자신의 견문을 토대로 기록한 책이 바로 『동방견문록』이었다는 것은 주지의 사실이다. 당시 유럽인들은 이 책을 통해서 아시아 여러 지방에 관해서 생전 처음 듣는 신기한 이야기들을 접하게 되었고, 『성경』 다음으로 베스트셀러였다고 할 정도로 많은 사람들이 읽었다. 너무나 유명한 책이기 때문에 여기서 그 내용을 자세히 설명할 필요는 없을 것이다. 다만 아직도 『동방견문록』을 둘러싼 몇 가지 의혹들을 검토해 보면서, '팍스 몽골리카'의 산물인 이 책이 갖는 의미를 생각해 보고자 한다.

마르코 폴로의 별명은 '일 밀리오네'il milione, 즉 '백만'이었다. 입만 열면 '백만, 백만' 했기 때문에 일종의 '허풍쟁이'라는 뜻으로 그런 별명이 붙었다는 것이다. 그의 '허풍'은 당대뿐만 아니라 후대의 학자들에게도 의심의 대상이 되었다. 이미 19세기 전반에 독일의 휠만K. D. Hüllmann이라는 사람은 마르코 폴로가 실제로는 중앙아시아 정도밖에 가지 못했고 거기서 중국에 관한 이야기를 듣고 적었으며, 인도, 페르시아, 에티오피아 등에 관해서는 아랍인들의 저작을 이용한 것에 불과하다고 주장하였다. 이후 프랑케H. Franke, 해거J. W. Haeger, 클루나스C. Clunas, 우드F. Wood 등에 의해서 유사한 내용들이 제기되었고, 최근에는 일본에서도 스기야마 마사아키〔杉山正明〕, 마츠다 코이치〔松田孝一〕 같은 유수의 학자들이 회의론의 대열에 합류하였다.51

대체로 이러한 회의론이 지적하는 내용은 마르코 폴로가 중국에 정말로 갔다면 어찌해서 한자, 차茶, 인쇄술, 만리장성, 전족 등에 관한 언급이 없느냐, 혹은 양양襄陽이라는 도시가 함락된 뒤에 중국에 간 그가 어떻게 양양 함락에 사용된 '투석기'를 자신이 만들었다고 주장했는가 등이다. 또한 그가 만약 현지에 갔다면 현지어로 적었을 명칭들을 투르크어나 페르시아어로 표현한 것을 보면 그런 언어로 된 자료를 이차적으로 입수하여 적은 것이 아니냐는 점도 지적되었다.52 그러나 이러한 비판론은 『동방견문록』이라는 책의 성격을 근본적으로 오해하고 있기 때문에 생겨난 것이다.

우선 중국에 있던 어떤 것들을 기록하지 않았다고 해서 그것이 그가 중국에 가지 않았다는 '증거'가 될 수는 없다. 예를 들어 누가 파리를 다녀와서 여행기를 썼는데 에펠탑에 대해서 언급하지 않았다고 그가 파리를 갔다오지 않았다고 주장할 수 있겠는가. 뿐만 아니라 '허풍쟁이'라는 그의 별명이 말해 주듯이 그는 자신의 여행을 멋지게 수식하기 위해 과장은 물론 '거짓말'까지 했던 것이다. 우리들도 자신의 진기한 경험담을 얘기할 때 가끔 그런 실수를 저지른다는 것을 알고 있다. 아담이 생겨난 이래 어느 누구보다도 멀리 세상 곳곳을 보았다고 호언장담했던 그에게 그러한 허물을 질책하는 것은 몰라도 그것 때문에 그가 중국에 간 것까지도 부정하는 것은 지나친 일인 듯하다.

그러나 무엇보다도 문제는 『동방견문록』을 하나의 '여행기'로 보는 데에 있다. 이 책의 원래 제목은 '세계에 관한 서술'Description of the World이고, 그것이 의미하듯이 "[유럽을 제외한] 세계에 대한 체계적인 설명과 묘사"인 것이다. 다만 그 내용 가운데 자신의 체험과 견문을 여기저기에 삽입시켰을 뿐이다. 이 점은 『동방견문록』을 꼼꼼히 살펴보면 금세 알 수 있을 것이다. 그는 먼저 자신이 어떤 연유로, 어떤 코스로 대칸 쿠빌라이의 궁정이 있는 중국에 다녀왔는가를 설명한 뒤, 서아시아, 중앙아시아, 대칸의 수도, 중국의 북부와 남부, 중국의 동남부, 인도양, 대초원 등을 차례대로 서술하였다. 크게 보면 그의 여행 경로와 비슷하기도 하지만 반드시 일치하는 것은 아니다. 뿐만 아니라 각 지역과 도시에 대한 서술방식은 주민, 언어, 풍습, 종교, 화폐, 통치자, 특산물 등을 꼼꼼하게 기록하고 있고, 거기에 자기가 직접 보고 들었거나 혹은 다른 경로로 입수한 내용과 일화들을 추가하였다.[53]

예를 들어 우리가 중국에 대해서 이와 유사한 글을 쓴다고 상상해보자. 물론 우리는 중국을 다녀왔고 여러 곳을 방문했다. 그러나 중국을 소개하는 체계적인 글을 쓰기 위해서는 오로지 우리 자신의 견문만이 아니라, 입수 가능한 다른 자료들을 충분히 활용하지 않으면 안 될 것이다. 마르코 폴로의 『동방견문록』도 말하자면 바로 그런 방식으로 쓰였던 것이다. 다만 그는 오늘날과 같이 '표절'을 심각하게 문제 삼지 않는 시대에 살았기 때문에 '출처'를 밝히지 않았을 뿐이다.『동방견문록』은 몽골제국 시대의 '세계'에 대한 '체계적 서술'이다. 그것은 몽골의 시대였기에 태어날 수 있었다. 내륙과 해양을 통한 장거리 여행은 외지인들의 방문과 체류를 장려했던 쿠빌라이와 같은 몽골 통치자들이 있었기 때문에 가능했다. 그리고 그의 글은 아직 중세의 깊은 잠에서 깨어나지 못하던 유럽인들에게 파천황의 새로운 세계를 펼쳐 보였다.

(3) 랍반 사우마의 유럽 여행

마르코 폴로와 그의 가족은 상인이었다. 몽골의 시대에는 상인들 못지않게 선교사 혹은 종교인들의 여행이 눈에 띄게 많아졌다. 그것은 무엇보다도 몽골인들이 유연하고 개방적인 종교 정책을 취했기 때문이었다. 그들 자신이 어떤 종교에 경도되는 것과는 무관하게 어떤 종교라도 신앙과 포교를 허용하였고, 그 지도자들에게는 면세의 혜택까지 부여했다. 유럽의 선교사들, 특히 프란체스코 파에 속하는 수도사들은 해외 선교에 매우 적극적이었다. 대표적으로 카르피니와 루브룩이 그러했다.

카르피니는 1246년 여름, 몽골의 수도 카라코룸에 도착하여 교황의 친서를 전달하고 구육 칸의 답신을 받아서 돌아갔는데,『몽골의 역사』라는 제목의 보고서를 남겼다. 거기서 우리나라가 역사상 처음으로 '카울레'Caule라는 이름으로 알려지기도 했다. 또한 그와 함께 여행했던 베네딕트Benedict의 여행기도 1958년에 발견되었다. 이들

보다 몇 년 뒤인 1253년 루브룩이 다시 몽골리아를 찾았는데 목적은 몽골의 군주들을 기독교로 개종시키기 위해서였다. 소기의 성과를 이루지 못하고 돌아갔지만 그의 여행기는 지금까지 중세 유럽인들이 남긴 여행기들 가운데 백미로 꼽히고 있다.[54] 그런데 이들의 동방 여행과 좋은 짝을 이루는 것이 바로 "중국에서 유럽으로의 최초의 여행"이라고 일컬어지는 랍반 사우마(?~1294)의 여행이다.[55]

랍반은 히브리어의 '랍비'와 통하는 말로서 '선생'을 뜻하는 경칭이며, '금식'을 뜻하는 사우마는 그의 이름이다. 아마 늦게까지 자식이 없던 그의 부모가 금식기도로 얻었기 때문에 붙인 이름인 듯하다. 그는 현재의 내몽골 지역에 살던 투르크 계통의 웅구트Önggüt라는 부족민이었으며 독실한 네스토리우스파 기독교 신자였다. 그는 자신보다 몇 살 연하의 마르코스Markos(1245~1317)와 함께 1275년경 서아시아에 있는 성지들을 순례하기 위하여 여행을 떠났다. 중앙아시아와 이란을 거쳐 목적지에 도착하여 순례를 마친 이 두 사람은 교단의 최고 수장인 총주교catholicus로부터 중국 지역을 총괄하는 주교bishop와 순회 사제visitor-general의 직책을 임명받았다. 그러나 이들이 귀환하기 직전 1281년 총주교가 사망하고, 당시 몽골인 정권과의 돈독한 유대를 원했던 교단은 마르코스를 신임 총주교로 선출하여, 그는 마르 야발라하Mar Yaballaha 3세로 취임하게 된 것이다.

당시 서아시아를 지배하며 '일 칸'이라는 칭호로 불리던 몽골의 군주들은 남쪽의 에집트를 본거로 한 맘룩 왕조와 대치하며 잦은 전쟁을 벌였다. '맘룩'은 아랍어로 '노예'를 의미하는데, 원래 투르크 유목민으로서 노예로 팔려온 사람들이 정권을 잡았기 때문에 붙은 이름이었다. 따라서 기마전에도 능했던 이들이 킵착 초원을 지배하던 또 다른 몽골인 정권과 연맹하여 일 칸들을 압박했던 것이다. 이렇게 되자 일 칸들은 이들과 맞서기 위해서 동맹 세력을 필요로 했고, 마침 맘룩과 대립하던 유럽의 기독교권을 동맹의 파트너로 선택하게 되었다. 당시 일 칸이었던 아르군(치세 1284~1291)은, 유럽인들처럼 기독교도이며 여러 언어를 구사할 줄 아는 랍반 사우마를 사신으로 파견하기에 이른 것이다.

 랍반 사우마는 비잔틴의 황제, 교황, 그리고 영국과 프랑스의 국왕들에게 보내는 아르군 칸의 서한을 휴대하고 1287년 서구 방문의 장도에 올랐다. 흑해 북안의 트레비존드에서 출항한 그의 일행은 콘스탄티노플에 들러 황제를 만나고, 거기서 다시 지중해를 거쳐 이탈리아로 갔다. 마침 교황이 서거했기 때문에 그는 제노바를 거쳐 파리로 가 미남왕 필립과 회견하였다. 랍반 사우마는 그때 마침 프랑스 남부에 있던 영국왕 에드워드 1세를 만나기 위해 보르도로 내려갔고 거기서 그를 만날 수 있었다. 그 뒤 그는 다시 로마로 돌아와 마침 새로운 교황으로 즉위한 니콜라스 4세를 만났다. 그가 임무를 모두 마치고 일 칸의 조정으로 돌아온 것은 1288년 가을이었다.

 랍반 사우마의 유럽 방문의 결과는 야발라하 3세의 전기[56] 속에 포함되어 지금까지 전해지고 있다. 물론 그의 보고가 동아시아까지 전달되지 않았기 때문에 마르코 폴로의 글이 남긴 충격과는 비교할 수 없다. 그러나 일 칸의 조정과 유럽과의 긴밀한 관계는 유럽에 대한 보다 높은 관심을 촉발시켰고, 라시드 앗 딘은 『집사』의 제2부에서 '프랑크사'를 포함시키기도 했다. 이 '프랑크사'는 두 가지 문헌을 근거로 쓰였는데, 하나는 아르메니아의 야콥파Jacobite 기독교에 속하는 바르 헤브라에우스Bar Hebraeus의 저작이고, 또 하나는 도미니크파 수도사였던 마르티누스Martinus Oppraviensis(일명 Martin du Troppau, 1278년 사망)가 저술한 교황과 국왕들의 연대기였다고 한다. 특히 라틴어로 된 마르티누스의 글이 일 칸의 조정에서 활용될 수 있었던 것은 랍반 사우마의 유럽 여행이 로마의 가톨릭 교단과 네스토리우스파나 야콥파와 같은 동방교회 사이에 오해와 불신이 제거되고 우호적인 관계가 성립된 것과도 무관하지는 않았다[57]고 볼 수 있다면, 랍반 사우마의 여행이 갖는 역사적 의미도 과소평가되어서는 안 될 것이다.

4) 이븐 바투타의 대여행

마르코 폴로와 랍반 사우마의 여행이 몽골 지배층의 요청과 후원에 의해서 이루어진 것이라면, 이븐 바투타의 여행은 몽골인 정권과는 직접적인 관계가 없이 개인적인 목적으로 추진된 것이었다. 1304년 모로코의 탕헤르에서 출생한 그가 이슬람 법관이 되기 위한 교육을 마친 뒤 21세 약관의 나이에 여행을 시작했다. 그의 목적은 모든 무슬림들이 수행해야 할 의무인 메카 성지순례, 그리고 동부 이슬람권의 학자들을 만나 학식을 연마하는 데에 있었다. 그러나 메카를 방문한 뒤 그는 곧 이슬람권의 여러 곳을 여행하여 성지들을 찾아보고 성자들을 만나기로 결심하였으며, "가능한 한 동일한 길을 두 번 가지 않는 것"을 원칙으로 세우기까지 하였다.

그는 메카를 떠나 이란·이라크 여러 곳을 여행하였으며, 1332년에는 소아시아를 거쳐 몽골인들이 지배하던 킵착 초원을 방문한 뒤 중앙아시아의 부하라·사마르칸드를 경유하여 아프가니스탄을 통과한 뒤, 마침내 1333년 9월 인더스 강변에 도착하였다. 그는 당시 북부 인도를 지배하던 투글룩Tughluq 노예 왕조의 술탄 무함마드의 보호를 받으며, 비록 명예직에 불과하기는 했으나 말리키Maliki파를 대표하는 대법관으로 임명되어 수도 델리에서 몇 년을 지냈다. 그러다가 1342년 술탄의 명령으로, 중국을 지배하는 몽골의 대칸에게 파견되는 사신에 임명되었다. 그러나 그것은 중도에 무산되어 버리고 인도 남부의 말디브Maldive제도로 가서 1년 반 동안 법관으로 봉사하였다. 거기서 그는 중국을 향해 떠나 천주에 도착한 뒤 대도, 즉 현재의 북경까지 갔던 것으로 기록되어 있다. 그러나 그는 중국에 오래 머물지 않았으며, 곧 해로를 통해 인도양을 지나 이란과 메카를 들러 다시 모로코의 페즈로 돌아갔다. 그 뒤 그는 다시 페즈를 떠나 스페인의 안달루시아 지방을 방문했고, 남쪽으로는 사하라 사막을 건너 아프리카 서부 지역을 여행하고 돌아왔다.[58]

그렇다면 이븐 바투타가 이처럼 아시아·아프리카·유럽 세 대륙을 누비며 10만 킬로미터가 넘는 엄청난 여정을 감행했던 이유는 무엇이었을까. 이에 대해서 한 학자는 이렇게 설명하고 있다.

만약 그의 여행 동기가 무엇인지, 혹은 어떤 것을 구실 삼아 여행을 했는지 그 이유를 찾고자 한다면, 나는 아랍어로 '바라카'baraka라고 부르는 것을 쌓기 위해서였다고 생각한다. 즉 성스러운 장소를 방문하고 성자들을 만남으로써 얻을 수 있는 '축복'을, 이승과 저승을 위해서 쌓아 두려 했기 때문이다.[59]

이 설명은 아마 맞을 것이다. 그는 특별한 정치적·경제적인 목적을 가지고 떠난 것이 아니었다. 처음에는 메카 순례라는 비교적 단순한 목적에서 시작했지만 '다르 알 이슬람'dār al-Islām, 즉 지구상에서 이슬람이 통용되는 지역을 가능하면 모두 찾아가 성소와 성자들을 만나 그 '축복'을 입으려는 종교적인 열망, 그리고 "지식을 추구하여 저 멀리 중국까지" 가라고 했던 예언자 무함마드의 훈계를 따르는 '지식의 추구'talab al-'ilm와 같은 것들이 그를 끝없이 이역의 땅으로 밀고 갔던 추동력이었던 것으로 보인다.[60]

동기와 목적은 그렇다고 하더라도 이븐 바투타의 대여행이 성공할 수 있었던 것은 그 시대적 환경 때문일 것이다. 이에 대해서 정수일은 세 가지 이유를 꼽고 있다. 즉 무슬림 여행자들에게 용이하게 숙소를 제공해 주던 수피 교단의 '자위야'zawiya라는 도장道場이 광범위하게 퍼져 있었다는 것, 그 이전 시기부터 축적된 아랍의 지리적 지식, 그리고 어디서건 그에게 도움을 주었던 무슬림들의 '형제애'가 그 이유라는 것이다.[61] 물론 수긍할 만한 지적이다. 그러나 이와 동시에 필자는 몽골의 시대라는 14세기 전반의 특수한 상황을 잊어서는 안 된다고 생각한다.

그에 의하면 당시에는 세상을 호령하던 일곱 명의 막강한 군주가 있었는데, 그것은 마그리브 지방의 술탄, 맘룩 왕조의 술탄, 이란 지방의 일 칸, 킵착 초원의 칸, 중앙아시아의 몽골 칸, 인도의 술탄, 중국을 통치하는 대칸 등이었다. 이 가운데 마그리브의 술탄은 그 위세의 면에서 다른 군주들과는 견주기 힘들지만, 그로부터 이븐 바투타의 『여행기』Riḥla의 편찬을 위촉받은 이븐 주자이Ibn Juzayy(1321~1357)가 주군에게 경의를 표하기 위해서 가장 처음으로 꼽았다고 보아야 할 것이다.62 따라서 그의 영역인 아프리카 북부해안 지역을 제외한다면 나머지 여섯 명이 당시 유라시아를 호령한 셈이었는데, 이들 가운데 네 명은 칭기스 칸의 후손으로서 몽골계이고, 나머지 두 명은 중앙아시아와 킵착 초원에서 내려온 유목민 노예 출신으로서 투르크계였다.

이븐 바투타가 여행할 당시에는 이들 여섯 명 가운데 마지막 대칸을 제외하고 나머지 다섯 명은 모두 이슬람으로 개종한 상태였기 때문에, 그가 의기소침한 시간을 보냈던 '이교도의 땅' 중국을 제외한다면 그의 여행지는 대체로 '이슬람의 땅'이었다고 해도 과언이 아닐 것이다. 또한 그가 정치적인 목적을 갖고 여행한 것도 아니었다. 그는 자신의 여행이 몽골의 헤게모니와 그것이 조성한 체제의 후원 속에서 진행되고 있었다는 사실에 대해서 예민하게 느끼지 않았던 것이다. 그러나 그는 킵착 초원에서 우즈벡Uzbek 칸을 만났고 중앙아시아에서는 타르마시린Tarmashirin 칸과도 회견을 가졌다. 그들은 그를 환대했고 그의 여행을 위해서 지원을 아끼지 않았으며 역참을 이용해서 이동하는 것을 허용해 주었다. 몽골의 군주들은 비록 에집트의 맘룩 왕조 혹은 델리의 노예 왕조와 군사적으로 대치하긴 했지만, 사신의 왕래는 물론 종교인과 상인들의 여행에 대해서도 관대한 정책을 유지하였고, 그것은 델리 정권도 마찬가지였다.[63] 가능한 한 정경 분리의 원칙을 실행하려고 했던 것이다. 이븐 바투타의 대여행은 바로 14세기 전반까지 지속되었던 '팍스 몽골리카'라는 시대적 분위기 속에서 가능했던 것이다.

　이처럼 몽골제국은 13~14세기 유라시아 지역의 여러 전통들을 연결시키고 통합할 수 있는 환경을 만들어 나갔다. 여기서 한 가지 주의해야 할 점이 있다. 그것은 몽골제국을 건설하고 운영했던 몽골인들이 문화적으로 낮은 수준에 머물러 있었고 그렇기 때문에 그들의 역할은 단지 융합과 통합에 적합한 환경을 조성하는 정도였다고 보는 관점이다. 물론 몽골인들의 역할을 과대평가할 필요도 없겠지만, 그렇다고 '팍스 몽골리카'는 단지 몽골제국이라는 시대에 있었던, 동아시아와 서아시아 그리고 유럽의 수준 높은 문명들의 교류와 융합의 현상이며 이에 몽골인들은 소극적인 역할밖에 하지 못했다고 평가한다면, 그것 역시 사실과는 거리가 먼 얘기가 될 것이다. 그들은 제국의 통치자로서 주체적인 판단과 기호에 따라 여러 문화적 요소들 가운데 자신들이 필요로 하는 것들을 '선택'하였고 그것을 적극적으로 후원하였다. 그런 면에서 몽골인들은 유라시아를 아우르는 통합적 문화요소를 창출해 내는 데에 적극적으로 기여했다. 팍스 몽골리카는 몽골 세계제국의 건설로 인해 저절로 생겨난 것이 아니라 몽골인들의 주체적이고 적극적인 활동 때문에 가능했던 것이다.

주

1 W. M. Thackston tr., *Rashiduddin Fazlullah's Jami 'u't-tawarikh: Compendium of chronicles*, part 3(Cambridge, Mass.: Harvard University, Dept. of Near Eastern Languages and Civilizations, 1999), 714쪽.
2 劉迎勝, 『察合台汗國史』(上海: 古籍出版社, 2006), 190쪽.
3 羽田亨, 「站」, 『羽田博士史學論文集. 上卷 歷史篇』(京都: 東洋史研究會, 1957), 115~129쪽.
4 羽田亨, 「成吉思皇帝聖旨牌」, 『羽田博士史學論文集. 上卷 歷史篇』, 130~136쪽.
5 『몽골비사』(유원수 역주, 사계절, 2004), 299쪽. 일부 표현은 필자가 수정하였다.
6 『칸의 후예들: 라시드 앗 딘의 집사 3』(김호동 역, 사계절), 97~98쪽.
7 Dang Baohai, "The Paizi of the Mongol Empire", *Zentralasiatische Studien* 31(2001), 31~62쪽.
8 A. E. Minetti, "Efficiency of equine express postal systems", *Nature*, 426-18(2003), 785~786쪽.
9 뉴욕 메트로폴리탄 박물관 소장. 출처 미상, 철제(높이 18센티미터, 폭 11.5센티미터).
10 원대 역참제 발달에 대해서는 羽田亨, 「元朝驛傳雜考」, 『羽田博士史學論文集. 上卷 歷史篇』, 32~114쪽 참고.
11 Gregory of Aknac, *History of the Nation of Archers*, R. P. Blake & R. Frye (tr.)(Cambridge, Mass., 1954), 345쪽.
12 가잔 칸의 역참제 개혁의 내용과 의의에 관해서는 필자가 「몽골 支配期 서아시아의 驛站制와 가잔 칸의 改革」, 『역사문화연구』 2010년 2월호에서 자세히 논한바 있다.
13 *The Geographical Part of the Nuzhat al-Qulūb composed by Hamd-Allāh Mustawfī of Qazuīn in 740(1340)*, G. Le Strange (tr.) (Leiden: E. J. Brill, 1919); A. Silverstein, *Postal Systems in the Pre-Modern Islamic World*(Cambridge: Cambridge University Press, 2007), 159~160쪽. 이 밖에 일 칸국의 역참에 대한 연구로는 D. Morgan, "Reflections on Mongol Communications in the Ikhanate", *Studies in Honour of C.*

E. Bosworth, vol. 2, C. Huïllenbrand (ed.)(Leiden: Brill, 2000), 375~385쪽; 党寶海, 『蒙元驛站交通硏究』(北京: 崑崙出版社, 2006), 356~369쪽을 참조할 것.

14　A. Mostaert & F. W. Cleaves, *Les Lettres de 1289 et 1305 des ilkhan Arγun et Öljeitü à Philippe le Bel* (Cambridge, Mass.: Harvard University Press, 1962), 55~57쪽.

15　A. J. Silverstein, *Postal Systems in the Pre-Modern Islamic World*, 161쪽.

16　楊正泰 撰, 『明代驛站考』(上海: 古籍出版社, 2006), 1~2쪽; 党寶海, 『蒙元驛站交通硏究』, 237쪽.

17　党寶海, 『蒙元驛站交通硏究』, 131쪽.

18　『金史』卷12, 「章宗紀·四」, 276쪽.

19　黙書民, 『蒙元郵驛硏究』, 108~109쪽.

20　陶宗儀, 『輟耕錄』「貴由赤」.

21　『元典章』卷36, 「使臣索要妓女」, 「禁治騷擾站赤」等條.

22　植松正, 「元典章文書分析法」, 『13, 14世紀東アジア史料通信』제2호(2004), 1~11쪽.

23　白壽彛, 『中國交通史』(北京: 團結出版社, 2007), 176~178쪽.

24　고려의 역참 운영 실태와 몽골 측과의 관계에 대해서는 森平雅彦, 「高麗における元の站赤ルートの比定を中心に」, 『史淵』141(2004), 79~116쪽; 鄭沃根, 「高麗·朝鮮初의 驛路網과 驛制硏究」(서울대 박사논문, 2008), 114~156쪽 참조.

25　러시아의 역참 제도에 대해서는 G. Alef, "The Origin and Early Development of the Muscovite Postal Service", *Jahrbüher für Geschichte Osteuropas*, Neue Folge, Band 15 (1967), 1~15쪽; F. Dvornik, *Origins of Intelligence Service*(New Brunswick: Rutgers University Press, 1974), 300~316쪽; J. W. Randolph, "The Singing Coachman or, the Road and Russia's Ethnographic Invention in Early Modern Times", *Journal of Early Modern History*, vol. 11, no. 1-2(2007), 32~61쪽 참조.

26　J. Sauvaget, *La poste aux chevaux dans l'empire des Mamelouks*(Paris: Adrien-Maisonneuve, 1941); A. J. Silverstein, *Postal Systems in the Pre-Modern Islamic World* (Cambridge: Cambridge University Press, 2007), 165~185쪽.

27　D. Gazagnadou, *La poste à relais: La diffusion d'une technique de pouvoir à travers l'Eurasie: Chine-Islam-Europe*(Paris: Kimé, 1996), 83~97쪽.

28　T. T. Allsen, *Culture and Conquest in Mongol Eurasia*, 5쪽.

29 J. M. Smith, "Mongol Manpower and Persian Population," *Journal of the Economic and Social History of the Orient*, vol. 16, pt. 3 (1975), 287쪽.

30 舩田善之,「元朝治下の色目人について」,『史學雜誌』第108編 第9號(1999), 43~68쪽.

31 金浩東,「高麗後期 '色目人論'의 特徵과 意義」,『歷史學報』200(2008).

32 李治安,『忽必烈汗』(北京: 人民出版社, 2004), 557쪽.

33 H. Franke, "Could the Mongol Emperors Read and Write Chinese?" *Asia Major*(new series) 3-1(1953), 28~41쪽.

34 李治安,『元代政治制度研究』(北京: 人民出版社, 2003), 5~58쪽.

35 金浩東,「元代 漢文實錄과 蒙文實錄:『元史』'本紀'의 中國中心的 一面性의 解明을 위하여」,『東洋史學研究』109집(2009), 141~189쪽.

36 蕭啓慶,「元代的通事和譯史: 多元民族國家中的溝通人物」,『內北國而外中國: 蒙元史研究·下册』(北京: 中華書局, 2007), 438쪽.

37 L. Ligeti, "Un vocabulaire sino-mongol des Yuan: Le Tchi-Yuan yi-yu", *Acta Orientalia Hungaricae* 449(1990), 559~577쪽.

38 영국도서관(British Library)에 소장된 사본이 2008년 한국학중앙연구원에서 영인되어 출판되었다.

39 照那斯圖 編著,『新編 元代八思巴字百家姓』(北京: 文物出版社, 2003); 羅常培·蔡美彪, 『八思巴字與元代漢語』(北京: 中國社會科學出版社, 2004).

40 『元代漢語本〈老乞大〉』(경북대학출판부, 2000).

41 N. Poppe, *Mongol' skii slovar' Mukaddimat al-adab*, 2 vols. (Moskva: Trudy Instituta Vostokovedeniia AN SSSR, 1938). 최근 일본의 齋藤純男·菅野裕臣·栗林均이 타쉬켄트에 소장된 사본을 토대로 *The Muqaddimat al-Adab: A Facsimile Reproduction of the Quadrilingual Manuscript(Arabic, Persian, Chagatay and Mongol)*(Tokyo, 2008)라는 영인본을 출간하였다.

42 *Codex Cumanicus*, G. Kuun (ed.)(Budapest, 1880; 1981 reprint).

43 *The King' s Dictionary*, tr. by T. Halasi-Kun & P. B. Golden et. al., (Leiden: Brill, 2000), 24~49쪽.

44 *Mission to Asia*, Christopher Dawson (ed.)(Toronto: University of Toronto Press, 1980; 原刊 1955), 67쪽.

45 森安孝夫,「〈シルクロード〉のウイグル商人」,『岩波講座 世界歷史』卷11(中央ユーラシアの統合)(東京: 岩波書店, 1997), 93~119쪽.
46 桑原隲藏,『蒲壽庚の事蹟』(東京: 平凡社, 1989, 宮崎市定 解說; 原刊 1923).
47 陳高華,「元代的海外貿易」,『歷史硏究』1978年 第3期(『元史硏究論稿』, 北京: 中華書局, 1991 再收).
48 四日市康博,「元朝とイル=ハン朝の外交・通商關係における國際貿易商人」,『內陸圈・海域圈交流ネットワークとイスラム』(森川哲雄・佐伯弘次 編, 福岡, 2006), 79~91쪽.
49 『大モンゴルの時代』, 杉山正明・北川誠一 編(世界の歷史 卷9; 東京: 中央公論社, 1997), 9~49쪽.
50 高橋弘臣,『元朝貨幣政策成立過程の硏究』(東京: 東洋書院, 2000). 사용이 금지된 동전은 대량으로 해외로 팔려 나갔는데, 新安船에서도 무려 28톤에 달하는 엄청난 양의 동전들이 발견되었다.
51 H. Franke, "Sino-Western Contacts under the Mongol Empire," *Journal of the Royal Asiatic Society, Hong Kong Branch*(1966), no.6, 49~72쪽; J. W. Haeger, "Marco Polo in China? Problems with Internal Evidence," *Bulletin of Sung-Yüan Studies*, vol. 14(1979), 22~30쪽; C. Clunas, "The Explorer's Tracks," *The Times*(1982년 4월 14일자); F. Wood, *Did Marco Polo go to China?*(London: Secker & Warburg, 1995); 스기야마 마사아키,『몽골세계제국』(임대희・김장구・양영우 역, 신서원, 1999), 16~19쪽.
52 특히 松田孝一의 「'東方見聞錄'のなぞ」,『月刊しにか』9호(2002), 84~89쪽 참조.
53 『마르코 폴로의 동방견문록』(김호동 역, 사계절, 2000)의 해설, 7~56쪽 참조. 흥미롭게도 필자와 거의 비슷한 시기에 유사한 견해를 제시한 구미의 논저들이 나왔다. P. Jackson, "Marco Polo and His 'Travels'," *Bulletin of the School of Oriental and African Studies*, 61-1(1998), 82~101쪽; J. Larner, *Marco Polo and the Discovery of the World*(New Haven: Yale University Press, 1999) 참조. 이밖에 여러 학자들이 마르코 폴로의 중국 방문 및 체류를 역사적 사실로 인정하고 있는데, 대표적으로 중국의 楊志玖, 구미의 I. de Rachewiltz 등의 논저를 참조할 만하다.
54 이들의 여행과 기록에 관해서는 *Mission to Asia*, Christopher Dawson (ed.)(Toronto: University of Toronto Press, 1980; 原刊 1955); I. de Rachewiltz, *Papal Envoys to the Great Khans*(London: Butler & Tanner, 1971); A. Ruotsala, *Europeans and Mongols*

    in the Middle of the Thirteenth Century Encountering the Other (Helsinki: The Finnish Academy of Science and Letters, 2001) 참조.

55 M. Rossabi, *Voyager from Xanadu: Rabban Sauma and the First Journey from China to the West*(Tokyo: Kodansha International, 1992).

56 이 전기는 E. A. W. Budge에 의해 *The Monks of Kûblâi Khân Emperor of China* (London: The Religious Tract Society, 1928)로 영역되어 있다.

57 K. Jahn, *Die Frankengeschichte des Rašid ad-Din*(Wien: Österreichische Akademie der Wissenschaftenn, 1977), 14~16쪽.

58 R. E. Dunn, *The Adventures of Ibn Battuta* (Los Angeles: University of California Press, 1986)

59 C. F. Beckingham, "In Search of Ibn Battuta", *Asian Affairs*, vol. 8(1977), 267쪽.

60 I. R. Netton, *Seek Knowledge: Thought and Travel in the House of Islam*(Richmond Surrey: Curzon, 1996).

61 『이븐 바투타 여행기』 권1(정수일 역, 창작과 비평사, 2001), 7~8쪽.

62 『大旅行記』卷4(家島彦一 譯注, 東京: 平凡社, 1999), 106~107쪽.

63 P. Jackson, *The Delhi Sultanate: A Political and Military History* (Cambridge: Cambridge University Press, 1999), 251~253쪽.

4장

―

세계사의 탄생

1. 서론

우리는 '지구촌'이라는 말을 거의 일상적으로 접하고 있다. 사람들 간의 접촉의 폭이 넓어지고 속도가 빨라져 그만큼 세상이 좁아졌다고 느끼기 때문일 것이다. 전 세계에서 일어나는 일들이 실시간으로 보도될 뿐만 아니라, 어떤 곳에서 벌어진 중요한 사건은 다른 곳의 주민들에게 큰 영향을 미치기도 한다. 뉴욕 증시의 폭락이나 중동에서 벌어진 폭탄테러를 더 이상 남의 일로 넘겨 버릴 수 없는 시대에 살고 있는 것이다.

그러나 지난 과거에도 항상 이러했던 것은 아니다. 예를 들어 2천 년 전을 상상해 보자. 로마제국에서 어떤 황제가 살해되었다고 해서 그것이 한반도의 상황에 어떤 영향을 주었다고 말하기는 힘들 것이다. 혹은 전한이 무너지고 후한이 들어섰다고 해서 그것이 인도에 살던 사람들의 생활을 변화시키지는 않았던 것 같다. 그렇다면 오늘날의 이러한 현상은 역사적으로 어떤 시점 혹은 어떤 시대 이후에야 생겨난 것이라고 볼 수 있다. 과연 그것은 언제쯤이었을까.

'지구화' 혹은 '세계화'라고 부를 만한 현대의 이러한 현상은 학자들로 하여금 그 기원의 문제에 관심을 갖도록 하였다. 주제 자체가 워

낙 광범위하다 보니 과거와 같은 민족사·지역사의 접근방법으로는 한계를 느낄 수밖에 없었고, 자연히 그들은 여러 지역을 함께 고찰하는 비교사적·거시적인 방법을 취하였다. 최근 '세계'를 단위로 하는 역사 연구라고 해서 '세계사'world history, 혹은 통상적인 의미에서 '세계의 역사'와 구별하기 위해 '신세계사'new world history라고도 부르는 새로운 경향이 강해지고 있는 것도 그와 결코 무관하지 않다.[1]

이 같은 세계적 규모의 통합이 언제 이루어졌는가 하는 문제에 대해 학자들의 견해는 실로 다양하다. 그 가운데 월러스틴I. Wallerstein의 '근대세계 체제론'은 비교적 강력한 영향력을 갖고 있는 가설 중의 하나이다. 즉 16세기 중반경 전 세계는 경제적인 지배·종속적인 관계를 바탕으로 핵심부-반주변부-주변부로 구성된 하나의 '체제'를 형성하게 되었다는 주장이다.[2] 다시 말해 현대 세계의 기원을, 유럽의 주도하에 근대로 재편된 세계질서에서 찾는 입장인데, 유럽 주도의 착취적 구조에 대한 비판을 표방하면서도 유럽 중심적 관점을 강하게 내포하고 있다.

그의 이러한 주장에 대한 비판론 혹은 대안들도 제시되었다. 예를 들어 아부 루고드J. Abu-Lughod 같은 학자는 비록 다른 성격이긴 하지만 '세계체제'라는 것이 이미 13~14세기에도 존재했다고 주장했다. 즉 유럽 주도의 근대세계 체제와는 달리 8개의 교역권circuit이 서로 공존하며 연결되어 있었다고 보았다.[3] 그런가 하면 웡R. Bin Wong과 같은 학자는 중국이 18세기 말까지도 유럽에 비해 스미스식 성장, 초보적 산업화, 생활수준 등 여러 방면에서 결코 뒤지지 않았다는 점을 지적했고,[4] 포메란츠K. Pomeranz는 유럽이 다른 지역에 비해 성공할 수 있었던 것은 해외식민지에서 유입되는 재화와 영국의 석탄이 있었기 때문이었다고 주장했다.[5] 다시 말해 이들 소위 '캘리포니아 학파'의 견해에 따르면 19세기 산업혁명이 일어나기 전까지 유럽은 특별히 더 선진적이지 않았으며, 근대로의 진입에 먼저 성공할 수 있었던 것은 내재적인 요인이 아니라 '우연적'인 상황의 덕분이었다는 것이다.

필자는 세계사에서 '근대성'modernity이 언제 어디서 어떤 방식으로 시작되었느냐에 대한 이처럼 다양한 논의들을 재론할 생각은 없다. 다만 흥미로운 사실은 이러한 논의들 가운데 아부 루고드의 제안을 제외한다면, 연구대상이 되는 시대는 대체로 '대항해의 시대'가 시작되는 15세기 후반 이후에 집중되어 있다는 점이다. 이런 점에서 최근 주경철 교수의 저서도 '근대세계의 형성'을 '대항해의 시대'에서 찾으려는 시도라고 할 수 있다.[6] 물론 프랑크A. G. Frank처럼 시야를 5천 년 전으로까지 확대하여 검토한 뒤, 유럽은 1750년까지 한번도 세계경제의 중심역할을 한 적이 없다는 '초거시적'이고 지극히 '반유럽적'인 입장도 없는 것은 아니나 그 학술적 설명력은 상당히 회의적이다.[7]

그러나 우리는 '대항해의 시대'가 어떻게 해서 출현하게 되었는가를 생각해 볼 필요가 있다. 몽골제국이 유라시아 대부분의 지역을 지배하던 13~14세기는 세계사에서 어떤 의미를 가질 수 있는가. 몽골의 시대는 '대항해의 시대'와 그 이후에 나타난 세계사의 전개과정에 어떤 영향을 미쳤는가. 위에서 언급했듯이 근대세계의 출현을 논하는 대부분의 학자들은 몽골 시대가 남긴 영향에 대해서 그다지 적극적인 관심을 표명하지 않았다. 그렇다면 그것은 사실상 별다른 영향이나 유산을 남기지 않았기 때문일까. 아니면 농경지대와 정주 문화를 중시하고 유목의 세계를 소홀하게 여기는, 편견이라고 부를 수밖에 없는 과거의 전통적인 관점 때문일까.[8]

그러나 최근 몽골제국 시대의 정치적·경제적·문화적 교류를 밝힌 많은 연구들은, 몽골 시대가 남긴 유산을 재평가할 필요성을 느끼게 한다.[9] 역사상 최대의 육상 제국을 건설한 몽골의 시대는 정치적 통합을 바탕으로 유라시아 대부분의 지역을 정교한 역참 네트워크로 연결하는 데 성공했다. 대륙을 관통하는 육상 교역로는 물론, 인도양을 가로지르는 해양 루트 역시 공전의 대성황을 이루었다. '대항해의 시대'는 그에 선행하는 '대여행의 시대'가 있었기 때문에, 그리고 그때 이루어진 세계관의 변화가 있었기 때문에 가능했다고 한다면, 과연 그 같은 변화가 어떠한 것인지 확인해 볼 필요가 있을 것이다.

2. '세계지도'의 출현

(1) 조선의 〈혼일강리도〉

1402년(태종 2) 조선에서 세계가 놀랄 만한 지도가 한 장 만들어졌다. 〈혼일강리역대국도지도〉混一疆理歷代國都之圖 — 이하 〈혼일강리도〉로 약칭 — 라는 이름의 이 지도는 우리나라에서 처음으로 제작된 '세계지도'라는 점에서 우리에게는 둘도 없이 귀중한 문화유산이지만, 외국의 많은 학자들을 놀라게 하고 지대한 관심을 갖게 한 것은 무엇보다도 그것이 아프리카 대륙을 전체의 모습 그대로 그려낸 역사상 최초의 지도라는 사실이다. 최근의 상세한 연구에 의하면 중앙아시아의 비시발리크Bishbaliq 서쪽에 해당되는 지역의 지명이 모두 224개가 기재되어 있는데, 그 중에서 유럽 방면에 34개, 아프리카 방면에 15개의 지명이 표기되어 있다고 한다.[10]

현재 이 지도의 원본은 어디에서도 찾을 수 없고 다만 두 종류의 사본만이 일본에 있다. 하나는 교토의 용곡龍谷대학 도서관에 소장된 것으로, 원래는 서본원사西本願寺에 있던 것이다. 크기는 세로 150센티미터, 가로 153센티미터이며 견지絹地에 그려져 있다. 또 하나는

혼일강리도(용곡대학 소장본)

1988년에 새로 발견된 것으로서 큐슈 나가사키〔長崎〕 소재 본광사本光寺에 있으며, 크기는 세로 220센티미터, 가로 280센티미터로 용곡본보다 훨씬 크며 두꺼운 한지漢紙에 그려져 있다. 우리나라에는 이찬李燦 교수가 화공을 시켜 용곡본을 모사한 것이 있는데 현재 규장각에 보관되어 있다. 용곡본은 15세기 중반 경에 그려졌고, 본광사본은 그보다 조금 늦게 그려진 것으로 추정된다.

이처럼 아프리카 대륙의 전모가 처음으로 표현된 지도는 〈혼일강리도〉이지만 그것과 유사한 계열의 지도들도 존재한다. 하나는 명대에 만들어진 지도로서 북경 제일역사당안관第一歷史檔案館에 소장된 〈대명혼일도〉大明混一圖, 일본 구마모토〔熊本〕 본묘사本妙寺에 소장된 〈대명국지도〉大明國地圖, 천리대학天理大學 부속도서관에 소장된 〈대명국도〉大明國圖 등이 그것이다. 특히 북경의 〈대명혼일도〉는 세로 456센티미터, 가로 386센티미터의 대형 지도이며, 한자로 쓰인 지명 위에 만주어 지명이 표기된 비단 부전附箋을 덧대어 놓은 것이 특징이다. 그것을 처음으로 발견하여 연구한 발터 훅스Walter Fuchs는 16세기 후반의 작품으로 추정했으나, 최근 중국의 학자들은 명초 홍무 22년(1386)이라고 주장하고 있다. 그러나 지도에는 17세기 초에 알려진 정보들이 포함되어 있어, 중국 학자들의 추정도 선뜻 받아들이기는 어려운 부분이 있다.

한편 〈혼일강리도〉의 원제목과 비슷하긴 하지만 약간 다른 〈혼일역대국도강리지도〉混一歷代國都疆理地圖라는 것이 있다. 중국과 한반도 부분은 〈혼일강리도〉와 비슷하지만 인도, 아라비아, 아프리카 등지가 완전히 빠져 있는 것으로, 〈혼일강리도〉보다 약 130년 정도 뒤에 만들어졌다. 현재 우리나라에 2종, 일본에 3종이 있는 것으로 알려졌다.

그렇다면 15세기 초 조선에서는 먼 서방에 관한 지리적 정보를 어떻게 입수하여 놀라운 세계지도를 그릴 수 있었던 것일까. 그 대강의 사정은 지도 하단에 쓰여 있는 양촌陽村 권근權近의 발문을 통해 알 수 있다. 좌정승 김사형金士衡과 우정승 이무李茂가 중국에서 입수한 두 개의 지도, 즉 오문吳門(蘇州)의 이택민李澤民이 그린 〈성교광피도〉聖敎廣被圖와 천태승天台僧 청준淸濬(1328~1392)이 그린 〈혼일강리도〉를 살펴본 뒤, 검상관檢詳官인 이회李薈에게 이 둘을 자세히 비교하고 합쳐서 하나의 지도를 만들도록 했다는 것이다. 권근에 의하면 이택민의 〈성교광피도〉는 '매우 상세하고', 청준의 〈혼일강리도〉는 '역대 제왕의 연혁'이 잘 기재되어 있었다고 한다. 따라서 청준의 지도에서 중요한 도읍들의 연혁(역대국도歷代國都)에 관한 정보를 얻었다고 한다면, 아프리카 등 서방에 관한 지리적 정보는 이택민의 지도에서 취했을 것으로 추정되어 왔다.

이 같은 사실은 최근 연구에서 다시 확인되었다. 청준의 지도는 명대의 엽성葉盛(1420~1474)이라는 사람이 쓴 『수동일기』水東日記에 〈광여강리도〉廣輿疆理圖라는 이름으로 언급된 적이 있는데, 일본의 미야 노리코(宮紀子)는 미국 의회도서관에 소장된 『수동일기』 최고본最古本에서 목판본 지도 1엽이 포함되어 있다는 사실을 알아냈다. 거기서 청준의 지도 이름이 사실은 〈광여강리도〉가 아니라 〈광륜강리도〉廣

輪疆理圖였으며, 지도의 서쪽 끝은 현재 신강의 서단西端인 호탄Khotan에서 끝나고 있음이 밝혀졌다.[11]

한편 이택민의 지도는 명대 가정嘉靖 34년(1555)에 나홍선羅洪先의 『광여도』廣輿圖라는 책에 언급되어 있다. 나홍선은 원대에 주사본朱思本(1273~1337)의 〈여지도〉輿地圖와 이택민의 〈여지도〉를 참고로 〈광여도〉를 제작하였는데, 이 〈광여도〉 안에 〈동남해이도〉東南海夷圖와 〈서남해이도〉西南海夷圖가 첨부되어 있고 거기에는 조선의 〈혼일강리도〉에 보이는 아프리카 남단의 모습이 동일하게 묘사되어 있다. 따라서 〈혼일강리도〉에 보이는 서방에 관한 지리 정보는 이택민의 지도에서 취했음이 확인된다.

그런데 권근의 발문에 의하면 이택민과 청준의 지도가 모두 조선과 일본에 관해서는 '궐략'闕略이 많기 때문에 "우리나라 지도를 증광增廣하고 일본을 첨부하여 새로운 지도를 작성"하였다고 한다. 이렇게 해서 조선의 〈혼일강리도〉는, 중국에서 입수한 중국 및 서방에 관한 지도에다가 당시 조선에 있던 조선 및 일본에 관한 지도를 합성하여 만들어진 것이었다.

그렇다면 〈혼일강리도〉에 묘사된 서방에 관한 정보의 근원이 된 이택민의 지도는 도대체 어떻게 해서 만들어진 것인가. 이택민 개인의 행적에 관해서는 주사본보다 약간 뒷 시기의 사람이라는 것을 제외하고는 알려진 바가 거의 없다. 다만 그의 지도가 원대의 대표적인 지도로 여겨져 명대 나홍선이 주사본의 지도와 함께 그것을 참고하여 〈광여도〉를 제작했다는 사실 정도만 알려져 있다. 현재로서는 이택민이 인도양 서쪽에 관한 지리적 정보를 어떻게 입수했는지를 말해 주는 확실한 자료는 어디에도 없는 셈이고, 따라서 우리로서는 정황을 통해서 추론을 할 수밖에 없는 처지이다.

중국에서 송·원 시대는 해상무역이 크게 발달했던 시대로 잘 알려져 있다. 그만큼 중국의 동남해안을 출항하여 남지나 해를 거쳐 인도양으로 진출했던 선박들도 많았다. 이러한 경향은 명대 초기 정화鄭和의 원정으로까지 자연스럽게 이어졌으니, 인도양 주변, 특히 아라비아와 아프리카 동부 해안 지역에 관한 지리적인 지식도 상당히 알려졌으리라는 것은 충분히 상상할 수 있다. 그러나 이택민의 지도가 이렇게 원양으로 진출했던 중국의 상인이나 선원들이 전해 주는 정보를 기초로 만들어졌다고 보기는 어렵다. 그 이유는 첫째, 만약 그런 지식이 민간에 널리 유포되고 공유된 것이었다면 이택민의 지도 이외에 어찌해서 다른 지도는 하나도 알려진 것이 없을까 하는 점이다. 둘째는 원대에 중국인들이 인도양으로 진출하는 일이 잦아진 것은 사실이지만 아프리카 남단의 모습을 파악할 정도로 멀리 항해를 했다는 기록은 아직 찾아볼 수 없다는 점이다. 따라서 이택민의 지도는 당시 민간에 유포된 지리 지식을 바탕으로 제작된 것으로 보기는 어려울 듯하다.

그런데 이와 관련해서 우리가 주목해야 할 점은 아프리카에 관한 묘사와 지명들이다. 아프리카 거의 남단 가까운 곳에 있는 산지가 표시되어 있고 거기서 두 개의 강이 발원하여 북쪽으로 흐르는데, 이것이 물론 나일 강을 나타낸다는 데에는 의심의 여지가 없다. 이 산지의 명칭이 〈혼일강리도〉의 용곡본에는 표기되어 있지 않지만 본광사본에는 "저불로합마"這不魯哈麻로 되어 있고, 〈혼일강리도〉와 거의 유사한 형태를 띤 본묘사本妙寺의 〈대명국지도〉大明國地圖와 천리대학 도서관의 〈대명국도〉大明國圖에도 동일한 지명이 쓰여 있다. 이 지명은 아랍어로 '자발 알 카마르'Jabal al-Qamar, 즉 '달의 산'[月山]이라는 뜻이며, 이는 고대 프톨레마이오스의 지도에 보이는 'Lunae Montes'(달의 산맥)과도 일맥 상통한다. 그러나 프톨레마이오스의 지도에는 그 산에서 흘러나오는 물줄기들이 세 개의 호수로 들어가 거기서 다시 북쪽으로 흐르다가 합류하여 나일 강을 이루는 것처럼 묘사되어 있는 데 비해, 〈혼일강리도〉에서는 산에서 흘러나온 물줄기들이 두 개의 호수로 유입되었다가 거기서 다시 북쪽으로 흘러 하나의 호수로 들어가고 거기서 나오는 하나의 물줄기가 나일 강을 이루는 것처럼 묘사되어 있다. 바로 이러한 특징은 알 호레즈미al-Khwārazmī (780~850경)가 칼리프 알 마문al-Ma'mūn을 위해 833년에 제작한 지도와 알 이드리시al-Idrisī(1099~1166)가 시실리의 노르만계 왕 로저Roger 2세를 위해 1154년에 그린 지도에도 그대로 보이고 있고, 산의 명칭도 '자발 알 카마르'로 표기되어 있음을 알 수 있다.[12] 따라서 〈혼일강리도〉가 저본으로 삼은 이택민의 지도 가운데 아프리카 부분은 분명히 이슬람권의 지도에서 영향을 받은 것임을 알 수 있다.

물론 〈혼일강리도〉와 이들 이슬람권 지도에는 중요한 차이점이 있다. 무엇보다도 알 호레즈미나 알 이드리시의 지도에는 아프리카의 남단이 땅으로 연결되어 있어 바다로 둘러싸인 대륙으로 표시되지 않았다는 사실이다. 또한 〈혼일강리도〉는 그 전의 지도에는 보이지 않던 거대한 호수를 아프리카의 중앙부에 그려 넣었다. 뿐만 아니라 아프리카 이외의 지역, 특히 유럽에 관해서 훨씬 상세한 정보들을 담고 있다. 이렇게 볼 때 〈혼일강리도〉, 그리고 그것이 모본으로 삼은 이택민의 〈성교광피도〉는 이슬람권의 지도와 깊은 연관이 있음이 분명하지만, 그 당시까지 알려진 어떠한 이슬람권의 지도보다도 더 정확하고 상세한 정보를 담고 있다는 사실을 알 수 있다. 이택민의 지도에 담긴 정보가 민간에 유포되었던 지리 지식이나 당시 유통되던 이슬람권 지도를 그대로 옮긴 것이 아니라면, 다른 가능성은 무엇일까. 그것은 민간이 아닌 국가 차원에서 수집된 정보를 기초로 하면서 동시에 이슬람권의 지도 제작 전통과 연관된 것이 아닐까. 이런 점에서 필자는 쿠빌라이 시대에 『대원일통지』의 편찬과 함께 추진되던 세계지도의 제작 사업에 주목하지 않을 수 없다.

(2) 몽골제국의 세계지도

남송이 함락되고 중국 전역이 몽골제국의 지배 아래에 들어온 지 9년째 되던 해인 1285년(지원 22), 쿠빌라이는 "만방의 도지를 모두 모아서 그것들을 하나로 엮음으로써 제국의 강역이 얼마나 무궁한지를 나타내자"〔大集萬方圖志而一之 表皇元疆理無外之大〕는 주청을 받아들여, 당시 비서감秘書監이라는 부서의 책임자였던 이슬람권 출신 자말 앗 딘Jamāl al-Dīn의 주도로 한지漢地와 강남江南, 즉 중국의 정복 지역에 대한 지지地誌의 편찬 사업이 시작되었다.13 그 결과 1291년(지원 28) 1차로 755권이 완성되었으니 그것이 오늘날 『대원일통지』大元一統志라는 이름으로 알려진 서책의 시작이었다. 그러나 그 뒤 수정 작업은 계속되어 1294년(지원 31) 음력 10월 총 450책册의 『지원대일통지』至元大一統志가 완성되었다. 운남, 감숙, 요양 등의 행성에서 올라온 자료들이 다시 추가되면서 보충 작업이 이루어졌고, 마침내 쿠빌라이의 후계자인 성종 테무르의 치세인 1303년(대덕 7) 총 600책 1천300권이 만들어져 『대일통지』大一統志라는 이름을 하사받았으며, 어람御覽을 거친 뒤 비밀 서고에 보관되었다.14 그러나 이 책은 이미 명대明代에 대부분 사라져 버렸고 후일 학자들에 의해 극히 일부분의 잔권이 수습되어 전해지고 있을 뿐이다.15

『대원일통지』는 "천하의 로路·부府·주州·현縣의 고금古今 건치建置의 연혁과 산천山川, 토산土産, 풍속風俗, [상도上都, 대도大都까지의] 리수里數, 환적宦蹟, 인물人物 등"을 갖추어 기록하였다고 한다. 뿐만 아니라 거기에는 여러 장의 채색 지도도 함께 첨부되어 있었다는 사실도 확인할 수 있다. 즉 이미 지원 연간에 편찬 작업을 하는 과정에서도 "매로每路의 권수卷首에 반드시 지리소도地理小圖"를 넣으라는 지침이 보이며, 편찬에 투입된 인력들 가운데 종응성宗應星이라는 인물을 특별히 선발하여 오로지 '채화'彩畵 작업만 하도록 하였다.16 이들 채화소도彩畵小圖는 현재 하나도 전해지지 않고 있다. 그런데 이처럼 서술과 채화의 기본 단위가 '로'路라고 하는 점은 『대원일통지』가 포괄하는 지리적 범위가 대칸의 직할령에만 국한되었음을 시사하고 있다. 즉 중앙아시아의 차가타이 울루스를 위시하여 서방 삼왕가가 지배하는 영역을 모두 다루지는 않았다.

그런데 흥미로운 사실은 『대원일통지』의 편찬 과정에서 대칸의 직할령에 속해 있는 각 로路의 지도 이외에, 몽골제국 전체를 나타내는 일종의 세계지도를 제작하는 사업도 동시에 추진되었다는 것이다. 그것은 『대원일통지』가 발의된 지 1년 뒤인 1286년(지원 23) 3월 자말 앗 딘의 상주에 의해 시작되었다.

> 과거에 [우리들이 통치하던] 한인들의 지방은 작았습니다. 그곳에서 [수집된] 문서와 책자 40~50책을 갖고 있습니다. 지금 해가 뜨는 곳에서부터 해가 지는 곳까지가 모두 우리들의 것이 되었습니다. [여기 중국에도] 일부 지도가 있기는 하겠지만, 그 먼 곳들에 대해서 그들(중국인)이 어찌 알 수 있겠습니까? 무슬림들(回回)의 지도가 우리에게 있으니, 모두 모아서 하나의 지도로 만들면 어떻겠습니까?[17]

이것은 중국뿐만 아니라 중앙아시아와 서아시아의 몽골제국 영역 전부를 포괄하는 지도를 만들자는 제안이었다. 그리고 그것은 중국에서 입수된 지도들과 자말 앗 딘이 최고책임자로 있던 비서감이라는 관청에 수집된 이슬람권의 지도들을 조합한다면 충분히 가능하다는 주장이었다. 즉 자말 앗 딘이 제안했던 지도는 대칸의 직할령뿐만 아니라 제국 전역을 포괄하는 세계지도였던 것이다.

이후 세계지도를 제작하기 위한 작업은 순조롭게 진행된 것으로 보인다. 그 다음 해인 1287년 초에는 채화지리도본彩畵地理圖本을 할 만한 화장畵匠 두 명을 뽑아 올리라는 지시가 내려졌다. 그리고 같은 시기인 1287년 2월에는, 복건 지역에 온 무슬림 상인들 가운데 해로를 잘 아는 사람들이 갖고 있는 '회회랄나마' 回回剌那麻를 수집하라는 명령도 보인다. 여기서 '랄나마' 剌那麻란 'rāh-nāmah'를 옮긴 말로서 일종의 해도海圖라고 할 수 있다.

　자말 앗 딘이 제안했던 이 세계지도가 언제 완성되었는지 말해 주는 자료는 없으나 『대원일통지』 1차본이 완성된 1294년을 전후해서 만들어지지 않았나 추정된다. 최근 일부 학자들은 자말 앗 딘이 제작한 세계지도가 바로 『비서감지』라는 문헌에 언급되어 있는 〈천하지리총도〉天下地理總圖라는 주장을 제기하였다.[18] 그러나 관련된 문건을 면밀하게 검토해 본 결과 필자는 그러한 주장에 의문을 품게 되었다. 다시 말해서 〈천하지리총도〉는 1303년 『대원일통지』 수정본이 만들어진 직후 중국 전역을 하나의 지도로 나타내기 위해 제작되어 『대원일통지』에 첨부된 '총도'總圖의 명칭일 뿐이며, 그것은 각 로路의 지리적 범위를 별도로 나타낸 '소도'小圖와 짝해서 만들어진 것이었다. 다만 '천하지리총도'가 제작될 때 이미 그 전에 만들어졌던 자말 앗 딘의 세계지도를 부분적으로 활용했던 것으로 추정된다. 즉 〈천하지리총도〉는 『대원일통지』가 다루고 있는 중국 지역을 집중적으로 자세히 묘사하되, 중국 이서 지역에 대해서는 자말 앗 딘의 세계지도에 그려진 부분을 지극히 형식적으로 빌려서 왜곡된 형태로 축소 표현한 것이 아닐까. 그리고 〈천하지리총도〉가 민간에 흘러나와

주사본이나 이택민 같은 사람들이 그것을 모태로 하여 세계지도를 그렸던 것이 아닐까.

아무튼 자말 앗 딘이 그린 세계지도는 현재 전해지지 않고 있다. 그러나 자말 앗 딘에 의해 처음 추진되고 제작된 이 지도가, 중국인들은 알 수 없는 서방의 먼 지역을 모두 포괄하는 것이었음은 의심의 여지가 없다. 자말 앗 딘이 지도를 제작하는 과정에서 중국에 관한 부분은 현지에서 수집된 지도들을 이용했지만, 서방에 관해서는 '무슬림들의 지도들'을 활용했음은 앞의 상주문이 분명히 말해 주고 있다. 따라서 〈천하지리총도〉는 인도나 서아시아 부분에 대해서 상당히 상세하고 정확한 정보를 담고 있을 것으로 추정된다. 아프리카에 관해서도 몽골 시대에 새로이 확보된 정보들이 추가되면서 알 이드리시의 지도에 보이는 수준을 넘어서 하나의 대륙의 모습으로 묘사되었을 것이다. 필자의 이 같은 추정은 최근 미국의 올슨T. T. Allsen과 일본의 미야 노리코〔宮紀子〕의 연구와도 궤를 같이 하고 있다.[19]

뿐만 아니라 유럽에 관해서도 새로운 정보들이 대량 확보되었을 것으로 보인다. 그것은 쿠빌라이 궁정과 긴밀한 관련을 맺으면서 사신들의 왕래가 잦았던 일 칸국이 유럽과 밀접한 교류를 유지했기 때문이었다. 〈혼일강리도〉에 표시된 유럽에 관한 정보가 어디서 기원했는지에 대해 아직 알려진 바가 없지만, 필자는 그것이 바로 쿠빌라이의 사신으로서 서아시아와 유럽을 다녀온 이사 켈레메치Isa Kelemechi (1227~1308)가 아닐까 추정하고 있다.[20] 중국 측 기록에 애설愛薛 혹은 해설海薛이라고도 표기되는 이 인물은 원래 서아시아의 시리아 지방에 살던 네스토리우스 교도였는데, 중국으로 이주해 와 쿠빌라이의 조정에서 통역, 의약, 천문 등의 분야에 종사하면서 고관을 역임했다. 특히 그는 천문 분야를 담당하던 사천대司天臺와 국가의 도서를 수집·소장·편찬하는 비서감에서 자말 앗 딘과 일찍부터 함께 일해 왔다. 그런 그가 1283년 봄, 볼라드 칭상을 동반하여 일 칸의 조정으로 갔다가 유럽을 다녀온 뒤 1286년 초에 귀환한 것이다. 앞에서 인용한 자말 앗 딘의 상주가 1286년 3월에 올려졌고, 상주를 올리는 어전에 이사 켈레메치가 통역으로 배석하고 있었다. 뿐만 아니라 그 다음 해인 1287년 3월에는 자말 앗 딘과 이사 켈레메치가 함께 상주를 올려 '지리도자' 地理圖子, 즉 지도를 제작하는 사업이 지체되고 있음을 지적하면서 신속하게 처리할 수 있도록 조치를 취해 달라고 청원하였다. 이렇게 볼 때 양인은 〈천하지리총도〉 제작 사업의 처음부터 긴밀하게 협조하고 있었음을 알 수 있다. 일 칸국을 방문하고 유럽까지 다녀온 이사 켈레메치가 새로이 갖고 온 유럽에 대한 지리적 정보가 새로운 지도에 반영되었을 것은 당연한 일이었다.

따라서 자말 앗 딘과 이사 켈레메치가 함께 추진하고 완성했던 세계지도는 당시로서는 최신의 정보가 모인 지도였던 것이다. 그 지도가 어떤 모양이었을지 알 수는 없으나, 조선의 〈혼일강리도〉 혹은 그 모본인 〈성교광피도〉처럼 중국 이외의 서방 지역의 실제 모습과 많이 다르지는 않았을 것이다. 자말 앗 딘은 이미 1267년 쿠빌라이에게 서역의상西域儀象 7점을 제작하여 헌정하였는데, 그 가운데 고래역아아자苦來亦阿兒子(kurah-i arz)라는 것이 있었다. 『원사』의 설명에 따르면,

이 기구는 "나무를 깎아 원구_{圓毬}처럼 만든 것으로, 10분의 7은 바다로서 녹색_{綠色}으로 칠하고, 10분의 3은 육지로서 백색_{白色}으로 칠했다. 강과 호수와 바다가 맥락_{脈絡}을 이루어 그 사이를 관통하고 있다. 조그만 방정_{方井}을 그려서 그 폭원_{幅圓}의 넓이와 도리_{道里}의 원근을 계산할 수 있도록 했다"고 한다. 일종의 지구의_{地球儀}라고 할 수 있는데, 물론 신대륙이 알려지기 전이긴 하지만 바다와 육지의 비율이 7 대 3이라는 것은 오늘날 우리의 상식과도 일치할 정도로 상당히 정확한 구성이다. 그런데 현존하는 〈혼일강리도〉를 보면 바다와 육지의 비율이 오히려 거꾸로 3 대 7 혹은 4 대 6 정도로 그려져 있다. 〈천하지리총도〉가 해륙_{海陸} 7 대 3의 비율을 그대로 유지했는지는 단언할 수 없지만, 〈혼일강리도〉에서 보이는 것처럼 중국 이서 지역이 극도로 축소·왜곡된 모습으로 그려지지는 않았을 것으로 추정된다.

자말 앗 딘의 주도로 제작된 세계지도는 여전히 일반에게 공개되지 않은 채 비밀서고 안에 보관되어 특별한 경우에만 일부 고위층 인사에게 열람되었다. 그리고 이 지도는 원·명 교체의 전란 속에서 소실됨으로써 몽골제국 시대의 최신 지리정보를 망라하여 만든 세계지도의 전모는 영원히 비밀로 남게 되었다. 그렇지만 거기에 포함된 서방 지역에 대한 지리적 정보가 비록 왜곡된 형태이긴 하지만 『대원일통지』에 첨부된 〈천하지리총도〉에 반영되었고, 그것이 다시 이택민의 〈성교광피도〉 같은 지도의 모태가 된 것으로 보인다. 이렇게 볼 때 〈성교광피도〉에 기반을 둔 조선의 〈혼일강리도〉는 비록 몽골제국 시대에 만들어진 최첨단의 세계지도를 온전하게 재생산한 것도 아니고 거기에 담긴 방대한 정보의 일부만을 담았다 하더라도, 이전의 어떠한 세계지도보다도 놀라운 지리적 지평이 표현된 것이다.

(3) 〈카탈루니아 지도〉

13세기 말에서 14세기 초에 걸쳐 쿠빌라이의 궁정에서 제작된 지도는 현재 그 실물이 남아 있지는 않지만, 15세기 초에 만들어진 〈혼일강리도〉를 통해서 간접적이나마 몽골의 시대가 세계관의 변화에 어떤 영향을 주었는지 짐작할 수 있다. 그런데 그러한 영향은 몽골의 직접적인 지배를 받지 않은 유럽에도 미쳤다는 사실에 주목할 필요가 있다. 그것을 말해 주는 자료가 1375년에 제작된 〈카탈루니아 지도〉Catalan Atlas이다. 이 지도는 스페인 지방의 아라곤 왕국의 후안Joan 왕자가 자기의 사촌인 프랑스의 샤를(후일 샤를 6세로 즉위)에게 선물로 주기 위하여 마요르카 섬에 살던 아브라함 크레스크Abraham Cresque라는 유태인에게 제작을 위뢰한 것이다. 크레스크는 아들과 함께 공동으로 작업하여 1375년에 이를 완성했고, 이 지도는 현재 프랑스 국립도서관에 소장되어 있다.

〈카탈루니아 지도〉는 각각 세로 65센티미터, 가로 25센티미터 크기로 된 12개의 도면으로 구성되어 있으며 양피지에 그려져 있다. 현재는 나무 판넬에 12장의 도면이 별도로 붙여져 보관되고 있는데, 처음의 네 면은 천체와 천문에 관한 설명과 지도 전체에 대한 소개로 되어 있다. 나머지 여덟 면이 지도인데 이 중 네 면은 '동방'을 묘사

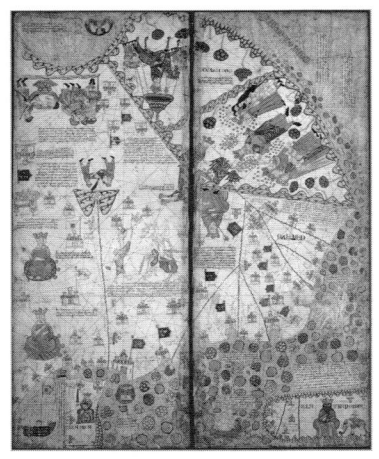

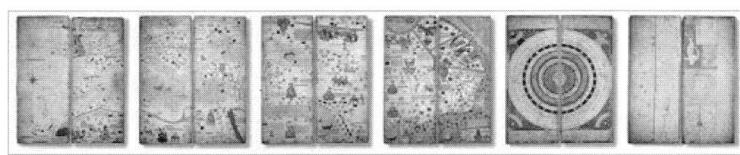

〈카탈루니아 지도〉

하고 나머지 네 면은 '서방'을 묘사하여, 말하자면 '동방'과 '서방'이 서로 짝을 이루는 형태를 취하였다. 서방은 서쪽으로 영국과 아일랜드를 포함하여 대서양에서부터 시작해서 유럽과 아프리카 북부 지역을 거치며, 동쪽으로는 흑해의 동부 연안과 팔레스타인과 홍해 일부가 포함되는 곳까지 포괄하고 있다. 한편 동방은 카스피 해 서부 연안과 페르시아 만에서부터 시작해서 동쪽으로는 중국의 동부 해안까지 포함하고 있다.

'동방'의 지리적 정보에 관한 한 이 지도는 유럽에서 만들어진 그

전의 어떤 지도와 비교해 보아도 질적인 도약이 있었음을 알 수 있다. 과거에 만들어진 지도들은 흔히 〈TO형 지도〉라는 이름으로 알려져 있는데, 그것은 주위가 모두 바다로 둘러싸여 있는 세계의 내부는 지중해, 나일 강, 다뉴브 강 등에 의해 아시아, 아프리카, 유럽으로 삼분되어 있고 그 중앙에는 예루살렘이 위치해 있는 구도로 되어 있다. 대표적인 예가 13세기에 구약성경의 「시편」사본 안에 삽입되어서 〈시편 지도〉The Psalter Map라는 이름으로 알려진 지도이다. 현재 대영박물관에 소장된 이 지도의 상단 중앙에는 예수 그리스도가 있고 그 아래에 원형의 지구는 T자후의 구도로 분할되어 있는 모습이다. 동쪽 끝(지도에서는 상단)에는 아담과 이브 그리고 에덴동산이 묘사되어 있으나, 동방에 관한 구체적인 지리적 정보는 극히 초보적인 수준에 그치고 있다.

영국 히어포드 성당에는 세로 158센티미터, 가로 133센티미터 크기의 양피지에 그려진 〈히어포드 세계도〉Hereford Mappa Mundi가 보관되어 있는데, 이 지도는 비록 몽골제국의 시대인 1290년 경에 만들어졌지만 여전히 TO형 구도에서 벗어나지 못했으며 기본적인 구성과 내용도 성서적 세계관에 머물고 있다. 예루살렘을 중심으로 동쪽으로 아시아, 남쪽으로 아프리카, 북쪽으로 유럽이 배치되어 있고, 지도 상단에는 최후의 심판과 천국과 지옥 양쪽으로 갈라진 모습이 묘사되어 있다. 이 지도의 제작자가 염두에 둔 것은 구체적이고 사실적인 지리 정보의 전달이 아니라 기독교적인 관점에서 본 세계의 모습이라고 할 수 있다. 따라서 〈카탈루니아 지도〉는 유럽인들이 중세적 세계관을 벗어던지고 비로소 '동방'의 세계에 대한 정확한 지리 지식을 바탕으로 근대적 세계관으로 나아가고 있음을 단적으로 보여 주는 증거이다.

그렇다면 어떻게 이런 일이 가능했던 것일까. 그것은 〈카탈루니아 지도〉의 '동방' 부분을 일견해 보면 쉽게 알 수 있다. 우선 "CATAYO"라는 이름이 붙어 있는 중국 방면에는 다수의 지명들이 기재되어 있다. 수도였던 칸발릭Khanbalik(大都)을 위시하여 카이판Cayfan(開封), 밍지오Mingio(明州), 자이톤Zayton(泉州), 칸사이Cansay(杭州) 등 도시명들이 정확하게 표기되어 있다. 또한 대칸의 통치를 받는 중요한 도시들에 대해서는 성곽 모양을, 그리고 그 위에 특수한 모양의 깃발을 표시하여, 중앙아시아나 서아시아의 몽골계 군주들의 영역과 구별하기도 하였다. '동방'이 그려진 네 면의 지도에 나타난 지명들은 대체로 마르코 폴로의 『동방견문록』과 작자 미상의 『맨더빌 경의 여행기』에 보이는 것이다. 그러나 〈카탈루니아 지도〉에는 기존의 문헌 이외에 새로 입수된 정보도 반영되어 있다. 예를 들어 중앙아시아에 군주의 모습을 그려 넣고 그 옆에 "카벡"Chabech이라고 기재하였는데, 이는 차가타이 울루스의 칸 "케벡"Kebek(치세 1318~1326)을 지칭하는 것임이 분명하다. 그의 이름은 위의 두 여행기에는 보이지 않으므로 별도의 다른 자료를 통해 입수된 것이라고 볼 수밖에 없다.

아무튼 〈카탈루니아 지도〉는, 마르코 폴로를 위시하여 동서교류가 활발하게 이루어진 몽골제국 시대를 배경으로 '동방'에 다녀간 유럽인들이 전달한 새롭고 풍부한 지리 지식이 없었다면 만들어지

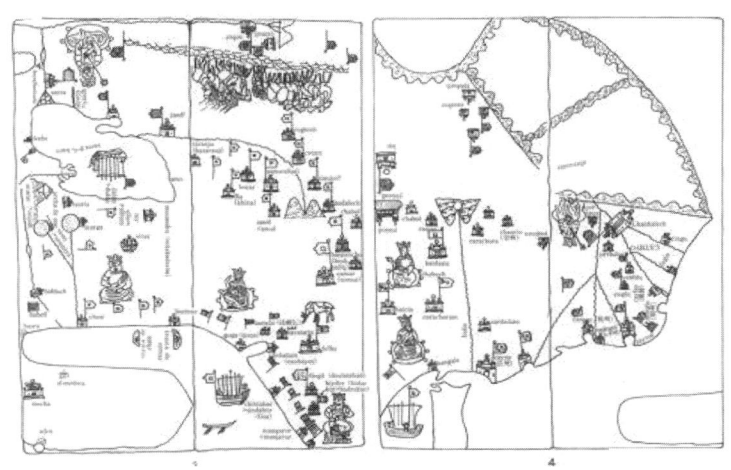

〈카탈루니아 지도〉의 동반부[21]

지 못했을 것이다. 그런 의미에서 중국에서 몽골제국의 후원 아래 '서방'에 대한 풍부한 지리적 정보를 담은 과거와 전혀 다른 세계지도가 만들어졌던 것처럼, 세계를 향한 유럽의 '개안'開眼 역시 몽골의 시대가 있었기 때문에 비로소 가능했던 것이다.

3. '세계사'의 출현

(1) 라시드 앗 딘과 『집사』

〈혼일강리도〉와 〈카탈루니아 지도〉가, 동서양을 막론하고 공간적인 차원에서 세계관이 확대되고 그 결과 아프로-유라시아 세계 전체를 한번에 조망할 수 있게 된 몽골 시대에 생겨날 수 있는 것이었다면, 라시드 앗 딘이 편찬한 『집사』라는 책은 그 같은 세계관의 확대가 시간적인 차원에서도 실현되어서 진정한 의미에서 '세계사'라는 역사 서술의 탄생이 이루어졌음을 알려 주고 있다. 이제까지 여러 학자들이 『집사』의 체재와 서술방식 그리고 그것이 포괄하는 지리적·시간적 범위를 지적하면서 '세계 최초의 세계사'라고 부른 것은 결코 과장이라고 할 수 없을 것이다. 그러면 먼저 이 같은 책이 어떻게 만들어지게 되었는가를 설명한 뒤 그 체재와 내용에 대해서 살펴보도록 하자.

라시드 앗 딘Rashīd ad-Dīn(1240~1319)은 이란 중부에 위치한 하마단이라는 도시에서 출생했으며, 대대로 약학과 의술에 종사해 온 유태인 집안 출신이었다. 그의 이름 뒤에 "하마단 출신 의사"라는 뜻으로

"앗 타빕 알 하마다니"at-Tabīb al-Hamadanī라는 수식어가 붙게 된 것도 그런 배경이 있기 때문이었다.22 그는 이란을 정복한 훌레구의 아들 아바카 칸Abaqa Khan(치세 1265~1281)의 궁정에 들어와 일하게 되었는데, 그의 의술 덕분에 발탁되긴 했지만 정치적으로 그다지 중요한 직책을 맡지는 못했다. 그가 정계에서 본격적으로 두각을 나타내기 시작한 것은 가잔 칸의 치세(1295~1304) 때부터였다. 특히 1297년 경에는 '재상'vazir으로 임명되어 명실공히 행정 계통의 수반의 자리에 올랐다.

이때부터 라시드 앗 딘은 가잔 칸의 강력한 후원 아래 개혁을 추진하였다. 가장 중요한 것은 세제稅制의 개혁이었다. 당시 이란의 주민들은 전통적인 지세地稅 이외에 몽골 지배와 함께 도입된 일종의 인두세적 성격의 '쿱추르'qubchur, 군역軍役에 해당하는 '칼란'qalan 등으로 무거운 부담을 안고 있었지만, 여기에 더하여 지방관의 가혹한 징세 관행과 '바라트'barat라고 불렸던 일종의 공수표나 다름없는 지불보증서의 남발로 인하여 극도로 어려움을 겪고 있었고, 국가는 국가대로 만성적인 재정 적자에 시달리고 있었다. 라시드 앗 딘은 문란한 세제를 정리하고 '바라트' 제도를 폐지했으며 지방의 주둔군에 대해서는 '이크타'iqta라는 식읍食邑을 할당해 주었다. 나아가 지방관의 가렴주구를 막기 위해 재상이 관장하는 재무성에서 직접 1년에 2회 봄·가을에 걸쳐 일괄적으로 세금을 거두도록 하였다. 그러나 세제의 문란은 정치·경제·사회 전반의 문제에서 비롯된 것이었기 때문에 단지 세제의 개혁으로만 성공을 거둘 수는 없는 일이었다. 따라서 그는 여기서 더 나아가 토지, 재판, 문서 행정, 역참 등 여러 방면에 걸쳐 개혁을 단행하였고, 도량형을 통일하고 태양력을 도입하기도 하였다.[23]

『집사』의 편찬도 바로 이러한 전반적인 개혁과 긴밀한 연관을 갖고 시작된 것이었다. 가잔 칸은 당시 국정이 문란하게 된 원인이 비단 위에서 언급했던 제도적인 측면뿐만 아니라 지배 집단인 몽골인들의 정신적인 측면과도 무관하지 않다고 생각했다. 그들은 칭기스 칸 이래 조상들이 어떠한 과정을 통해서 대제국을 건설했는지 망각해 버리고, "현재 아무도 그러한 일들을 알지도 탐구하지도 않고, 세월이 흘러 아미르의 자손인 젊은이와 신세대들은 조상의 이름과 계보 그리고 지나간 시대에 있었던 정황과 그러한 정황이 일어나게 된 연유에 대해 소홀하고 무지한 상태"가 되어 버렸다고 탄식하였다.[24] 즉 역사의식의 결여, 정체성의 상실이 몽골 지배집단 내부의 결속을 와해시키고 군주의 명령을 어기면서 자의적인 행동을 일삼게 된 근본적인 원인 가운데 하나라고 보았던 것이다. 따라서 가잔 칸이 라시드 앗 딘에게 역사서를 쓰라고 지시한 까닭은 말하자면 다른 개혁 정책들의 밑바탕을 이룰 '의식의 개혁'을 위해서였다. 즉 "세계 정복의 군주 칭기스 칸과 그의 위대한 조상과 유명한 일족과 후손들의 역사", 즉 '몽골제국사'를 쓰라고 했던 것이다.[25]

그러나 재상으로서 국사에 분방했던 그는 가잔 칸이 사망할 때까지 그것을 완성하여 헌정하지 못했다. 1304년 가잔의 동생인 울제이투(치세 1304~1316)가 칸으로 즉위할 때 라시드 앗 딘은 초고草稿를 보여 주었고, 울제이투는 그것을 신속하게 매듭지어 '가잔의 축복받은 역사'Tārīkh-i mubarak-i Ghazānī라는 이름을 붙이라고 지시했다. 그리고 이어서 다음과 같이 말했다.

> 지금까지 어느 시대에도 세계 전역의 모든 사람들과 갖가지 계층의 인류에 대한 정황과 설명을 기록한 사서는 집필되지 않았다. 또한 이곳에도 다른 지방과 도시들에 관한 책은 아무것도 없으며, 과거의 제왕들에 대해서 아무도 탐구한 적이 없었다. 이 시대에는 (……) 키타이, 마친, 인도, 카시미르, 티벳, 위구르와 여타 투르크 종족들, 아랍, 프랑크 등과 같은 각종 종교와 민족에 속한 현자와 점성가와 학자와 역사가들이 하늘 같은 위용을 지닌 어전에 무리지어 모여 있다. (……) 그 역사와 설화의 자세한 내용에서 그 의미가 완벽한 강요綱要를 짐의 이름으로 완성하고 (……) 26

이렇게 해서 라시드 앗 딘은 울제이투의 지시에 따라 추가로 '세계민족지'와 '세계지리지'를 집필하였고 이미 완성된 '가잔사'와 함께 이들 세 부분이 모두 합쳐져 『집사』Jāmi at-tavārīkh를 구성하게 된 것이다. 물론 이러한 방대한 스케일의 저작은 울제이투의 치세에 완성된 것이긴 하지만, 얀K. Jahn이 이미 지적했듯이 그러한 계획은 이미 가잔 칸의 시대에 세워졌던 것으로 보는 것이 옳을 것이다.27

『집사』 테헤란 사본

(2) 『집사』의 구성과 체재

『집사』의 구성, 서술 체재, 내용을 살펴보면 그것이 종래의 역사서와 어떻게 다르며 과연 명실상부한 '세계사'인가를 알 수 있다. 앞에서도 언급했듯이 이것은 모두 세 부분으로 구성되어 있는데, 제1부는 '가잔사'라고도 불리며 투르크·몽골 부족들의 계보와 역사에서 시작해서 가잔 칸의 죽음까지를 다루고 있어 '몽골제국사'라고 할 만하다. 제2부는 다시 두 부분으로 이루어져 있는데 하나는 가잔의 뒤를 이은 울제이투 칸의 역사이고, 다른 하나는 "아담 이후 사도들과 칼리프들의 역사 및 지구상 각 종족들의 역사"이니 말 그대로 '세계민족사'라 할 만하다. 그리고 제3부 역시 두 부분으로 이루어져 있는데, '제역도지' 諸域圖志(Suvar al-aqālim)와 '제국도로지' 諸國道路志(Masālik al-mamālik)가 그것이다. 이 가운데 제3부는 현재 전해지지 않

『집사』 이스탄불 사본

고 있어 구체적인 내용을 알 수는 없으나 두 부분의 명칭으로 보아 전자는 지도, 후자는 지리지로 추정된다. 이것은 1294년, 즉 『집사』보다 10여년 전에 쿠빌라이 치하에서 완성된 〈자말 앗 딘의 세계지도〉와 『대원일통지』에 각각 대응하는 것으로 보인다. 당시 대칸의 울루스와 훌레구 울루스 사이의 빈번한 사신 교환, 정보·서적의 교류 등에 비추어 볼 때 1294년에 완성된 국가 편찬물이 가잔 칸의 궁정에 보내졌을 가능성은 충분하며, 라시드 앗 딘이 『집사』 제3부를 만들 때 그것을 참고했다고 하더라도 크게 놀라운 일은 아니다.

제1부에는 몽골의 기원부터 시작해서 칭기스 칸에 의한 제국의 건설, 그리고 그 계승자들의 역사가 14세기 초 가잔 칸에 이르기까지 서술되고 있기 때문에 그 자체가 '세계사'는 아니다. 그러나 그 내용을 자세히 살펴보면 그것이 단순히 몽골의 역사만이 아니라는 흥미로운 사실을 발견하게 된다. 즉 제1부의 전반부를 이루는 것이 '부족

지'인데 유라시아 전역에 분포되어 살고 있는 각종 투르크·몽골 집단들의 기원과 상호관계 및 각각의 집단이 배출한 걸출한 인물들에 대한 서술이다. 따라서 그것이 포괄하는 지리적 범위도 중국에서부터 지중해 지역에 미치고 있다.

한편 제1부의 후반부는 본격적인 의미에서 '몽골제국사'라고 할 수 있다. 그 구성을 보면 제1편 '칭기스 칸의 조상들'과, 제2편 '칭기스 칸과 계승자들'로 되어 있다. 제1편은 모두 10개의 '다스탄' dāstān 으로 이루어져 있는데, 이것은 중국식 역사서로 말하자면 '본기' 本紀에 해당된다. 흥미로운 사실은 중국에서 편찬된 『원사』元史에 「종실세계표」宗室世系表(권107) 가운데 모두 10대에 걸친 칭기스 칸의 조상들이 기록되어 있고, 그 10명의 조상들의 이름이 라시드 앗 딘이 기록한 것과 거의 일치하고 있다는 점이다. 이는 양측의 기록이 상호 공통된 단일한 자료에 근거했을 가능성을 시사하는데, 필자는 그것이 바로 라시드 앗 딘이 언급한 『금책』金冊(Altan Debter)이자 『원사』에서 언급된 『십조세계록』十祖世系錄이 아닐까 추정하고 있다.[28] 다시 말해서 양자는 사실상 동일한 내용의 서책인 것이다. 우리는 앞에서 『집사』 제3부를 구성하는 지리서 부분에서 대칸의 울루스에서의 지리지 편찬 작업과의 연관성을 지적했는데, 그러한 연관성이 『집사』 제1부 제1편에서 다시 확인된 셈이다.

제1부의 제2편은 모두 9개의 '다스탄'〔本紀〕으로 이루어져 있는데, 칭기스 칸, 우구데이, 주치, 차가타이, 툴루이, 구육, 뭉케, 쿠빌라이, 티무르의 순서로 되어 있다. 흥미로운 사실은 이 명단 역시 『원사』

「제사지」祭祀志(권74)에 보이는 종묘 제사의 명단과 놀라운 일치성을 보인다는 것이다. 즉 "조상들에게 제사를 지낼 때 가축을 희생하고 마유주를 바치며 몽고의 무당이 축문을 외우는 것이 나라의 풍속"이라고 하였듯이 몽골의 황실에서도 조상들에 대한 제사는 올렸는데, 쿠빌라이가 즉위한 뒤 1264년 태묘太廟를 짓고 그 안에 제사의 대상이 될 조상들의 신주神主를 모신 '칠실'七室을 정했는데, 그것이 바로 위의 명단이다. 1266년 칭기스 칸의 부친 이수게이가 추가되어 '칠실'은 '팔실'로 바뀌었다.[29] 그러나 라시드 앗 딘이 '본기'의 주인공으로 삼은 인물들이 이처럼 황실에서 제사를 지내는 조상들과 일치한다는 것은 결코 우연이 아닐 것이다.

아무튼 제2편의 내용은 칭기스 칸 이후 몽골제국의 건설 과정에 대한 역사적 서술인데, 그 서술방법이 매우 특이하다는 사실에 주목할 필요가 있다. '타리히'tārīkh라는 말은 '연대기'를 뜻하고 『집사』역시 그에 걸맞게 편년체 형식으로 서술되어 있는데, 단지 몽골제국의 역사만을 연대순으로 서술한 것이 아니라 동시대에 다른 지역에서 어떤 일들이 벌어졌는지를 함께 기록하였다. 한 가지 예를 들어 보자. 라시드 앗 딘은 제3대 구육 칸의 '본기'에서 구육의 치세(1242~1246)에 관한 설명을 한 뒤 마지막에 "구육 칸과 동시대의 5년 동안 키타이와 마친의 군주들, 이란 땅과 에집트와 시리아와 마그리브의 아미르·칼리프·술탄·말릭·아타벡들의 역사"[30]를 덧붙인 것이다. 이러한 서술방식은 칭기스 칸의 역사를 다루기 시작하면서부터 시작해서 마지막 부분까지 일관되게 유지되고 있다. 다시 말해 몽골사를 중심에 놓고 동쪽으로는 중국에서, 서쪽으로는 서아시아와 북아프리카에 이르는 지역에 누가 통치했으며 어떤 중요한 사건들이 벌어졌는가를 함께 엮어서 서술하고 있다. 이러한 방식의 역사 서술은 전대미문의 것이다. 물론 그 전에도 이슬람권에서는 아담 이후 인류의 역사를 기술한 '세계사'의 범주에 넣을 만한 글들이 있기는 했었다.

그러나 그 지리적인 범위는 이슬람권으로 제한되어 있었다. 뿐만 아니라 각 지역의 정보들이 연도별로 기록되긴 해도 별개의 독립된 정보로서 병렬되어 있을 뿐 상호연관성을 갖고 서술된 것은 아니었다. 반면 『집사』는 이러한 정보들을 통합하고 연관시켜서 서술함으로써 각 지역의 역사를 '싱크로나이즈'한 것이며, 그런 의미에서 진정한 의미의 '세계사'라 부를 만한 획기적인 서술방식인 것이다.[31] 라시드 앗 딘의 이러한 '세계사'적 지향은 『집사』 제2부에서 가장 분명한 형태로 나타나고 있다.

(3) 『집사』 제2부 '세계민족지'

제2부는 명실상부한 '세계사'라고 할 수 있다. 이란 고대사, 이슬람사, 오구즈사, 키타이(中國)사, 유태사, 프랑크사, 인도사 등으로 이루어져 있다. 이렇게 볼 때 일 칸의 궁정에서 편찬된 『집사』는 몽골제국과 그것에 선행했던 이슬람권의 역사뿐만 아니라, 비이슬람권의 세계, 즉 중국에서부터 유럽까지 또 북방 초원 사회에서 남쪽의

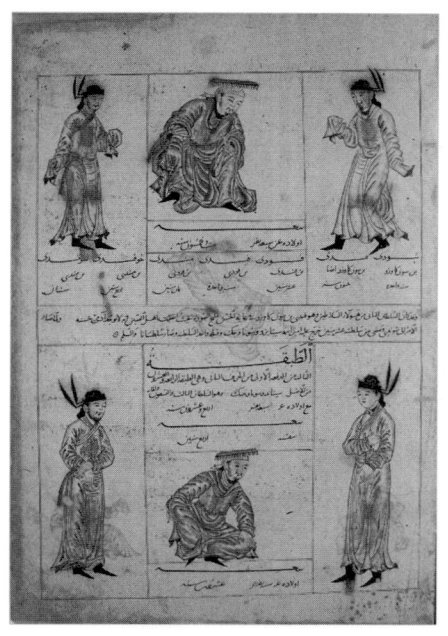

「집사」 '중국사' 부분
(할릴리 컬렉션)

인도에 이르기까지 유라시아 전역의 주요 민족들의 역사를 서술한 것이었다. 제2부에 관해서는 일찍이 독일의 얀 교수의 선구적인 연구가 있고, 최근에는 이란의 로샨 M. Rawshan 교수가 정력적으로 교감본 텍스트를 발표하고 있다.

『집사』는 오늘날 우리의 관점에서 보더라도 국가적 차원에서 수행된 초대형 문화프로젝트라고 할 수 있다. 라시드 앗 딘이 아무리 뛰어난 학식과 재능을 갖고 있다고 하더라도 재상의 직무를 수행하며 바쁜 시간을 보내야 했던 그가 혼자서는 도저히 할 수 없는 일이었다. 그 자신도 하루 중에서 저술에 몰두할 수 있었던 시간은 새벽 기도가 끝난 뒤부터 동이 틀 때까지뿐이었다고 말했다고 한다. 따라서 아마 많은 학자들이 동원되어 작업에 투입되었을 것이고, 라시드 앗 딘은 일차적으로 완성된 초고들을 검토하고 수정하면서 그 최종본을 완성하는 역할을 했을 가능성이 크다. 그가 사망한 뒤 '울제이투의 역사'Tārīkh-i Ūljāytū를 쓴 카샤니Qāshanī라는 인물은 『집사』는 사실 자기가 썼는데 라시드 앗 딘이 부당하게 그 명예를 훔쳤다는 주장을 하였다.32 그의 말을 어디까지 사실로 믿어야 할지는 모르겠지만, 그 당시의 상황을 생각하면 전혀 근거 없는 이야기는 아닌 듯하다.

뿐만 아니라 라시드 앗 딘은 일 칸의 궁정에 있던 다수의 외국 출신의 학자들을 활용하였다. 예를 들어 '중국사'(원명은 '키타이 제왕의 역사' 혹은 '키타이와 마친의 제왕의 역사')의 '서문'을 보면, "제왕들의 이름이 상세히 기록되어 있고, 그것에 따라 이야기가 서술되어 있는 역사서가 하나 있는데, 현재 이 역사서는 키타이인들 사이에 잘 알려져 있고 정확하여 신빙성이 있다"는 내용이 보인다. 세 명의 불승佛僧이 썼다는 이 책은 당시 북중국에서 일 칸의 궁정으로 온 두 명의 학자들에 의해 번역되어 『집사』 '중국사' 부분의 집필에 활용된 것이다. 라시드 앗 딘은 이 세 명의 승려와 두 명의 학자의 이름을 기록하였으나 원명은 확인되지 않고 있다.33 또한 페르시아어로 번역된 중국의 '역사서'도 무엇인지 밝혀지지 않은 상태이다. 현재 '중국사'의 내용을 볼 때 1341년에 완성되어 1347년에 간행된 석념상釋念常의 『불조역대통재』佛祖歷代通載와 매우 흡사하긴 하지만, '중국사'가 그보다 수십 년 더 먼저 편찬되었기 때문에 그것을 이용한다는 것은 불가능했다. 따라서 '중국사'의 원자료는 석넘상이 활용했던 다른 사서였을 것으로 추정된다.[34]

'프랑크사'의 경우도 라시드 앗 딘은 유럽 측의 원자료를 이용하였다. 즉 1278년에 사망한 그네젠Gnesen의 대주교 마르티누스 오파비엔시스Martinus Oppaviensis[35]가 라틴어로 쓴 『교황과 황제의 연대기』Chronicon pontificum et imperatorum를 활용했다. 이밖에 바르 헤브라에우스Bar Hebraeus(일명 Gregry Abu'l Faraj)가 쓴 역사서를 참고했다.[36] '인도사'의 경우는 알 비루니al-Bīrūnī의 유명한 인도 관계 저술을 이용하기도 했지만, 석가모니의 일생과 불교 교리에 대한 상세한 설명은 카시미르 출신의 카말라 스리 박시Kamala Sri Bakhshi라는 승려가 전해 준 정보와 그가 갖고 있던 경전(nom)들을 근거로 한 것이다.[37]

라시드 앗 딘의 '세계사'는 이처럼 현지의 학자와 문헌을 토대로 만들어졌으며 그런 의미에서 과거와는 비교도 안될 정도로 풍부하고 정확한 정보를 담고 있다. 물론 그것이 오늘날 우리가 서점에서 쉽게 만날 수 있는 그런 세계사라고 할 수는 없을지도 모른다. 예를 들어 '중국사'와 '프랑크사'는 각각의 지역과 민족에 대해 제법 상세한 소개를 한 뒤, 그곳의 통치자와 군주들의 초상, 이름, 치세 등을 단조롭게 반복하고 있다. 뿐만 아니라 중국이나 이슬람권에서 일어난 사건들은 제1부 '몽골제국사' 속에 연동되어 서술되고 있지만, 유럽과 인도에서 벌어진 일들은 무시되고 있다. 이것은 라시드 앗 딘이 유럽을 경시하던 당시 무슬림 지식인들의 일반적인 관점에서 크게 벗어나지 못했기 때문이라는 지적도 있듯이, 분명히 『집사』도 시대적인 한계를 갖고 있는 것은 사실이다.[38] 그렇지만 『집사』가 유라시아 세계를 한눈에 조망하면서 각 지역과 민족의 역사를 포괄적으로 서술하려는 최초의 시도였다는 사실은 여전히 부인할 수 없다.

라시드 앗 딘이 이처럼 '최초의 세계사'를 집필할 수 있었던 것은 몽골제국이 성취한 정치적 통합을 배경으로 세계 각지의 지식과 정보가 수집·번역되었기 때문이다. 예를 들어 그는 『흔적과 소생』 Āthār wa aḥyā 이라는 제목을 가진 일종의 박물지博物誌를 편찬하였는데, 그것은 모두 24장으로 이루어졌으며 동물, 식물, 광물학은 물론 건축, 금속에 관한 문제까지 다루고 있다. 여기서 그는 특히 중국의 작물과 농법에 관해서도 자세하게 설명하고 있는데 그의 전거는 1273년에 편찬된 『농상집요』農桑輯要였음이 거의 분명하다. 왜냐하면 그 내용의 중첩성은 물론이지만, 『농상집요』의 편찬을 담당하던 대사농大司農의 책임자로 있던 볼라드 칭상이 일 칸의 조정으로 와서 라시드 앗 딘과 함께 긴밀하게 협력했기 때문이다.[39] 뿐만 아니라 라시드 앗 딘은 『보감』寶鑑(Tangsūq-nāma)이라는 책을 내놓았는데, 이것은 중국 진대晉代의 명의名醫로 알려진 왕숙화王叔和(265~317)의 『맥경』脈經을 페르시아어로 번역하고 거기에 라시드 앗 딘 자신이 긴 서문을 붙인 것이었다.[40] 이처럼 학문의 각종 분야에 관한 서적들이 번역되고 그 지식이 공유될 수 있었기 때문에 세계사 전체를 집대성한 『집사』와 같은 저작이 나올 수 있었던 것이다.

4. 몽골제국의 유산

(1) 정화와 콜럼버스의 대항해

 1492년은 세계사적으로 두 가지 중요한 사건이 일어난 해이다. 하나는 스페인 남부에 남아 있던 최후의 이슬람 세력 그라나다 왕국의 함락이요, 또 하나는 콜럼버스의 신대륙 발견이다. 하나는 8세기 초 무슬림들이 지브롤터 해협을 건너와 이베리아 반도를 지배하고 통치한 지 거의 800년이 되는 시점에서 오랜 이슬람의 지배를 끝내기 위한 '레콘키스타'Reconquista 운동이 최종적으로 완료되었음을 알리는 사건이고, 또 하나는 로마제국 붕괴 이후 중세의 깊은 침체 속에 빠져 있던 유럽이 세계사에서 보다 주도적인 역할을 맡게 되는 '대항해의 시대'가 개막되었음을 알리는 사건이다. 그런데 이 두 사건은 서로 무관한 것이 아니었다. 스페인의 국왕 페르디난드와 여왕 이사벨라가 1492년 1월 그라나다 정복의 위업을 달성한 직후에 콜럼버스의 인도행 항해를 지원하기로 결정을 내렸기 때문이다. 내적인 문제를 정리한 뒤 눈을 바깥으로 돌리기 시작한 것이다. 콜럼버스가 신대륙을 발견한 뒤 스페인과 포르투칼이 주도하는 해외식민지 개

척이 본격화되기 시작했고, 그것이 유럽의 운명을 근본적으로 바꾸어 놓아 궁극적으로 '유럽의 대두' The rise of the West로 이어졌음은 주지하는 바이다.

그러나 콜럼버스가 미지의 세계를 향해 출항할 당시에는 아무것도 예정된 것이 없었다. 아직 유럽은 항해의 기술, 지리적 지식, 경제적 발전 등 어느 면으로 보아도 아시아의 다른 지역보다 더 월등할 것이 없었다. 앞서 서론 부분에서도 지적했듯이, 18세기 말까지도 유럽의 우위는 확정되지 않았고 유럽이 세계사에서 헤게모니를 장악하게 된 것은 유럽이 원래부터 갖고 있던 내적인 요소들이 만들어 낸 필연적인 결과가 아니라 역사적 전개과정이 그런 식으로 결말지어졌다는 점에서 '우연적'이라고 보는 주장이 강력하게 제기되고 있다.[41] 사실 15세기 당대인의 관점에서 볼 때 만약 누군가가 '대항해의 시대'를 주도하게 된다면 그 강력한 후보자는 중국이지 유럽의 조그만 나라는 아니었을 것이다. 이것이 결코 유럽의 성취를 깎아내리려거나 '동양'의 우월성을 강조하려는 감상주의적인 주장이 아니라는 점은 정화의 대원정이 웅변으로 말해 주고 있다.

주지하듯이 정화鄭和(1371~1434)는 명나라 영락제(치세 1360~1424)의 명을 받아 1405년부터 1433년까지 28년에 걸쳐 대규모 선단을 이끌고 전후 일곱 차례에 걸쳐 인도양을 항해했던 인물이다. 중국 서남부의 운남에서 출생한 그는 원래 한족이 아니라 무슬림이었고 이름도 정화가 아니라 마화馬和였다. 주원장이 세운 명나라가 중원에서 몽골의 세력을 밀어낸 뒤 운남 지역으로도 군대를 보내게 되었는데, 불과열 살 남짓의 소년이던 그가 군대에 끌려가서 환관이 되었다. 그가 후일 쿠데타로 집권한 영락제에 의해 능력을 인정받아 남해 원정의 임무를 부여받았던 것이다.

정화가 이끄는 선단은 모두 일곱 차례에 걸친 대원정을 감행했고 그 항해 거리는 총 10만 해리, 즉 18만 5천 킬로미터에 달했으며, 매번 출항할 때마다 승선 인원은 평균 2만 7천 명을 헤아렸다.[42] 함대는 '보선'寶船이라 불리는 대형 함선 60여 척이 중심을 이루고 중소형 선박 100여 척이 수행함으로써 모두 200여 척으로 구성되었다. 보선의 경우 가장 큰 것은 길이가 151.8미터, 폭이 61.6미터에 이르고, 중간급은 126미터에 51.3미터 정도였으며, 적재량도 2천 500~3천 톤 규모였다고 한다. 콜럼버스가 1차 항해 때 갖고 갔던 세 척의 배 가운데 기함인 산타마리아 호의 길이가 75피트이고 배수량이 200~600톤이었다는 사실을 생각해 보면 함선과 함대의 규모가 어느 정도였는지 짐작하고도 남음이 있다. 일곱 차례에 걸친 항해에서 정화의 함대 혹은 그 분견대는 남지나해와 인도양 각지는 물론 아프리카 동부해안을 따라 남하하여 마다가스카르 섬까지 진출하였다. 다만 정화의 원정대 가운데 일부가 아메리카 신대륙을 발견하고 심지어 남극과 북극까지 진출했다는 주장이 최근 제기되었는데, 그것을 입증할 만한 구체적이고 적극적인 증거는 없기 때문에 보다 신중한 태도가 요청된다.

그렇다면 이러한 규모의 해상 대원정이 어떻게 가능했을까. 물론 그것을 뒷받침할 정도의 국력, 즉 기술력과 경제력이 전제되어야 하겠지만, 역사적으로 거슬러 올라가보면 그것은 남송을 거쳐 몽골 지배기에 확립된 해양 장악력과 직접적인 관련을 갖고 있다. 한인이 건설한 왕조들과는 달리 해외무역에 적극적·개방적인 태도를 갖고 있던 몽골 지배층은 인도양을 통한 해상활동을 적극 후원하였고, 그 결과 서아시아와 인도의 선박들〔番舶〕이 중국의 동남해안에 자주 입항하였으며, 중국의 항구를 떠난 배들 역시 말라카 해협을 지나서 인도양으로 진출하기도 하였다.

쿠빌라이 시대에 감행된 두 차례의 일본 원정은 당시 해상동원 능력이 어느 정도였는지를 잘 보여 준다. 이미 1273년 1만 2천 명의 고려·몽골 연합군이 300척의 배에 분승하여 탐라로 근거지를 옮긴 삼별초 세력을 공격한 것을 시작으로, 그 다음 해인 1274년에는 2만 7천여 명의 여몽 연합군과 900척의 함선이 투입된 제1차 일본 침공, 그리고 7년 뒤인 1281년 10만 명의 병력과 3천 500척의 함대가 동원된 제2차 원정이 감행되었다.[43] 물론 이 두 차례의 원정이 모두 실패로 끝나고 말았고, 실패의 원인에 대해서는 태풍이라는 기후 조건, 함선의 구조적 결함, 전투병력의 효용성 등의 문제들이 지적된바 있다. 그러나 분명한 사실은 그 정도 규모의 해상 작전은 당시 어느 다른 나라에서도 찾아볼 수 없었고, 바로 그러한 능력이 있었기에 후일 정화의 대원정도 가능하게 되었다는 점이다.

몽골의 시대와 정화의 원정이 무관하지 않다고 했는데 우리는 콜럼버스의 항해에 대해서도 똑같은 주장을 할 수 있다. 즉 콜럼버스는 몽골의 시대에서 영감을 받았기 때문에 그 같은 항해를 계획하고 실천에 옮길 수 있었던 것이다. 이 점은 그의 목표 지점이 바로 몽골의 대칸이 다스리고 있는 나라였으며, 그가 출항할 때 페르디난드와 이사벨라 두 국왕이 몽골의 '그란 칸'Gran Can, 즉 대칸에게 보내는 친서를 휴대하고 갔다는 사실을 통해서도 입증된다. 라스 카사스 Bartolomé de Las Casas 신부가 정리한 『콜럼버스 항해록』Libro de la Primera Navigación에는 다음과 같은 구절이 보인다.

> 그 후 저는 두 국왕 폐하께 인디아의 땅과, 우리의 에스파냐어로 '왕 중 왕'을 의미하는 '그란 칸'이라 불리는 군주에 대한 보고를 올렸는데, 이 왕과 그 선임자들이 우리의 성스러운 신앙을 배우기 위해 여러 차례 로마에 사람을 보내 그 정통한 사람들을 보내 달라고 요청했음에도 불구하고, 로마 교황께서는 한 번도 들어주시지 않았습니다. (……) 그리하여 두 국왕 폐하께서는 같은 달, 즉 1월에 전 국토 및 영토에서 유태인을 모두 추방하신 뒤에, 제게 충분한 선대를 이끌고 앞에서 언급한 인디아의 그 지역으로 가라고 명하셨습니다.[44]

콜럼버스는 오늘날의 쿠바를 마르코 폴로가 말한 황금의 땅 '지팡구'임에 틀림없다고 믿었고, 거기서 열흘쯤 가야 도착할 수 있는 대륙, 즉 오늘날 북미 대륙을 '그란 칸'이 살고 있는 본토라고 믿어 의심치 않았던 것이다. 그리고 그는 그란 칸이 있는 킨사이Quinsai 시로 가서 두 국왕의 친서를 전달하겠다는 결의를 다졌다.

오늘날 콜럼버스가 처음 상륙한 섬들이 '서인도 제도'로 불리는 까닭은 그가 그곳을 '인도'라고 믿었기 때문임은 주지하는 바이지만, 당시에 '인디아'는 오늘날 우리가 아는 '인도'와는 다른 개념이었다는 사실을 기억할 필요가 있다. 콜럼버스의 시대에 '인도＝인디아'는 동방을 칭하는 또 다른 이름이었고, 마르코 폴로의 글에서도 나오듯이 몽골의 대칸은 바로 그 '인디아'를 지배하는 군주였다. 콜럼버스는 자신의 배가 바로 그 '인디아'에 도달했다고 확신했던 것이다.

이렇게 볼 때 정화의 대원정이나 콜럼버스의 신대륙발견은 모두 몽골제국 시대에 이루어진 인도양 항해 혹은 세계관의 확대를 전제로 해서 가능했던 것이다. 양자를 규모의 면에서만 비교해 본다면 콜럼버스의 함대는 정말 유치한 수준이라고 아니할 수 없다. 그러나 문제는 그 규모가 아니었다. 콜럼버스의 항해는 유럽을 질적으로 도약시키는 계기를 만들었지만, 정화의 원정은 그 엄청난 규모에도 불구하고 중국의 아무것도 바꾸어 놓지 못했던 것이다. 그렇다면 도대체 어떻게 해서 이런 결과가 생겨난 것일까.

(2) 유럽과 비유럽의 엇갈린 운명과 그 원인

정화와 콜럼버스의 차이는 후대의 역사적 결과의 차이에서 드러났다. 따라서 두 사람의 성취만을 비교하는 것은 무의미하며 오히려 그 뒤에 왜 그러한 사태가 벌어지게 되었는가를 살펴보아야 할 것이다. 정화의 원정은 1433년의 항해를 끝으로 막을 내렸고 명나라는 해양진출을 포기하고 말았다. 그것은 아마 북방으로부터의 위협이 점점 가중되면서 국가의 관심이 해양보다는 내륙으로 향했기 때문일 것이다. 몽골의 세력이 중국에서 쫓겨나 북방 초원으로 후퇴하긴 했지만, 15세기에 들어온 뒤 어느 정도 세력을 회복하면서 점차 중국에 대한 압력을 가중시켰다. 특히 15세기 중반경이 되면 '오이라트'Oirat라고 불리던 서몽골 세력이 주도권을 장악하였고, 1449년에는 급기야 명의 황제 영종英宗이 생포되는 '토목보土木堡의 변'이 일어나고 만다. 중국의 황제가 몽골인들에게 붙잡혀 포로가 된 것인데 상식적으로 도저히 생각할 수 없는 일이 벌어진 것이다. 명나라가 국력을 기울여 신경을 써야할 곳은 해양이 아니라 내륙이라는 사실에 대해 누구도 이의를 제기할 수 없었고, 그런 상황 속에서 정화의 원정과 유사한 프로젝트는 중단될 수밖에 없었다. 이에 비해 콜럼버스의 항해에 뒤이어 유럽에서 생겨난 일들은 중국과는 정반대였다. 1497~1498년 바스코 다 가마Vasco da Gama가 아프리카의 남단 희망봉을 돌아 인도 서해안에 도달하였고, 1519~1522년에는 마젤란Ferdinand Magellan이 세계일주 회항에 성공했던 것이다.

결국 정화와 콜럼버스의 항해는 모두 몽골 시대에서 영감을 받아 이루어진 것이었지만 그 계승의 양상은 판이하게 달랐다. 그러한 차이가 당시 중국과 유럽의 항해술의 차이 때문에 생긴 것은 아니었다. 그것은 차라리 내륙과 해양에 대한 중국과 유럽의 관점의 차이에서 비롯된 것이었다. 유럽인들에게 해양으로의 진출은 엄청난 재정 수입을 보증했고 국가의 발전을 위해 필수적인 사업이었지만, 중국의 입장에서 더 긴박한 것은 내륙으로부터의 위협을 막아내는 것이었다. 정화의 원정도 경제적인 측면보다는 황제의 권위를 높이기 위한 정치적인 목적에서 추진된 것이었기 때문에 투자와 효용이라는 측면에서 보면 도저히 언어도단의 무리한 프로젝트였다고 말할 수밖에 없다. 영락제는 인도양 각 지역의 '만이'蠻夷들을 조공케 함으로써 자신의 집권의 정당성을 증명하고, 명조야말로 대원제국에 손색없는 대제국임을 과시하고 싶었던 것이다. 그것은 국가의 존망과 직결된 일은 아니었다. 따라서 상황이 긴박해지면 언제든지 폐기될 수밖에 없는 운명을 지니고 있었다. 명나라는 정화의 위대한 성취를 뒤로 한 채 해양으로 향한 문을 닫아버리고 몽골 유목민들이 가하는 위협을 여하히 봉쇄할 것인지에 골몰하기 시작했다. 그것은 결국 오늘날 우리가 보듯이 엄청난 물자와 인력을 투자하여 만든 만리장성으로 구체화되었다. 유럽이 바다로 나아가 부의 새로운 원천을 탐구하는 동안 중국은 그 이상의 노력을 내륙과의 싸움에 소비했던 것이다.

오스만 제국의 경우 역시, 비유럽권 국가들이 해양을 장악하지 못한 것이 기술이나 능력의 부족에서 기인하는 것이 아니라는 사실을 잘 보여 준다. 몽골인들과 마찬가지로 유목민 출신이던 오스만의 지배층은 기마 전사들로 이루어진 집단이었지만 1453년 비잔틴 제국의 수도였던 이스탄불을 함락한 뒤로는 점차 해군력을 강화시켜 나갔다. 유럽의 여러 나라들이 대서양을 통해 바다로 맹렬하게 진출하던 바로 15세기 후반과 16세기 전반, 특히 술레이만 대제(1495~1566)의 치세에 오스만 제국의 해군은 가장 절정기를 맞았다. 1463~

1479년과 1499~1503년 두 차례에 걸쳐 베니스와 벌인 해전에서 승리를 거둠으로써 지중해 동부 연안에서 에게 해에 이르는 해역을 장악했고, 1540~1550년대에는 신성로마제국의 황제 찰스 5세(1500~1588)가 지휘하는 스페인과 이탈리아 연합함대를 격파했던 것이다. 1571년 레판토Lepanto 해전에서 최초의 패배를 경험하긴 했지만 그것은 결정적인 전환점은 아니었다. 오스만의 해군은 그 후로도 키프로스 섬을 정복하고 북아프리카 연안을 장악했으며, 지브롤터 해협을 지나 대서양으로 나아가 영국, 아일랜드, 스웨덴의 해안까지 진출했던 것이다. 1645~1669년에 벌어진 베네치아와의 전쟁도 오스만의 승리로 끝나 크레테 섬을 손안에 넣었다.

그러나 18세기에 들어가면서 오스만의 해군은 현저하게 위축되고 지중해에 대한 장악력을 상실하게 되었다. 왜 이런 현상이 초래된 것일까. 그것은 명나라가 해양진출을 포기하고 내륙 방어로 국력을 집중한 것과 유사한 상황이 있었기 때문이다. 즉 오스만 제국으로서 최대의 위협은 유럽의 해상 세력인 베네치아나 스페인이 아니라 동방의 내륙 세력인 이란의 사파비 왕조였다. 16세기 초 건설되어 현재의 이란과 이라크, 아프간 지방을 장악한 사파비 왕조는 수니파가 아니라 시아파였고, 이라크·아제르바이잔 등지를 두고 오스만과 치열한 대결을 벌였다. 양측의 군사적 대결은 사파비 왕조가 샤 압바스 Shah Abbas의 치세(1587~1629)로 절정을 이룬 17세기 전반까지 한치의 양보도 없이 계속되었던 것이다.

이렇게 볼 때 인도양과 지중해를 마치 내해內海처럼 주무르던 중국과 오스만이 후일 해양의 헤게모니를 유럽인들에게 넘겨주게 된 까닭은 '실력'의 문제라기보다는 '의지'의 문제와 결부되어 있었음을 알 수 있다. 다시 말해 내륙과 해양을 어떻게 인식하느냐 하는 멘털리티의 문제에서 유럽과는 근본적으로 달랐던 것이다. 몽골제국의 세계 지배가 종료된 뒤 유라시아는 몇 개의 큰 세력권으로 분할되었다. 동아시아에는 명나라가 들어섰고 17세기 중반에 그것은 만주인들이 세운 청나라에 의해 대체되었다. 중앙아시아에는 티무르 제국의 뒤를 이어 킵착 초원에서 내려온 우즈벡인들의 국가가 들어섰고, 인도는 티무르의 후예인 바부르Babur에 의해 정복되고 무굴제국이 들어서게 되었다. 그리고 이란에는 투르크계 유목 집단을 핵심으로 한 사파비 왕조가 세워졌고, 소아시아 역시 중앙아시아에서 이주해 간 투르크계 유목민들이 건설한 오스만 왕조가 건설되었다. 이들 제국을 건설한 집단은 모두 다 예외없이 유목적 습속과 기마군단의 힘을 배경으로 정권을 장악하였다. 해양 세력과는 거리가 먼 집단들이었다. 뿐만 아니라 모두 몽골제국의 정치적 카리스마를 모방하려 하였고 서로 비슷한 멘탈리티를 갖고 경쟁하는 입장이었다. 따라서 이들은 모두 '육상 제국'continental empire을 지향할 수밖에 없었고, 설령 강력한 해군력을 보유할 수 있었다고 하더라도 그것은 어디까지나 부차적인 것으로 받아들여졌고, 내륙의 문제를 위해서 언제든지 희생될 수 있는 것이었다. 스페인, 포르투갈, 네덜란드, 영국 같은 국가에게 과연 그러한 내륙 지향성을 찾아볼 수 있는가.

16~17세기에 유럽과 비유럽이 걸어간 길의 근본적인 차이, 포메

란츠Kenneth Pomeranz의 표현을 빌자면 양자 사이의 '거대한 분기'the great divergence가 발생하게 된 이유는 바로 여기에 있었다. 유럽은 해양 지향적이었던 반면 아시아의 여러 나라들은 내륙 지향적이었으며, 그것은 국가의 존망을 결정지을 기회와 위협이 어디에 있었는가가 달랐기 때문에 생겨난 것이었다. 그렇기 때문에 유럽의 해양진출은 경제적인 이익을 추구하려는 목표를 갖고 추진되었던 반면, 명·청제국이나 오스만 등 이슬람권 제국들의 내륙으로의 팽창은 군사적인 안전의 확보라는 목표를 갖고 이루어졌던 것이다. 만약 유럽이 중국이나 이란의 경우처럼 몽골의 지배를 경험했고, 유목적 습속을 지닌 집단에 의해 국가가 건설되거나 내륙으로부터 끊임없는 위협을 받았다고 한다면, 지속적인 해양진출이 가져온 '대항해의 시대'는 불가능했을지도 모른다. 그렇다면 우리는 몽골의 지배가 남긴 명암이 유럽과 비유럽 세계의 운명을 갈라놓은 한 요인이 되었다고 말할 수 있지 않겠는가.

5. 결론

  13세기 초에 건설된 몽골제국은 70년에 가까운 끊임없는 정복전쟁의 결과, 유럽과 인도 일부를 제외하고 유라시아 대륙 거의 대부분을 석권하였다. 전쟁은 초기의 약탈적·파괴적인 성격이 점차로 희석되어 갔고 농경지대의 경제와 문화에 대한 몽골 지배층의 이해도 그만큼 넓어졌다. 그들은 점차 정주 문명의 후원자로 변신하기 시작했고 역사상 전례 없는 광역적인 교통의 네트워크를 만들어 세계 각지의 사람들과 문물이 교류하고 융합하는 장을 마련해 주었던 것이다. 바로 그러한 '팍스 몽골리카'를 배경으로 '대여행의 시대'가 가능하게 되었고, 사신, 종교인, 상인들은 유라시아 대륙의 동서남북을 종횡으로 누볐던 것이다. 그것은 결국 이제까지 무지와 설화의 영역으로만 남아 있던 대륙의 가장 먼 지역에 관해서도 소상한 정보를 갖게 해주었다.

  이렇게 볼 때 몽골제국의 시대에 아프리카 대륙을 포함한 상세하고 정확한 '세계지도'가 처음으로 제작되었고, 각 지역에 거주하는 민족들의 역사를 포괄적으로 서술한 '세계 역사'가 처음으로 편찬되었다는 사실은 결코 의외라고 할 수는 없을 것이다. 인류의 역사는 이제까지 소통의 부족으로 인한 공간의 한계와 시간의 장벽을 비로소 뛰어넘게 되었고, 이것은 세계가 비로소 하나의 실체로 온전하게 인식되기 시작했음을 의미하는 것이기 때문에 '세계사의 탄생'이라 불러도 크게 틀린 말은 아닐 것이다. 물론 세계에 대한 당시의 지식이 오늘날 우리의 기준으로 볼 때는 여전히 엉성한 것임에는 분명하지만, 전체적인 윤곽과 얼개를 갖추었다는 면에서 그 이전 시대에 비해 질적인 도약을 보여 준 셈이다.

13~14세기에 성취된 '세계사의 탄생'은 몽골제국의 영역 내부뿐만 아니라 그 외부에 있던 유럽까지도 같이 공유할 수 있었던 역사적 경험이었다. 그것은 당시 유럽이 '팍스 몽골리카'에서 유리되어 고립된 채로 남아 있지 않고 적극적으로 그 질서에 동참한 결과였다. 동아시아나 서아시아가 유럽에 대해서 갖게 된 정보가 과거에 비해 현격하게 달라진 만큼, 유럽이 다른 지역에 대해 갖게 된 정보 역시 전과는 비교할 수도 없을 만큼 풍부해졌다. 그러나 이들이 공유했던 몽골 시대라는 역사적 체험이 동일한 결과를 그들에게 가져다 주지는 못했다. 유럽은 아시아에 대한 새로운 지식을 계기로 '대항해의 시대'로의 진입에 성공했고 해외식민지의 개척과 산업혁명으로 가는 길을 밟아 갔지만, 아시아의 여러 나라들은 그렇지 못했다. 유럽과 비유럽의 차이를 몽골제국의 지배가 남긴 약탈과 파괴의 결과라고 해석한다면 그것은 지나치게 단순한 논리일 것이다. 몽골제국 시대에 내륙과 해양을 통한 교역은 어느 때보다 활발했고, 문물의 교류 역시 그 폭과 깊이에서 전 시대와는 비교도 할 수 없을 것이다.

김호동

그럼에도 불구하고 유럽과 비유럽이 서로 다른 길을 걷게 된 것이 몽골의 시대와 무관한 것은 아니었다. 몽골제국 붕괴 이후 유럽을 제외한 유라시아 대부분의 지역에서는 그 정치적 전통을 계승하고 모방하려는 계승 국가들이 들어서게 되었고, 그들은 모두 내륙 지향적 제국이라는 면에서 공통점을 보였다. 심지어 표트르 대제 이전의 러시아도 마찬가지였다. 따라서 그들이 '대항해의 시대'의 주인공이 되지 않은 것은 의지가 없었기 때문이지 능력이 없었기 때문은 아니었다. 중국의 제국들은 몽골리아에 있던 유목민들과 사생결단의 대결을 계속해야 했고, 결국 18세기 중반 만주인들이 건설한 청제국이 최후의 유목국가를 정복하는 데 성공함으로써 막을 내리게 된다. 이렇게 해서 유라시아 역사를 움직여 온 두 개의 축 가운데 하나인 초원의 유목국가는 영원히 사라져 버렸지만, 바다를 장악하고 '거대한 변이'the great transmutation[45]를 완료한 유럽은 몽골제국의 계승자들을 압도할 준비를 이미 마친 뒤였다. 따라서 유럽의 성공은, 몽골제국이 남긴 정치적·군사적 부담인 '내륙 콤플렉스'를 느끼지 않으면서도, 몽골의 시대가 남긴 '세계사의 탄생'이라는 축복은 누릴 수 있었기 때문에 가능했다고도 말할 수 있을 것이다.

주

1 최근의 연구동향에 대해서는 Ross E. Dunn, *The New World History: A Teacher's Companion* (Boston: Bedford/St. Martin's, 2000); Patrick Manning, *Navigating World History: Historians Create a Global Past* (Hampshire, England: Palgrave MacMillan, 2003)에 가장 잘 정리되어 있다.

2 I. Wallerstein, *The Modern World-System*, 3 vols. (New York: Academic Press, 1974~1988).

3 J. Abu-Lughod, *Before European Hegemony: The World System A.D. 1250~1350* (New York: Oxford University Press, 1989).

4 R. Bin Wong, *China Transformed: Historical Change and the Limits of European Experience* (Ithaca: Cornell University Press, 1997).

5 K. Pomeranz, *The Great Divergence: China, Europe, and the Making of the Modern World economy* (Princeton, N.J.: Princeton University Press, 2000).

6 주경철, 『대항해의 시대』(서울대출판부, 2008).

7 A. G. Frank, *ReOrient: global economy in the Asian Age* (Berkeley: University of California Press, 1998); V. Lieberman (ed.), *Beyond Binary Histories: Re-imagining Eurasia to c. 1830* (Michigan: The University of Michigan Press, 1999), 4쪽.

8 이러한 편견에 대한 통렬한 비판으로는 岡田英弘, 『世界史の誕生』(東京: 筑摩書房, 1992; 『세계사의 탄생』(이진복 역, 황금가지, 2002)를 참조.

9 몽골제국 시대의 정치・경제적 통합에 관해서는 T. T. Allsen, *Culture and conquest in Mongol Eurasia* (Cambridge: Cambridge University Press, 2001); *Commodity and exchange in the Mongol Empire: a cultural history of Islamic textiles* (Cambridge: Cambridge University Press, 1997); 杉山正明, 『クビライの挑戰: モンゴル海上帝國への道の』(東京: 朝日新聞社, 1995) 등을 참조할 것.

10 〈혼일강리도〉에 관한 연구로는 다음을 참고할 것. 『韓國의 古地圖: 多學問的 接近』(『문화역사지리』 제7호, 1995)에 수록된 논문들; 吳尙學, 「朝鮮時代의 世界地圖와 世界認識」

(서울대 박사논문, 2001); 宮紀子, 『モンゴル帝國が生んだ世界圖』(東京: 日本經濟新聞出版社, 2007); 杉山正明, 「東西の世界圖が語る人類最初の大地平」, 『大地の肖像: 繪圖·地圖が語る世界』(藤井讓治 等編, 京都: 京都大學出版會, 2007), 54~83쪽.

11 宮紀子, 『モンゴル帝國が生んだ世界圖』, 20~31쪽.
12 高橋正, 「〈混一疆理歷代國圖之圖〉 研究小史―日本의 경우」, 『문화역사지리』 제7호 (1995), 15쪽.
13 이에 관해서는 김호동, 『몽골제국과 '대원일통지'의 편찬』(근간)을 참고할 것.
14 『대원일통지』의 편찬 과정에 관한 중요한 자료들은 원대에 편찬된 『비서감지』(秘書監志)에서 찾아볼 수 있고, 이에 관한 연구로는 龐蔚, 「〈大元一統志〉 存文研究」(暨南大學 碩士學位論文, 2006)이 상세하다.
15 대표적으로 金毓黻의 『大元一統志』(『遼海叢書』 所收)와 趙萬里의 『元一統志』(北京: 中華書局, 1966)이 있다.
16 『비서감지』권4, 78쪽.
17 앞의 책, 74쪽.
18 宮紀子, 『モンゴル帝國が生んだ世界圖』, 107~110쪽.
19 T. T. Allsen, *Culture and conquest in Mongol Eurasia*, 103~114쪽; 宮紀子, 『モンゴル帝國が生んだ世界圖』, 107~119쪽.
20 김호동, 「蒙元帝國期 한 色目人 官吏의 肖像: 이사 켈레메치의 생애와 활동」, 『중앙아시아연구』 제11호(2006.12), 75~112쪽 참조.
21 이 그림은 杉山正明의 「東西の世界圖が語る人類最初の大地平」에서 인용.
22 라시드 앗 딘의 생애와 활동에 대해서는 『부족지: 라시드 앗 딘의 집사 1』(김호동 역, 사계절, 2002), 11~41쪽을 참조할 것.
23 本田實信, 「ガザン·ハンの税制改革」, 『モンゴル時代史研究』(東京: 東京大學出版會, 1991), 261~322쪽.
24 『부족지: 라시드 앗 딘의 집사 1』(김호동 역, 사계절), 84쪽.
25 앞의 책, 45~46쪽.
26 앞의 책, 55~56쪽.
27 K. Jahn, Die *Chinageschichte des Rašid ad-Dīn* (Wien: Hermann Böhlaus Nachf., 1971), 7~11쪽.

28 『元史』(中華書局 標點本), 2729쪽.
29 앞의 책, 1831~1832쪽.
30 『칸의 후예들 : 라시드 앗 딘의 집사 3』(김호동 역, 사계절), 296쪽.
31 清水宏佑, 「十字軍とモンゴル」, 『世界史とは何か』(東京: 東京大學出版會, 1995), 39~42쪽.
32 *Tārīkh-i Ūljāītū*, Muhīn Hamblī (ed.), 1348/1969~1970), 240쪽.
33 K. Jahn, Die *Chinageschichte des Rašid ad-Dīn* (Wien: Hermann Böhlaus Nachf., 1971), 7~11쪽.
34 H. Franke, "Some sinological remarks on Rašīd ad-dīn's History of China," *Oriens* 4(1951), 21~26쪽; 宮紀子, 『モンゴル時代の出版文化』(名古屋: 名古屋大學出版會, 2006), 106~112쪽.
35 실레지아 지방의 오파바(Opava, 독일어로는 Troppau라고 함)에서 태어났기 때문에 그런 이름이 붙었고, "트로파우의 마르틴"이라 불리기도 한다.
36 K. Jahn, *Die Frankengeschichte des Rašid ad-Dīn* (Wien, 1977), 14~15쪽.
37 K. Jahn, *Die Frankengeschichte des Rašid ad-Dīn* (Wien, 1980), 9~12쪽.
38 J. A. Boyle, "Rashīd al-Dīn and the Franks," *Central Asiatic Journal* 14(1970), 62~67쪽.
39 T.T. Allsen, *Culture and Conquest*, 115~126쪽; A. K. S. Lambton, "The Āthār wa ahyā' of Rashīd al-Dīn Fadl Allāh Hamadānī and His Contribution as an Agronomist, Arboriculturist and Horticulturist," *The Mongol Empire and Its Legacy*, R. Amitai-Preiss & D. O. Morgan (ed.)(Leiden: Brill, 1999), 126~154쪽.
40 羽田亨一, 「ペルシア語譯'王叔和脈訣'の中國語原本について」, 『アジア・アフリカ言語文化研究』 48・49合併号(創立30周年記念号 2), 1995.
41 Peter Perdue, *China Marches West* (Cambridge, Mass: Havard University Press, 2005).
42 정화의 원정에 대해서는 미야자키 마사카쓰, 『정화의 남해 대원정』(일빛, 1999); L. Levathes, 『*When China ruled the Seas: The Treasuer Fleet of the Dragon Throne, 1405~1433*』(Oxford: Oxford University Press, 1994); 王天有 等編, 『鄭和遠航與世界文明: 紀念鄭和下西洋 600周年論文集』(北京: 北京大學出版社, 2005) 등을 참고할 것.

43 杉山正明,「モンゴル時代のアフロ・ユーラシアと日本」,『モンゴルの襲來』(近藤成一 編, 東京: 吉川弘文館, 2003), 106~150쪽.
44 라스 카사스 신부 編,『콜럼버스 항해록』(박광순 역, 범우사, 2000), 44~46쪽.
45 유럽이 세계사에서 헤게모니를 잡게 된 것이 역사적 전개과정의 당연한 결과가 아니라 우연적이며 예외적인 현상이라는 의미에서 호지슨(M. G. Hodgson)이 즐겨 사용했던 표현이다. 이에 관해서는『마셜 호지슨의 세계사론: 유럽, 이슬람, 세계사 다시 보기』(이은정 역, 사계절, 2006), 89~125쪽을 참고할 것.

참고문헌

- Abu-Lughod, J. *Before European Hegemony: the World System A.D. 1250~1350*, New York: Oxford University Press, 1989.
- Alef, G. "The Origin and Early Development of the Muscovite Postal Service," *Jahrbücher für Geschichte Osteuropas*, Neue Folge, Band 15,1967.
- Allsen, T. T. "Changing Forms of Legitimation in Mongol Iran," *Rulers from the Steppe: State Formation on the Eurasian Periphery*, G. Seaman and D. Marks(ed.), Los Angeles: Ethnographic Press, 1991.
- _____, *Mongol Imperialism*, Berkeley: University of California Press, 1987.
- _____, *Commodity and Exchange in the Mongol Empire: a cultural history of Islamic textiles*, Cambridge: Cambridge University Press, 1997.
- _____, *Culture and Conquest in Mongol Eurasia*, Cambridge: Cambridge University Press, 2001.
- Amitai-Preiss, R. *Mongols and Mamluks*, Cambridge: Cambridge University Press, 1995.
- Bacon, E. E. *Obok: A Study of Social Structure in Eurasia*, New York, 1958.
- Beckingham, C. F. "In Search of Ibn Battuta," *Asian Affairs*, vol. 8, 1977.
- Blair, S. S. *A Compendium of Chronicles: Rashid al-Din's illustrated history of the world*, Oxford: Oxford University Press, 1995.
- Boyle, J. A. "Dynastic and political history of the Īl-Khāns," *The Cambridge History of Iran*, vol. 5, Cambridge: Cambridge University Press, 1968.
- _____, "Rashīd ad-Dīn and the Franks," *Central Asiatic Journal 14*, 1970.
- Browne, E. G. *A History of Persian Literature under Tartar Dominion (A.D. 1265~1502)*, Cambridge: Cambridge University Press, 1920.

- Budge, E. A. W. (tr.) *The Monks of Kûblâi Khân. Emperor of China*, London: The Religious Tract Society, 1928.
- Buell, P. D. "Činqai(ca. 1169~1252)," *In the Service of the Khan: Eminent Personalities of the Early Mongol-Yüan Period(1200~1300)*, I. de Rachewiltz et al.(ed.), Wiesbaden: Harrassowitz, 1993.
- Christian, David. "Silk Roads or Steppe Roads: The Silk Roads in World History," *Journal of World History* 11-1, 2000.
- Cleaves, F. W. "The Mongolian Documents in the Musée de Téhéran," *Harvard Journal of Asiatic Studies* 16/1-2, 1953.
- Clunas, C. "The Explorer's Tracks," *The Times*, 1982년 4월 14일자.
- Doerfer, G. *Türkische und mongolische Elemente im Neupersischen*, vol. 3. Wiesbaden: Franz Steiner, 1967.
- Drompp, M. R. *Tang China and the Collapse of the Uighur Empire: A Documentary History*, Leiden: Brill, 2005.
- Dunn, R. E. *The Adventures of Ibn Battuta*, Los Angeles: University of California Press, 1986.
- _____, *The New World History: A Teacher's Companion*, Boston: Bedford/St. Martin's, 2000.
- Dvornik, F. *Origins of Intelligence Service*, New Brunswick: Rutgers University Press, 1974.
- Evans-Pritchard, E. E. *The Nuer: A Description of the Modes of Livelihood and Political Institutions of a Nilotic People*, Oxford: Oxford University Press, 1940.
- Fletcher, Joseph Jr. "Ch'ing Inner Asia c. 1800," *The Cambridge History of China*, vol. 10, Cambridge: Cambridge University Press, 1978.
- _____, "Integrative History: Parallels and Interconnections in the Early Modern Period, 1500~1800," *Journal of Turkish Studies*, vol. 9, An Anniversary volume in Honor of F.W.Cleaves, 1985. B. F. Manz (ed.),

Studies in Islamic Inner Asia (London: Variorum Publishers, 1995)에 다시 실림.
- Frank, A. G. *ReOrient: Global Economy in the Asian Age,* Berkeley: University of California Press, 1998.
- _____, "Could the Mongol Emperors Read and Write Chinese?" *Asia Major* (new series) 3-1, 1953.
- Franke, H. "Sino-Western Contacts under the Mongol Empire," *Journal of the Royal Asiatic Society, Hong Kong Branch,* 1966, no.6.
- Gazagnadou, D. *La poste à relais: La diffusion d'une technique de pouvoir à travers l'Eurasie: Chine-Islam-Europe,* Paris: Kimé, 1996.
- Gibb, H. A. R. (tr.) *The Travels of Ibn Battuta A.D. 1325~1354.* Cambridge: The Hakluyt Society, 1958.
- Golden, P. B. *An Introduction to the History of the Turkic Peoples,* Wiesbaden: Otto Harrassowitz, 1992.
- Gray, B. *Persian Painting,* New York: Rizzoli, 1977.
- Gregory of Aknac, *History of the Nation of Archers,* R. P. Blake & R. Frye (tr.), Cambridge, Mass., 1954.
- Grousset, R. *L'Empire des steppes.*(1965; Paris: Payot, 1982).『유라시아 유목제국사』(김호동·유원수·정재훈 역, 사계절, 1998).
- Haeger, J. W. "Marco Polo in China? Problems with Internal Evidence," *Bulletin of Sung-Yüan Studies,* vol. 14, 1979.
- Halasi-Kun, T. & P. B. Golden et. al. (tr.) *The King's Dictionary,* Leiden: Brill, 2000.
- Halperin, C. J. *Russia and the Golden Horde: The Mongol Impact on Medieval Russian History,* Bloomington: Indiana University Press, 1987.
- Jackson, P. "Marco Polo and His 'Travels'," *Bulletin of the School of Oriental and African Studies,* 61-1, 1998.
- _____, *The Delhi Sultanate: A Political and Military History,* Cambridge:

Cambridge University Press, 1999.
- _____, "From *Ulus* to Khanate: The making of the Mongol states c. 1220-c. 1290," *The Mongol Empire and its Legacy*, R. Amitai-Preiss & D. O. Morgan (ed.), Leiden: Brill, 1999.
- Jagchid, Sechin & Van Jay Symons. *Peace, War, and Trade along the Great Wall: Nomadic-Chinese Interaction through Two Millennia*, Bloomington: Indiana University Press, 1989.
- Jahn, K. *Die Chinageschichte des Rašid ad-Dīn*, Wien: Hermann Böhlaus Nachf., 1971.
- _____, *Die Frankengeschichte des Rašid ad-Dīn*, Wien: Österreichsche Akademie der Wissenschaften, 1977.
- _____, Die *Indiengeschichte des Rašid ad-Dīn*, Wien: Österreichsche Akademie der Wissenschaften, 1980.
- Jenkins, G. "A Note on Climatic Cycles and the Rise of Chinggis Khan," *Central Asiatic Journal* vol. 18, no. 4, 1974.
- Juvaini, Ata-Malik. *Genghis Khan: The History of the World-Conqueror*, J. A. Boyle (tr.), Manchester: Manchester University Press, 1958; 1997 new edition.
- Kennedy, E. S. "The Exact Sciences in Iran under the Saljuqs and Mongols," *The Cambridge History of Iran*, vol. 5.
- Kim, Hodong. "The Unity of the Mongol Empire and Continental Exchanges over Eurasia," *Journal of Central Eurasian Studies*, vol. 1, Seoul: The Center for Central Eurasian Studies, 2010.
- Kuun, G. (ed.), *Codex Cumanicus*. Budapest, 1880; 1981 reprint.
- Lambton, A. K. S. "The *Āthār wa ahyā'* of Rashīd ad-Dīn Fadl Allāh Hamadānī and His Contribution as an Agronomist, Arboriculturist and Horticulturist," *The Mongol Empire and Its Legacy*, R. Amitai-Preiss & D. O.

- Morgan (ed.), Leiden: Brill, 1999.
- Lang, David M. *Studies in the Numismatic History of Georgia in Transcaucasia.* New York: American Numismatic Society, 1955.
- Lapidus, I. M. *A History of Islamic Societies,* Cambridge: Cambridge University Press, 1988.
- Larner, J. *Marco Polo and the Discovery of the World.* New Haven: Yale University Press, 1999.
- Lattimore, Owen. *Inner Asian Frontiers of China,* London, Oxford University Press, 1940.
- _____, *Studies in Frontier History: Collected Papers, 1928~1958,* London: Oxford University Press, 1962.
- Levathes, L. *When China ruled the Seas: The Treasuer Fleet of the Dragon Throne, 1405~1433,* Oxford: Oxford University Press, 1994.
- Lieberman, V. (ed.), *Beyond Binary Histories: Re-imagining Eurasia to c. 1830,* Michigan: The University of Michigan Press.
- Manning, Patrick. *Navigating World History: Historians Create a Global Past,* Hampshire, England: Palgrave MacMillan, 2003.
- Minetti, A. E. "Efficiency of equine express postal systems," *Nature,* 426-18, 2003.
- *Mission to Asia.* Christopher Dawson (ed.), Toronto: University of Toronto Press, 1980(원간 1955).
- Morgan, D. "Reflections on Mongol Communications in the Ikhanate," C. Hillenbrand (ed.), *Studies in Honour of C. E. Bosworth,* vol. 2 (Leiden: Brill), 2000.
- Morgan, David. "The 'Great Yāsā of Chingiz Khan' and Mongol law in the Īlkhānate," *Bulletin of the School of Oriental and African Studies,* 49-1, 1986.
- _____, "The 'Great *Yāsā* of Chinggis Khan' Revisited," R. Amitai and M.

Biran (ed.), *Mongols, Turks, and Others* (Leiden: Brill) 2005.
- Mostaert, A. & F. W. Cleaves, "Trois documents mongols des Archives Secrètes Vaticanes," *Harvard Journal of Asiatic Studies*, 15/3-4, 1952.
- _____, *Les Lettres de 1289 et 1305 des ilkhan Aryun et Öljeitü à Philippe le Bel.* Harvard-Yenching Institute Scripta Mongolica Monograph Series I, Cambrdige: Mass., 1962.
- Mote, F. W. "The Growth of Chinese Despotism," *Oriens Extremus* 8/1, 1961.
- Netton, I. R. *Seek Knowledge: Thought and Travel in the House of Islam,* Richmond Surrey: Curzon, 1996.
- Pelliot, P. *Les Mongols et la Papauté,* Paris: Librairie Auguste Picard, 1923.
- Perdue, Peter. *China Marches West,* Cambridge, Mass.: Harvard University Press, 2005.
- Petrushevsky, I. P. "The Socio-economic condition of Iran under the Il-Khāns," *The Cambridge History of Iran,* vol. 5, J. A. Boyle (ed.), Cambridge: Cambridge University Press, 1968.
- Pipes, R. *Russia under the Old Regims.* New York: Charles Scribner's Sons, 1974.
- Pomeranz, K. *The Great Divergence: China, Europe, and the Making of the Modern World Economy,* Princeton, N.J.: Princeton University Press, 2000.
- Quatremère, M. *Histoire Mongols de la Perse,* Paris: Imprimerie Royale, 1836.
- Rachewiltz, I. de. *Papal Envoys to the Great Khans,* London: Butler & Tanner, 1971.
- _____, "Qan, Qa'an and the Seal of Güyüg," *Document Barbarorum: Festschrift für Walther Heissig zum 70. Geburstag*, Wiesbaden: Otto Harrassowitz, 1983.
- _____, "Some Reflections on Cinggis Qan's Jasaˌv", *East Asian History* 6, 1993.

- Rossabi, M. *Khubilai Khan: His Life and Times,* Berkeley: University of California Press, 1988.
- _____, *Voyager from Xanadu: Rabban Sauma and the First Journey from China to the West,* Tokyo: Kodansha International, 1992.
- Ruotsala, A. *Europeans and Mongols in the Middle of the Thirteenth Century Encountering the Other,* Helsinki: The Finnish Academy of Science and Letters, 2001.
- Serruys, H. *The Tribute System and Diplomatic Missions(1400~1600),* Bruxelles: Institut Belge des Hautes Etudes Chinoise, 1967.
- Silverstein, A. J. *Postal Systems in the Pre-Modern Islamic World.* Cambridge: Cambridge University Press, 2007.
- Smith, J. M. "Mongol Manpower and Persian Population," *Journal of the Economic and Social History of the Orient,* vol. 16, pt. 3, 1975.
- Sneath, David. *The Headless State: Aristocratic Orders, Kinship Society, and Misrepresentations of Nomadic Inner Asia.* New York: Columbia, 2007.
- Subrahmanyam, Sanjay. "Connected Histories: Notes towards a Reconfiguration of Early Modern Eurasia," *Modern Asian Studies,* 31-3, 1997.
- Talat Tekin, 『突厥碑文硏究』(이용성 역, 제인앤씨, 2008).
- Thackston, W. M. (tr.), *Rashiduddin Fazlullah's Jami u t-tawarikh: Compendium of chronicles,* 3 parts. Cambridge, Mass.: Harvard University, Dept. of Near Eastern Languages and Civilizations, 1999.
- Torday, L. *Mounted Archers: The Beginnings of Central Asian History,* Edinburgh: The Durham Academic Press, 1997.
- Vaissière, É. de la. *Sogdian Traders: A History,* J. Ward (tr.), Leiden: Brill, 2005.
- Vernadsky, G. *The Mongols and Russia,* New Haven: Yale University Press, 1953.

- Vladimirtsov, V. Ia. *Obshchestvennyi stroi Mongolov: Mongol'skii kochevoi feodalizm,* Leningrad: Izd. AN SSSR, 1934.『몽골사회제도사』(주채혁 역, 대한교과서주식회사, 1990).
- Wallerstein, I. *The Modern World-System,* 3 vols. New York: Academic Press, 1974~1988.
- Wittfogel, K. *Oriental Despotism,* New Haven: Yale University Press, 1950; 1981 Vintage Books Edition.
- Wong, R. Bin. *China Transformed: Historical Change and the Limits of European Experience,* Ithaca: Cornell University Press, 1997.
- Wood, F. *Did Marco Polo Go to China?,* London: Secker & Warburg, 1995.

- 家島彦一 譯注,『大旅行記』卷4, 東京: 平凡社, 1999.
- 間野英二 等,『內陸アジア』, 東京: 朝日新聞社, 1992.
- 岡田英弘,『世界史の誕生』, 東京: 筑摩書房, 1992.『세계사의 탄생』(이진복 역, 황금가지, 2002).
- 『建炎以來朝野雜記』全4冊, 李心傳 撰, 北京: 中華書局, 1988.
- 高橋正,「混一疆理歷代國都之圖」研究小史: 日本의 경우」,『韓國의 古地圖: 多學問的 接近』(『문화역사지리』제7호), 1995.
- 高橋弘臣,『元朝貨幣政策成立過程の研究』, 東京: 東洋書院, 2000.
- 『高麗史』上·中·下, 韓國學古典叢書, 亞細亞文化社 影印, 1990.
- 谷川道雄,『隋唐帝國形成史論』, 東京: 筑摩書房, 1971.
- 『舊唐書』, 北京: 中華書局, 標點本.
- 『國朝文類』, 四部叢刊 初編 集部.
- 菊池英夫,「總說」,『隋唐帝國と東アジア世界』, 唐代史研究會編, 東京: 汲古書院, 1979.
- 堀直,「草原の道」,『世界史とは何か』, 歷史學研究會編: 東京大學出版會, 1995.
- 宮崎市定,「洪武から永樂へ」,『東洋史研究』27-4, 1969.

- _____, 『アジア史論考』下卷, 東京: 朝日新聞社, 1976.
- 宮紀子, 『モンゴル時代の出版文化』, 名古屋: 名古屋大學出版會, 2006.
- 『金史』, 北京 中華書局 標點本.
- 金秉駿, 「古代中國의 西方전래문물과 崑崙山神話」, 『古代中國의 理解』5 , 지식산업사, 2001.
- 吉田豊, 「ソグド語雜錄(II)」, 『オリエント』, 31~2 , 1989.
- 金毓黻, 『大元一統志』, 『遼海叢書』卷5, 瀋陽: 遼瀋書社, 1985, 所收.
- 金浩東, 『근대 중앙아시아의 혁명과 좌절』, 사계절, 1999.
- 金浩東 譯註, 『부족지: 라시드 앗 딘의 집사 1』, 사계절, 2002.
- _____, 『칭기스 칸기: 라시드 앗 딘의 집사 2』, 사계절, 2003.
- _____, 『칸의 후예들: 라시드 앗 딘의 집사 3』, 사계절, 2005.
- _____, 『마르코 폴로의 동방견문록』, 사계절, 2000.
- 金浩東, 「高麗後期 '色目人論'의 特徵과 意義」, 『歷史學報』200, 2008.
- _____, 「內陸아시아 諸民族의 文字製作・使用과 그 歷史的 背景」, 『아시아 諸民族의 文字』, 太學社, 1997.
- _____, 「몽골제국과 '大元'」, 『歷史學報』192집, 2006.
- _____, 「몽골 支配期 西아시아의 驛站制와 가잔 칸의 改革」, 『역사문화연구』, 2010.2.
- _____, 「蒙元帝國期 한 色目人 官吏의 肖像: 이사 켈레메치의 생애와 활동」, 『중앙아시아연구』제11호, 2006.12.
- _____, 「문명과 야만: 정주사회와 유목세계의 역사적 관계의 일면」, 『신인문』창간호, 1997, 여름.
- _____, 「北아시아 遊牧國家의 君主權」, 『東亞史上의 王權』, 한울, 1993.
- _____, 「元代 漢文實錄과 蒙文實錄: 『元史』〈本紀〉의 中國中心的 一面性의 解明을 위하여」, 『東洋史學研究』109집, 2009.
- _____, 「칭기스 칸의 子弟分封에 대한 再檢討: 『集史』〈千戶一覽〉의 分析을 중심으로」, 『중앙아시아연구』제9호, 2004.

- _____, 『몽골제국과 고려』, 서울대출판부, 2007.
- 党寶海, 『蒙元驛站交通研究』, 北京: 崑崙出版社, 2006.
- 嶋崎昌, 『隋唐時代の東トゥルキスタン研究』, 東京: 東京大學出版會, 1977.
- 陶宗儀, 『輟耕錄』, 臺北: 世界書局, 1987.
- 羅常培·蔡美彪, 『八思巴字與元代漢語』, 北京: 中國社會科學出版社, 2004.
- 라츠네프스키, 『칭기스 칸』, 김호동 역, 지식산업사, 1992.
- 『牧菴集』, 姚燧撰, 四部叢刊 初編 集部.
- 『蒙古字韻』, 한국학중앙연구원, 2008 影印.
- 默書民, 『蒙元郵驛研究』, 暨南大學博士學位論文, 2004.
- 미야자키 마사카스, 『정화의 남해대원정』, 이규조 역, 일빛, 1999.
- 박한제·김형종·김병준·이근명·이준갑, 『아틀라스 중국사』, 사계절, 2007.
- 朴漢濟, 『中國中世胡漢體制硏究』, 一潮閣, 1988.
- 白石典之, 『チンギス=カンの考古學』, 東京: 同成社, 2001.
- _____, 『モンゴル帝國史の考古學的研究』, 東京: 同成社, 2002.
- 白壽彝, 『中國交通史』, 北京: 團結出版社, 2007.
- 本田實信, 『モンゴル時代史研究』, 東京: 東京大學出版會, 1991.
- 『秘書監志』, 元 王士點·商企翁 編次, 高榮盛 點校. 元代史料叢刊, 浙江古籍出版社, 1992.
- 『史記』, 北京 中華書局 標點本.
- 四日市康博, 「元朝とイル=ハン朝の外交·通商關係における國際貿易商人」, 『內陸圈·海域圈交流ネットワークとイスラム』, 森川哲雄·佐伯弘次 編, 2006.
- 杉山正明, 「クビライ政權と東方三王家: 鄂州の役前後再論」, 『東方學報』 54, 1982.
- _____, 「元代蒙漢合璧命令文の研究(1~2)」, 『內陸アジア言語の研究』 5~6; 『モンゴル帝國と大元ウルス』, 京都: 京都大學出版會, 2004에 다시 실림.
- _____, 「日本におけるモンゴル(Mongol) 時代史研究」, 『中國史學』 第一卷, 中國史學會, 1991.
- _____, 『クビライの挑戰: モンゴル海上帝國へ道の』, 東京: 朝日新聞社, 1995.

- _____,「モンゴル帝國の興亡(上・下)』, 東京: 講談社, 1996.『몽골세계제국』(임대희·김장구·양영우 역, 신서원, 1999).
- _____,「東西の世界圖が語る人類最初の大地平」,『大地の肖像: 繪圖・地圖が語る世界』, 藤井讓治 等編, 京都: 京都大學出版會, 2007.
- _____,『유목민이 본 세계사』, 이진복 역, 학민사, 1999.
- _____,「モンゴル時代のアフロ・ユーラシアと日本」,『モンゴルの襲來』, 近藤成一 編, 東京: 吉川弘文館, 2003.
- _____,『疾驅する草原の征服者: 遼・西夏・金・元』,『中國の歷史』卷8, 東京: 講談社, 2005.
- _____, 北川誠一 編,『大モンゴルの時代』,『世界の歷史』卷9, 東京: 中央公論社, 1997.
- 森安孝夫,「〈シルクロード〉のウイグル商人」,『岩波講座 世界歷史』卷11(中央ユーラシアの統合), 東京: 岩波書店, 1997.
- _____,『シルクロードと唐帝國』, 東京: 講談社, 2007.
- _____,「高麗における元の站赤: ルートの比定を中心に」,『史淵』141, 2004.
- _____,「事元期高麗における在來王朝體制の保全問題」,『北東アジア研究』제1호, 2008.
- 桑原隲藏,『蒲壽庚の事蹟』, 東京: 平凡社(1989), 宮崎市定 解說; 原刊(1923).
- 세오 다쓰히코,『장안은 어떻게 세계의 수도가 되었나』, 최재영 역, 황금가지, 2006.
- 蕭啓慶,「說〈大朝〉: 元朝建號前蒙古的漢文國號」,『蒙元史新研』, 臺北: 允晨, 1994.
- _____,「元代的通事和譯史: 多元民族國家中的溝通人物」,『內北國而外中國: 蒙元史研究・下冊』, 北京: 中華書局, 2007.
- 小澤重男,『元朝秘史全釋』(上・中・下),『元朝秘史全釋續攷』(上・中・下). 東京: 風間書房, 1985~1990.
- 舩田善之,「元朝治下の色目人について」,『史學雜誌』第108編 第9號, 1999.
- 松田孝一,「『東方見聞錄』のなぞ」,『月刊しにか』9號, 2002.
- 沈福偉,『東西文化交流史』, 上海: 人民出版社, 1995.

- 岩村忍,『モンゴル社會經濟史の研究』, 京都: 京都大學人文科學研究所, 1968.
- 楊正泰 撰,『明代驛站考』, 上海: 古籍出版社, 2006.
- 『譯註 中國 正史 外國傳 2: 漢書 外國傳 譯註 下』, 동북아역사재단, 2009.
- 榮新江,『中古文明與外來文明』, 北京: 三聯書店, 2001.
- 榮新江·張志清 主編,『從撒馬爾干到長安: 粟特人在中國的文化遺迹』, 北京: 北京圖書館出版社, 2004.
- 吳尙學,「朝鮮時代의 世界地圖와 世界認識」, 서울대 박사논문, 2001.
- 王國維,『蒙古史料四種』. 臺北: 正中書局, 1962.
- 羽田亨,『羽田博士史學論文集. 上卷 歷史篇』, 京都: 東洋史研究會, 1957.
- 羽田亨一,「ペルシア語譯『王叔和脈訣』の中國語原本について」,『アジア・アフリカ言語文化研究』48·49合倂(創立30周年記念 2), 1995.
- 웨더포드,『칭기스칸, 잠든 유럽을 깨우다』, 정영목 역, 사계절, 2005.
- 『元代漢語本〈老乞大〉』, 경북대출판부, 2000.
- 『元史』, 北京 中華書局 標點本.
- 『元典章』上·中·下, 臺北: 國立故宮博物院印行, 1976.
- 劉迎勝,『察合台汗國史』, 上海: 古籍出版社, 2006.
- 유원수 역주,『몽골비사』, 사계절, 2004.
- 李成珪,「中華帝國의 팽창과 축소: 그 이념과 실제」,『歷史學報』제186집, 2005.
- _____,「漢武帝의 西域遠征·封禪·黃河治水와 禹·西王母神話」,『東洋史學研究』제72집, 2000.
- 이용규,「몽골제국사 연구동향(1995~2008)」,『10~18세기 북방민족과 정복왕조 연구』(윤영인 외, 동북아역사재단, 2009).
- 이은정 역,『마셜 호지슨의 세계사론: 유럽, 이슬람, 세계사 다시 보기』, 사계절, 2006.
- 李燦,「韓國의 古地圖: 多學問的 接近」,『문화역사지리』제7호, 1995.
- 李治安,『忽必烈傳』, 北京: 人民出版社, 2004.
- 長澤和俊 編,『シルクロードを知る事典』, 東京: 東京堂出版, 2002.

- 田建平, 『元代出版史』, 石家莊: 河北人民出版社, 2003.
- 정수일 역주, 『이븐 바투타 여행기』, 창작과 비평사, 2001.
- 정수일, 『실크로드학』, 창작과 비평사, 2001.
- 鄭沃根, 「高麗·朝鮮初의 驛路網과 驛制研究」, 서울대 박사논문, 2008.
- 정재훈, 『위구르 유목제국사』, 문학과 지성사, 2005.
- 趙萬里, 『元一統志』, 北京: 中華書局, 1966.
- 주경철, 『대항해의 시대』, 서울대출판부, 2008.
- 陳高華, 「元代的海外貿易」, 『歷史研究』1978년 第3期(『元史研究論稿』, 北京: 中華書局, 1991 再收).
- 蔡美彪, 『元代白話文集錄』, 北京: 科學出版社, 1955.
- 淸水宏佑, 「十字軍とモンゴル」, 『世界史とは何か』, 東京: 東京大學出版會, 1995.
- 村上正二, 『モンゴル帝國史研究』, 東京: 風間書店, 1993.
- 라스 카사스 신부 編, 『콜럼버스 항해록』, 박광순 역, 범우사, 2000.
- 토머스 바필드, 『위태로운 변경』, 윤영인 역, 동북아역사재단, 2009.
- 하자노프, 『유목사회의 구조』, 김호동 역, 지식산업사, 1990.
- 韓儒林 主編, 『元朝史』, 北京: 人民出版社, 1986.
- 헨리 율·앙리 코르디에, 『중국으로 가는 길』, 정수일 역주, 사계절, 2002.
- 『後漢書』, 北京 中華書局 標點本.

찾아보기

ㄱ

가문家門(house) · 84~87, 94, 105, 106, 138, 172
가산제적 patrimonial 국가 · 111
가잔 칸 Ghāzān Khan · 137, 146, 172, 221~225
『가잔의 축복받은 역사』Tārīkh-i mubarak-i Ghāzānī · 223
강중로 羌中路 · 52
개봉 開封 · 75, 118
거란 契丹 · 41, 82, 83, 90, 101
거용관 居庸關 · 166
고래역아자 Kurah-i Arz · 213
『고려사』高麗史 · 109
관롱집단 關隴集團 · 39
관본선 官本船 · 172
〈광륜강리도〉廣輪疆理圖 · 204
『광여도』廣輿圖 · 205
교류발전형 · 16
교자 交子 · 173
교초 交鈔 · 173
『구당서』舊唐書 · 79
구유십개 九儒十丐 · 161
구육 Güyük · 103, 122, 123, 181, 226, 227
구이치 güyichi · 150
구참 狗站 · 145, 155
구처기 丘處機 · 142
권근 權近 · 204, 205
그란 칸 Gran Can · 237
금 金 · 41
『금책』金册 · 226
금패 金牌 · 151
급체포 急遞鋪 · 150, 154, 155
기동성 mobility · 141
김사형 金士衡 · 204

ㄴ

나얀 Nayan · 128
나이만 Naiman · 87, 97
나홍선 羅洪先 · 205
남송 南宋 · 37, 41, 124, 137, 139, 150, 173, 208, 236
내부변경 Inner Frontier · 32, 33
내부변경 전략 inner frontier strategy · 32
『노걸대』老乞大 · 166
노예 bogho · 75, 85, 99, 182, 183, 185, 187, 188
『농상집요』農桑輯要 · 232
누케르 nöker · 98~100, 105

ㄷ

다루가치 darughachi · 124

다이칭 구룬Daicing Gurun · 44
단야鍛冶 · 90
달단達靼 · 80, 81
〈대명국도〉大明國圖 · 203, 207
〈대명국지도〉大明國地圖 · 203, 207
〈대명혼일도〉大明混一圖 · 203
대몽고국大蒙古國 · 103
대몽골 울루스Yeke Mongol Ulus · 43, 113, 115, 125, 127, 128
대완大宛 · 51
「대완열전」大宛列傳 · 48, 176
『대원일통지』大元一統志 · 208~211, 214, 225
『대원통제』大元通制 · 169
대월지大月氏 · 47, 48
『대자삭』大札撒 · 110
대항해의 시대 · 175, 177, 199, 200, 233, 243, 245, 246
도성屠城 · 76
돈황敦煌 · 20, 22, 49, 170
동물 문양 · 28
『동방견문록』 · 178~181, 218
동전銅錢 · 173

ㄹ

라시드 앗 딘Rasīd ad-Dīn · 88, 184, 220, ~223, 225~232
라피스 라줄리lapis lazuli · 46
랄나마剌那麻 · 211

랍반 사우마Rabban Sauma · 163, 176, 181~184
로샨M. Rawshan · 229
루브룩Rubruck · 176, 181, 182
라츠네프스키Ratchnevsky, P. · 95
리히트호펜Ferdinand von Richthofen · 19, 20

ㅁ

마르 야발라하Mar Yaballaha · 182
마르코 폴로Marco Polo · 139, 144, 176, 178~181, 183, 184, 218, 237, 238
마참馬站 · 145, 155
말디브Maldive · 185
맘룩 왕조 · 156, 157, 182, 188
『맥경』脈經 · 232
『맨더빌 경의 여행기』 · 218
맹안모극제猛安謀克制 · 104
'머리 없는 국가' the headless state · 85, 86
메르브Merv · 75
메르키트Merkit · 87, 97
몬테 코르비노Monte Corvino · 176
『몽고자운』蒙古字韻 · 165
『몽골비사』(元朝秘史) · 90, 91, 93, 103, 106, 108, 112, 142
몽올蒙兀 실위 · 80
무위武威 · 49
『무카디마트 알 아답』Muqaddimat al-

adab · 166
'미남왕' 필립 · 183
미야 노리코[宮紀子] · 204, 212

ㅂ
바라카baraka · 186
바라트barat · 221
바리드barid · 156
바부르Babur · 242
바투Batu · 90, 124, 128, 176, 184~188
박시bakhshi · 163, 231
『박통사』朴通事 · 166
반민叛民 · 123
발터 훅스Walter Fuchs · 203
방주放走 · 82, 150
백룡퇴白龍堆 · 50
번진藩鎭 · 40
벨게belge · 151
변경지대frontier zone · 31, 90
『보감』寶鑑 · 232
보골boghol · 99, 100, 105
보르지긴Borjigin · 84, 86, 93, 94, 105, 106
보선寶船 · 235
보오르추Bo'orchu · 98, 99, 103, 108
본묘사本妙寺 · 203, 207
본속주의本俗主義 · 158, 160
볼라드 칭상Bolad Chingsang · 213, 232
부족tribe · 56, 62, 84~86, 101, 104,

137, 182, 224, 225, 240, 245
분봉分封 · 111~113
분절적 대항segmentary opposition · 84
『불조역대통재』佛祖歷代通載 · 230
비체치bichēchi · 109, 165

ㅅ
사군묘史君墓 · 58, 59
사르타푸sartapu · 60
사마천司馬遷 · 27, 48
사사명史思明 · 58
4케식 · 108, 109
사타沙陀 · 40, 41
사파비Safavi · 241, 242
산반散班 · 107, 108
살보薩保 · 59, 60
삼하三河 · 87
『상업지남』商業指南 · 147
새방塞防 · 49, 50
색목인色目人 · 158~162
샤 압바스Shāh Abbās · 241
서왕모西王母 · 51
서인도 제도 · 237
서하西夏 · 41, 95, 117, 166
석념상釋念常 · 230, 231
선비족鮮卑族 · 39, 60
〈성교광피도〉聖教廣被圖 · 204, 208, 213, 214
세레스Seres · 47

세습 노비emchü boghol · 99
세오 타쓰히코妹尾達彦 · 33
소그드Soghd · 24, 25, 28, 57~63, 66, 170
속민屬民 · 123, 158
수시süsi · 117, 120, 152
수참水站 · 145, 155
숙위宿衛 · 107, 108
스니스David Sneath · 85, 86
스쿠테스Scuthes · 28
스키타이 · 27, 28
스키토-시베리아 문화 · 171
시박사市舶司 · 28
〈시편 지도〉The Psalter Map · 217
신강新疆 · 35, 36, 38, 43, 46, 49, 50, 81, 170, 205
신세계사new world history · 198
신안新安 · 173
실위室韋 · 80
실크로드 · 13, 18, 19, 20~26, 34, 45~47, 49, 51~53, 56~58, 60, 61, 64, 66, 75, 170, 171
『십조세계록』十祖世系錄 · 226
씨족 · 84~86, 93, 101, 104, 106

○

아르군(에르구네) · 79, 82, 83, 90, 183
아바르Avar · 29
아부 루고드 J. Abu-Lughod · 198, 199

안가묘安伽墓 · 58, 59
안다-쿠다anda-guda · 98
안다anda · 98
안록산安祿山 · 40, 58, 59
안사安史의 난 · 81
안축安軸 · 160
알 비루니al-Birūnī · 231
알탈전斡脫錢 · 169
야사yasa · 111
야율아보기耶律阿保機 · 101
얀K. Jahn · 223
얌시키iamshchiki · 155
얌iam · 146, 147, 155
양관陽關 · 120
『여행기』Riḥla · 187
역참 駅站 · 124, 141~157, 188, 200, 222
엽성葉盛 · 204
예케 몽골 울루스Yeke Monggol Ulus · 102, 103
오도릭Odoric da Pordenone · 147
오르톡ortoq · 170, 172, 174
오복oboq · 84~86, 93, 94, 105
오스만 제국 · 240, 241
오웬 라티모어Owen Lattimore · 31
오이라트Oirat · 87, 97, 239
오호五胡 · 39, 40
옥문관玉門關 · 20
올슨T. T. Allsen · 167, 212
옹 칸 · 96, 98, 100, 107, 121

왕도王道 · 109, 147
『왕서』王書 · 29
왕연덕王延德 · 81
외부변경 전략outer frontier strategy · 32, 56
요수姚燧 · 76
용곡龍谷대학 · 202
우씨지옥禹氏之玉 · 46
우즈벡 칸 · 187
우홍묘虞弘墓 · 58, 59, 60
울루스ulus · 43, 83~88, 93, 94, 97, 102, 103, 113~115, 121, 123, 125~129, 138, 139, 144, 146, 147, 167, 210, 218, 225, 226
울룩 망쿨 울루스Ulugh Manqul Ulus · 102
『울제이투의 역사』Tārīkh-i Ūljāïytū · 230
울제이투Öljeitü · 147, 222~224, 230
웅구트Önggüt · 176, 182
『원사』元史 · 99, 120, 121, 164, 201, 213, 226
『원전장』元典章 · 152, 153, 169
월러스틴I. Wallwerstein · 198
월지月氏 · 29, 46~49, 53
웡R. Bin Wong · 198
위구르 제국 · 57, 61, 62, 81~83, 87, 122
유연柔然 · 29, 158, 166, 181
육사六事 · 124
육상제국continental empire · 200

은패銀牌 · 151
이광리李廣利 · 51
이무李茂 · 204
이븐 바투타Ibn Battūta · 90, 176, 184~188
이븐 알 아티르Ibn al-Athīr · 73
이븐 주자이Ibn Juzayy · 187
이사 켈레메치Isa Kelemechi · 176, 212, 213
이수게이Yesügei · 90, 94, 96~98, 227
이제현李齊賢 · 160
이족異族 · 96
이찬李燦 · 203
이크타iqta · 221
이택민李澤民 · 204~208, 212, 214
이홍장李鴻章 · 50
익翼(küriyen) · 100
인질turqaq · 107
일 밀리오네il milione · 178
일 칸국 · 125, 127, 147, 212, 213

ㅈ

자를릭jarligh · 169
자말 앗 딘Jamāl ad-Dīn · 208, 210~214, 225
자무카Jamuqa · 97, 98, 100, 104
자발 알 카마르Jabal al-Qamar · 207
자삭jasaq · 110, 111, 160
자위야zawiya · 186

자크 제르네 Jaques Gernet · 139
잠치 jamchi · 99
잠 jam · 141
장건 張騫 · 46~50, 52, 57, 175, 176
장액 張液 · 49
저복 沮卜 · 82
저수지 reservoir · 32, 33
전 몽골 Qamuq Mongol · 83
전통사 箭筒士 · 108
전파론 傳播論 · 14, 15
정복 왕조 conquest dynasties · 44. 65
정사초 鄭思肖 · 161
정수일 鄭守一 · 22, 186
정화 鄭和 · 206, 233~236, 238~240
제색목인 諸色目人 · 159
제왕 帝王 · 109, 126, 127, 138, 144, 149, 169, 204, 223, 230
조공 朝貢 · 52, 55, 117, 240
조원황제 祖元皇帝 · 91
좌종당 左宗棠 · 50
주베이니 Juvayni · 74, 75
주천 酒泉 · 49
중도 中都 · 118, 119, 185
중앙울루스 ghol-un ulus · 113
『지원역어』至元譯語 · 165
지응 祗應 · 152
『지정조격』至正條格 · 169
진화론 進化論 · 14, 15
『집사』· 88, 98, 184, 220, 222~230, 232

ㅊ

차가타이 칸국 · 125
차참 車站 · 145, 155
『참적』站赤 · 145, 155
천태승 天台僧 · 204
〈천하지리총도〉天下地理總圖 · 211~214
천호제 千戶制 · 86, 97, 101, 104, 109, 110
철촉 鐵鏃 · 88
청준 淸濬 · 204, 205
친 톨고이 Chin Tolgoi · 82
친위대 keshig · 107, 109
친위병 keshigten · 99, 100, 107~109
칭기스 칸 Chingis Khan · 73~76, 79, 83~86, 88~91, 93~113, 115~121, 123~125, 126, 128, 129, 137, 139, 142, 158, 170, 171, 187, 222, 225~227

ㅋ

카간 qaghan · 43, 62, 121~123
카라코룸 Qaraqorum · 143, 181
카르피니 Carpini · 123, 168, 169, 176, 181
카불 칸 Qabul Khan · 91, 93, 94, 121
카샤니 Qashānī · 230
카안 qa'an · 117, 121~123, 125, 126, 128, 129
카울레 Caule · 181
카이두 Qaïdu · 147, 177

〈카탈루니아 지도〉 215~219

칸국khanate 125, 127, 128, 147, 212, 213

칸qan, khan 121

케레이트Kereit 87, 96, 97, 98

케벡Kebek 218

케식Kesig 108, 109, 110, 111, 164

켈레메치kelemechi 109, 165, 176, 212, 213

『코덱스 쿠마니쿠스』Codex Cumanicus 167

콜럼버스Columbus 233~239

쿠다quda 28, 96, 98

쿠릴타이quriltay 118

쿠빌라이Qubilai 43, 124~126, 128, 137, 139, 159, 160, 163, 165, 176, 177, 180, 181, 208, 209, 212, 213, 215, 225~227, 236

쿠샨Kushan 29

쿠차庫車 20, 49, 170

키야트Kiyat 94

킵착 칸국 125

ㅌ

타르쿠타이Targhutai 94

타이가taiga 29, 94, 124, 172

타이치우트Taichiut 94, 100

타타르Tatar 73, 74, 80~82, 87, 90, 91, 94, 97, 117, 146, 161, 167

탕구트Tangut 41, 97, 117

탕헤르Tangier 184

테무진Temüjin 90, 94, 121

토머스 바필드Thomas Barfield 32

토목보土木堡의 변 239

토드카순todqasun 155

통일적 다민족국가 42

투레게네Töregene 102

투석기 179

〈TO형 지도〉 217

ㅍ

팍스 몽골리카 129, 140, 178, 188, 244, 245

『팔사파자백가성』八思巴字百家姓 165

패부牌符 142, 151

패자牌子 144, 146

페골로티Pegolotti 147

페즈Fez 185

평민qarachu 85

포마성지鋪馬聖旨 151

포메란츠K. Pomeranz 199, 242

포수경蒲壽庚 171

푸스타puszta 29

프랑크사 184, 228, 231

프랑크A.G. Frank 33, 184, 199, 223, 228, 231

플렛처Joseph Fletcher Jr. 17

ㅎ

하서사군河西四郡 · 49
한랭화 · 83
한무제 · 47, 48~52
한혈마 · 51
함둘라 카즈비니Hamd Allah Qazvini · 147
합벽合璧 비문 · 166
해방海防 · 49, 50
해참海站 · 145
해청패海青牌 · 151
허만Albert Herrmann · 20
헤로도토스Herodotos · 27
헤프탈Hephtal · 61

혈수血讐 · 91
호레즘Khorezm · 74, 97, 120
호한융합胡漢融合 · 38
〈혼일강리역대국도지도〉混一疆理歷代國都之圖 · 201
화씨지벽和氏之璧 · 46
훈·Hun · 29
훌레구 울루스Hülegü Ulus · 146, 225
휠만K.D.Hüllmann · 178
흉노匈奴 · 27~30, 40, 47~49, 51~53, 104
『혼적과 소생』Āthār u ahyā · 232
〈히어포드 세계도〉Hereford Mappa Mundi

석학人文강좌 12